中国播音学丛书

文艺作品演播

罗莉 著

中国传媒大学出版社
·北京·

目 录

序 ·· 张 颂

第一章 文艺作品演播概说
第一节 文艺作品演播的认识 ·················· (2)
第二节 文艺作品演播的必要条件 ············· (8)

第二章 文艺作品演播与播音的异同
第一节 分析与理解 ···························· (13)
第二节 表达手段与形式 ······················· (14)
第三节 任务与作用 ···························· (15)
第四节 学习文艺作品演播的意义 ············ (16)

第三章 文艺作品演播的准备
第一节 弄清背景,心中有底 ·················· (19)
第二节 领会意图,把握目的 ·················· (25)
第三节 掌握风格,融进基调 ·················· (28)
第四节 合理划分,表达清楚 ·················· (29)
第五节 把握人物,外化贴切 ·················· (33)
第六节 扫除障碍,字音准确 ·················· (46)

第四章 诗歌的朗诵
第一节 诗歌的认识 ···························· (49)
第二节 格律诗的朗诵 ·························· (50)
第三节 自由诗的朗诵 ·························· (56)
第四节 诗歌朗诵应注意的问题 ··············· (83)
第五节 集体朗诵 ······························· (88)
第六节 配乐朗诵 ······························· (98)

第五章 散文的朗诵
第一节 散文的认识 ···························· (115)

第二节　散文的朗诵 …………………………………（124）
　　第三节　散文朗诵应注意的问题 ……………………（128）
第六章　寓言、童话的朗诵
　　第一节　寓言、童话的认识 …………………………（134）
　　第二节　寓言、童话的处理 …………………………（135）
　　第三节　寓言、童话朗诵应注意的问题 ……………（153）
第七章　小说的演播
　　第一节　小说的认识 …………………………………（157）
　　第二节　小说的演播 …………………………………（158）
　　第三节　小说演播应注意的问题 ……………………（197）
第八章　广播剧的演播
　　第一节　广播剧的认识 ………………………………（201）
　　第二节　广播剧的三要素 ……………………………（202）
　　第三节　广播剧的演播 ………………………………（221）
　　第四节　广播剧演播应注意的问题 …………………（266）
第九章　影视的配音
　　第一节　配音的认识 …………………………………（272）
　　第二节　配音工作概貌 ………………………………（278）
　　第三节　配音创作要素 ………………………………（286）
　　第四节　配音创作要求 ………………………………（313）
　　第五节　配音应注意的问题 …………………………（322）
后记

序

  罗莉同志的专著《文艺作品演播》，是她在多年从事这门课程教学的基础上，进一步系统化、理论化的成果，内容充实，论述明晰，例证典型，训练得法，表现了作者的丰厚积累和扎实功力。

  《文艺作品演播》包括了诗歌、散文、寓言、童话、小说、广播剧和影视配音诸种样式的有声语言表达，有共性要求，又有个性特点。我国的朗诵艺术家、表演艺术家们发表过不少文论，讲体会、谈认识，有些还在播音学不同层次的课堂上讲授过、示范过。罗莉同志在这本书中充分汲取了他们的经验，并融入了自己的见解，加强了针对性，注意了启发式，形成了本书的特色。

  当前，文艺作品受到商品化的冲击，有的急功近利，缺乏历史的厚重感；有的哗众取宠，远离时代的主旋律；有的俗不可耐，背叛了优秀的民族文化传统；有的狂妄自大，忘记了哺育他的人民大众。当然，仍有一群以炽热的真情讴歌生活的作者，甘于清贫，勤于笔耕，创作出了感人肺腑、催人向上的精品。这批作品才是我们应该广为传播、大力提倡的佳作。

  但是，有声语言表达面对世俗化也被自然主义、口语至上的浊流所污染，受到不应有的冷落。诗文朗诵只能作歌舞的陪衬，广播剧几乎被电视剧挤掉，影视剧配音艺术也让一批"棚虫"糟踏得不成样子。在这种文化氛围中，造就了一群"语盲"，鼓吹自己写、自己说才是上品，"念别人写的稿子没本事"。文艺作品演播，大都是"念"别人的稿子，鲜有诗人朗诵自己的诗、广播剧作者自己当主角、影视剧作者自己去配音的。演播也是创作，把平面的文字构筑成立体的声音形象,需要高超的表达技巧,而这样的本事,却是很多人不能掌握的。说这"没本事",不承认这也是艺术创作,那心态大概跟"吃不着葡萄硬说葡萄酸"没有两样。

文艺作品演播的知音还是越来越多,不满足"可接受性"而追求"可欣赏性"的人正在茁壮成长、日趋增多。这是人类精神文明的正当需要和正常状态。从这个角度说,《文艺作品演播》一书,不但培养着一批又一批创作者,而且也在培养着一批又一批欣赏者。

播音学培养出了一届一届的学生,他们从事着广播电视新闻播音、专题解说、节目主持、体育转播以及各类文艺作品演播工作,不少人成了名人。像罗莉同志这样一直从事播音教学工作的人为数也不少。他们能够胜任广播电视第一线的工作,在教学中也同样胜任,并且勤于钻研,默默著述,这是怎样的令人感奋啊!

《文艺作品演播》的问世,为播音理论增添了新的篇章,具有开拓性。我们的教材建设一定会更加科学、更加多样,这是完全可以预期的。

张　颂

第一章

文艺作品演播概说

将一首诗、一篇散文或一个寓言、童话及小说看过之后,绘声绘色、情感真挚地朗诵、演播出来,或将广播剧中的一个人物及影视中的一个角色,通过自己的演播和配音,准确、生动地表现出来,使受众从你的表达中受到感染和震撼,与你产生思想感情上的共鸣,与你同悲同喜,你所表现的一切让人们受到启迪、情有所动,这是多么迷人的一片天地啊!为此有多少人迷恋着他。我想在此告诉大家,这片天地的概貌、范围、特征与步入其中的途径。

第一节　文艺作品演播的认识

一、文艺作品演播的概念

文艺作品演播，指利用艺术语言表达的各种手段将文艺作品的文字语言变为有声语言，艺术地体现或再现出来，通过广播电视发射传达给受众的创作活动。（这里指诗歌、散文、寓言、童话的朗诵，小说和广播剧的演播以及影视配音。）

二、文艺作品演播的范围

文艺作品演播的范围仅限于文艺作品，不包括播音领域中的文艺节目主持、串联词、电影、戏剧解说以及电视片解说。

三、文艺作品演播的特征

（一）形象感更强

形象，是文学艺术创作的依托，是其表现的特殊手段，"他是根据客观现实生活各种现象加以艺术概括所创造出来的，有一定思想内容和艺术感染力的具体、生动的图画"。[①] 一般而言，在文艺作品中，人物是组成形象的主体。但形象不仅指人物，也有景物，不仅指视觉形象，也有听觉形象，文艺作品从创作到体现都离不开形象。因此，形象对于文艺作品演播具有特殊意义。理由在于，文艺作品是通过塑造各种艺术形象激发相应的情感来打动人、启发人和教育人的，形象思维是其创作的主要手段。因此，

[①] 引自《辞海》"文学分册"第5页。

文艺作品的演播就应体现出具体、生动的形象，发挥其作用。欲想体现出具体、生动的形象来，演播者的脑海中就必须有他们的存在和活动，用来支撑其表达。文艺作品演播，正是因为有了想象、联想等心理活动参与，唤起了具体、生动的形象，才能不断地刺激演播者产生相应的情感，使其表达发自内心，言之有物，言之有形，言之有情，言之有意。

比如已故著名演员金乃千，曾谈到他朗诵话剧《屈原》中的一段独白《雷电颂》时的体会："我在朗诵《雷电颂》时，在开口之前，首先唤起自己的想象，在眼前出现东皇太一庙的情景：奇形怪状的神像、狂风吹动的蜘蛛网、殿壁残孔中透出的夜空、时隐时现的沉雷，……从这些想象的环境中，引起我对当时楚国社会状况的联想。在朗诵过程中，我还不断地通过内心视象看到自然界的巨大变化，感受到风的怒吼、雷的轰鸣、闪电的眩耀，我恨不能冲出庙宇，砸断镣铐，投入大自然的怀抱。于是我急切地、热烈地一口气说出：'我要和着你（雷）的声音，和你一同跳到那没有边际没有限制的自由里去！'这时，一声霹雳（想象中的）在天边炸响，我猛一回头，看见闪电像火球一样地抱着尾巴涌向大地，我兴奋地说：'电！你这宇宙中最犀利的剑哪！……你这宇宙中的剑，也正是我心中的剑。你劈吧，劈吧，劈吧！把这比铁还牢固的黑暗，劈开，劈开，劈开！'这三个劈开一声比一声强烈，和霹雳声混在一起，成为我心中的三声霹雳。随着这些想象中的环境变化，我觉得自己似乎也能够像屈原那样呼风唤雨、那样与大自然融为一体，构成一曲和大自然同化的交响诗。"[①]

我们试想，如果没有具体真切的画面、场景，没有闪电、雷声的视觉、听觉，没有人物形象在朗诵者脑海中的出现，朗

---

① 引自《朗诵艺术谈》第116、117页。

诵者怎能感情饱满地去歌颂、去呐喊、去抒发呢？同样，听众也不可能领略到屈原，这个伟大的爱国主义者在特定环境中的内心情怀以及他的人物形象。由此可见，在文艺作品演播中，应始终有特定、具体的形象相随，一旦形象的链条中断了，我们的表达就会受阻，出现脱魂、失境、情浅、声白等现象。

为什么说文艺作品演播的形象感更强，播音不也要求形象感吗？是的，播音也要求形象感，但由于工作性质和创作依据不尽相同，所以，一般播音中的形象感往往不及文艺作品演播这样具体，要求这样高。有时，仅是一种有趋向的模糊感觉即可，不需形象的具体化，如新闻、评论等一般性播音。而文艺作品演播，失去具体的形象便无法开口表达了，因为他所表达的内容都是具体形象的和特定环境的，没有具体的形象感觉便不能准确表达。所以，形象感，是文艺作品演播的特征之一。

此外，形象感不仅是指演播者在语言表达创作过程中，自己头脑中有形象的存在和活动，且指通过演播者的表达能使听众产生相同或相近的形象感，这才是文艺作品演播特征中形象感的完整内涵。

（二）情感性更强

某位著名演播家曾向人发问："世界上什么力量最大？"他自己的解释是："情感的力量最大。"乍一听，不免有些耸人听闻。但进一步体察此中深味，便不得不承认这一事实。是的，世界上有什么力量能够征服人心呢？世界上有什么力量可以不让一个人去爱去恨？为了此情，有多少人不惜以自己最宝贵的生命去表现自己的爱与恨，这便是情，是人无法抑制的心理感受。中国古人也说过："情者文之经。"情感是艺术的内在生命。如果说，形象感是文艺作品演播的基础与依托，那么，情感性则是其灵魂，也是其特征之二。

文艺作品以形象表现观点、说明问题，却是以情感作为媒介去打动人接受他的。作者大都无情不发、无感不发、不悟不发。例如中篇小说《高山下的花环》，便是作者深入一线，面对新一代最可爱的人、为他们感人至深的事迹所感动，而燃烧起创作激情的产物。如果作品中，"小北京"（雷军长之子，战时从北京调往云南前线）这位深钻军事理论，想当将军的优秀士兵，不是因我国"文革"动乱期间制造的炮弹哑炮致死，引起人们对他牺牲的深深遗憾之情，也不会引发人们对"文革"动乱更深刻、更具体的认识。如果作品中，"小北京"不是雷军长之子，而"雷军长"又没有战前甩帽痛斥"走后门"的举动和激情，人们也许不会具体地感到，我们还有如此可敬的老一辈革命者，中国是有希望的。正因为有了人们对"雷军长"这一形象的敬爱之情，才显现出塑造这一形象的意义所在。而人们在接受这一观点时却在不知不觉之中，又在极强的情感催动下，其效果远非正面宣传说教可及。由此可见，情感促成人们对文艺形象的认识，同样，情感也是演播文艺作品的至关要素。在演播中，只有情感始终存在并不断燃烧，引起表达者创作宣泄的冲动与激情，方可演播好。（当然，是在准确理解、把握的前提之下。）

文艺作品的演播，情感大多处于激情状态，情感浓烈、饱满，唯有如此，方可体现文字语言的内蕴和作者的创作初衷，使之感染人、打动人、启迪人。这点，不同于其他的表达，如介绍什么知识，就不必情感太强烈了，一般亲切、自然、讲清楚即可达到目的。而文艺作品演播，由于工作性质、创作依据与创作特征的原因，不得不极为看重情感的作用，他不重以理服人，而关注以情感人，情感输入是这项工作的重要条件，因而，情感性不强的表达是不能胜任此工作的。诚然，情感性强不只是表现为激情这一种表达样式，在表现内涵丰富的情感中，也不乏别种样式，这在艺术语言领域中是显而易见的。但就情感的突出性和表现的丰富性方面而言，文艺作品演播是独占鳌头的。

(三) 更具生动性

文艺作品演播与生动性分不开。因为文艺作品是以具体的形象和浓烈、丰富的情感去打动人、教育人的。因此，要想很好地表现这些形象与情感就需要生动的形式来发挥作用。生动，就是逼真、形象、活灵活现，就是艺术性更强，技巧性更高，表现形式更丰富，对比反差更强烈。在文艺作品演播中，无论是讲一件事、介绍一个人、描情、状物，抑或是表现一个人物，无生动便无吸引人、感人可言。

生动性的基础是更贴近所表现的内容与形式。演播一个人物，就要把握、表现人物的全貌和个性、身份与身份感、内心世界与外部特征等，要符合那个人物的年龄、性格、气质、文化修养、职业特点，甚至语言习惯等特征。朗诵诗歌、散文、寓言与童话等文学作品，也应绘声绘色，体现出作者与形象的主体心态及外部特征。有时，甚至以夸张的手法来达到生动表达的目的。这也是文艺作品演播与一般性表达的不同之处。一般性表达，以上方面仅为参考条件，而文艺作品演播则为创作的必要条件。比如，演播童话故事《聪明的小兔子》中，小兔子给狮子出主意时的一段话："……我去把大象领来，等他走近你的身边，你就跳起来一口咬死他！"[①] 这话出自小巧、可爱的小动物口中，所以，在演播时，为了生动，声音要化装，有相应的语言造型，用声应该靠前，咬字小，前推，加之语言利落，这便可使人感到此话是出自灵活、小巧的小白兔之口了，使人可从听觉形象转化为视觉形象。待说到"等他走近你的身边"这句话时，要说得有种"收"的感觉，让人感到是在说"悄悄话"。到后一句"你就跳起来一口咬死他！"中的"跳"字和"咬"字有种爆发的动作感，字音短促、有力，语势异峰突起，这样的表达就形象、逼真、生动，即给人

---

① 引自《世界著名童话故事》录音专辑。

很强的形象感和动作感,易于吸引人。

当然,我们所说的"生动",不仅是指语言表达中声音形式的"音势"幅度大,节奏多变;还应该既有与表达内容相适应的语言造型和语言动势(如表现走、跑、跳等不同动作状态中的说话感觉),也有体现不同人物、不同情状、变化多端的心理感觉的一面。总之,生动,应是形神兼备的,他虽表现在形,但却以神为支撑,他是文艺作品演播的特征之三。

(四)独具装饰性

所谓"装饰性",在这里指"无语言表情声音",即人的哭、笑声,不同情状的气息声以及咳嗽等种种由心理与生理所致形成的具有一定意义和情感色彩的声音。他具有一定的独立性,若与语言相伴,可更形象、更生动地表现人物的特定情态,他在文艺作品演播中独具而又重要,没有他们的参与而演播好文艺作品是不可想象的。

比如,小说《家》中梅表姐与瑞珏的一段对话:"瑞珏说:'梅表妹,你一定有心事,为什么不对我说真话?你难道不相信我是真心跟你好?我是真心想给你帮忙?……'瑞珏的声音里充满了同情。梅却迸出了一句:'大表嫂,你不能给我帮忙。'于是掉开头又伏在枕头上低声抽泣起来。"① 又如,小说《高山下的花环》中,当连长梁三喜在战斗中为保护战士而牺牲时,小说写道:"'连长!连长!'战士们围过来,哭喊着,'连—长!'段雨国扑到梁三喜身上嚎啕起来,连长!怪我……都怪我呀……"② 以上这两段中,前者,演播者如果没有伴着哭音说出梅的话,就不可能生动地揭示出梅表姐那压抑、悲痛的心情并强烈地感染听众,从而为她的命运鸣不平。后者,如果演播者不是带着哭声

---

① 引自小说《家》第209页。
② 引自小说《高山下的花环》第81页。

喊出段雨国的话，也不能淋漓尽致地表现出段雨国对连长为救自己而牺牲的悲痛与悔恨的心情。

在广播剧演播或影视配音中，"无语言表情声音"更具有自身的作用。比如，在广播剧的演播中，不用语言（大多是不适合），根据不同的规定情境，演播者只要发出不匀的气息或急促的喘息声，听众便会根据自己的生活经验从中得知剧中人或是正身体极度疲乏地爬行前进；或是正在跑步；或是伤病得不轻。如果演播者的嘴里发出"嘿！嘿！嘿！"的声音，再配以沙袋的捶击声，人们就不难了解：这是正练习拳击呢。在影视配音中，如果片中的人物正在边哭边说或是边笑边说，我们也不得不以相同的哭、笑感觉和声音贴上去，以接近、贴合所配人物。甚至在朗诵诗歌、散文等或演播一个角色时，演播者只要发出一声含有意味的声音，人们也会从中体会到演播者或角色此时的内心状态。凡此种种，都表明"无语言表情声音"在文艺作品演播中独具魅力，他具有很强的表情性和一定的表义性，恰当地运用他，会为我们的演播增色不少，甚至可说是不可或缺的。因此，"无语言表情声音"即"装饰性"是文艺作品演播的特征之四。

总之，文艺作品演播，具有自身的独特属性，也有话筒前一般语言表达所遵循的基本规律，在此，就不赘言了。

第二节　文艺作品演播的必要条件

文艺作品演播不是演员或播音员的专利工作。演员除了演戏、拍电影和电视剧外，可以去电台演播广播剧或演播小说，还可以朗诵诗歌、散文或寓言、童话等。播音员除了干好自己的本职工作：播报新闻、主持节目或为文艺节目、电视片解说等之外，也可以参加一些诗歌、散文、寓言和童话的朗诵，或演播广播剧、为影视片中的人物配音。既使一些非艺术语言工作者——文艺爱好者，也可进行这方面的实践。总之，文艺作品演播为所有具备相应素质的人敞开着大门。

文艺作品演播，需要了解各类文学体裁和表达样式，对他们的创作和表达特点十分清楚，并有较高的文化、艺术素养。这样，拿到一个作品才能较快地将其驾驭，为表达得准确、完美创造一个良好的基础。通常，不会有某一个文化水平和艺术素养都不高的人可快速、准确、高水平地播出一个作品（偶有经导演、编辑的精心导播，可完成任务）。

中央人民广播电台文艺部的一位编辑曾讲过这样一件事：有一次上海电影译制厂的著名演员曹雷来北京出差，这位编辑知道后，便请她在百忙之中为中央台文艺部的文学节目录一篇外国小说。时间很紧，第一天晚上给作品，第二天上午就要录音。本来这位编辑还有些担心，怕时间过紧，演播者准备不够充分，因为作品有一定难度。但过后她讲，当她听曹雷开口播了前几句话后，她心里的一块石头便落地了，曹雷非常准确地把握了这篇作品，基调很得体，这使她很放心、很欣慰。这不能不说是演播者具有较高文化水平和艺术修养使然。无疑，她具有较高的分析理解力与感受力。

具有较高的文化水平和艺术素养，固然为表达好文艺作品奠定了一个良好的基础，但缺乏一定表达功力也不会有预想的效果。所以，还需演播者多实践、多反馈、勤探索，不断地提高自己的表达能力。

听说有一位演员，刚开始参加影视配音时非常被动，不是口型对不上，就是用声不自如，或是人物的戏不贴，为此，他非常苦恼。但随着他本人的勤奋用功与潜心实践，他现在成为比较有名的配音演员了。又如某些从事播音工作的播音员，他们经过不断刻苦地实践，现在，不但能很好地演播广播剧，表达人物语言，还能出色地为各种中外影视作品配音，具有较高的人物语言表达功力。

凡此种种，说明艺术功力具有多种内涵，要经过不断地实践、探索、勤学苦练，方能成为我们自身的一种能力。这是文艺作品演播的必要条件之一。

文艺作品演播的必要条件之二，是要具备一定的语言表达基础。

首先，应有规范的汉语普通话基础。文艺作品演播虽不是播音主持，但在演播小说、散文、广播剧解说等讲述、介绍性内容和演播大多数人物时，同样需要规范化的语言。

其次，要有较好的声音弹性。因为，文艺作品演播的用声要比一般播音主持用声幅度大，尤其是演播人物语言：老人、孩子、各色人物、各种情感、各种环境都要求用声的跨度与精细控制，在演播中，无论是用声的高低、疾徐、强弱、刚柔、厚薄都要运用自如。

最后，文艺作品演播要有较强的语言造型能力。不但要做到语言自然，还应做到以语言活化出人物全貌，演谁像谁。

例如，著名演员王志飞在电视剧《暴风法庭》中饰演一个坚韧不拔的审判员，语言犀利；而在电视剧《导弹旅长》中饰演一个"高工"、一个对女性的"追求者"，他的语言就黏黏乎乎，由于语言的变化、人物面貌相差很大，较好地塑造了不同的人物形象。又如，深受人们喜爱的演员高曙光在电视剧《生死束》中成功地扮演了干练的刑警队长，语言果断、自信。可他在接受记者采访时却声称自己平时生活中比较木讷，语言也不果断，演起戏来挺累的。这就是演员的工作，文艺作品演播者的工作同理。

文艺作品演播的必备条件之三，是要有较强的内心体验和外化体现能力。

虽然播音主持训练也有这方面的相关训练，但技能的丰富性远远不够。尤其是演播工作的核心技巧，规定情境和假定性，更需要学习、加强。

例如，笔者前不久参加一部广播剧《强者之歌》的录制工作，演播剧中女主角"王乔凤"（这位中央电视台主持人王志曾采访的广东抗"非典"的英雄护士长，为抢救病人染上"非典"，与病魔抗争康复后重返自己的岗位）。在录制抢救"非典"病人和王乔凤自己病倒医院领导来看望她的戏时，导演提示让演播者用毛巾捂住嘴说话，表现"非典"时期的特征，并从演播的语言中体现出呼吸困难、语流不畅、气喘、咳嗽的病中情状，就很有假定性和规定情境。而一般做播音主持工作的人，就相对缺乏这方面的技能，应当努力培养。

除此之外，文艺作品演播的外化能力需要大力加强，由于文艺作品表达的精细性，就要求演播者具有较好的生理、心理控制力与表现力。并且需补足所欠缺的语言的抒情、描绘能力，以及习惯于人物语言的第一人称、角色化语言表达、交流方式。

总之，文艺作品演播需要多方面条件做保证，才能胜任这一工作。

第二章
文艺作品演播与播音的异同

文艺作品演播与播音都是依据作者的文字稿配音,同时还要参考片子进行表达创作,都同属艺术语言表达范畴。但二者毕竟有所不同,无论是从分析与理解、表达手段与形式或工作任务与作用来看,二者都存在着某些差异,对于学习文艺作品演播或从事播音工作的人来说,明确区分与把握他们二者的异同,更显得十分必要。本章对此进行了分析。

第一节 分析与理解

文艺作品演播的分析、理解与播音备稿的途径与方法基本相同,播音的备稿六步是:划分层次、概括主题、联系背景、明确目的、分清主次、把握基调。而文艺作品演播,还与其有所不同,这主要表现在以下几点:

一、把握主题

文艺作品的主题,往往不易一目了然。因为文艺作品的主题大多蕴含在作品的内容、情节之中或潜藏在人物的塑造里,不如播音稿件显而易见,因此,应细致考察、精心提炼。

二、掌握背景

文艺作品的背景一般比播音稿件复杂。因为播音稿件大多只有写作背景与播出背景,并且二者基本一致。播音注重时效性,如若二者不一致时,以播出背景为准。而文艺作品演播,演播者往往需要掌握与作品有关的几个背景,方能准确理解、把握作品和人物。并且,作品的写作背景、内容背景与播出背景大多不一致。此外,文艺作品演播大多以作品内容背景为准。

三、形成基调

文艺作品演播的基调把握也比播音复杂。原因在于,有的除了有全篇作品的基调以外,还要有具体人物的基调。并且,有时会随作品的内容发展和人物的转变发生相应的基调变化。如"牛虻"、"林道静"等。

四、划分层次

文艺作品层次划分的形式多于播音稿件，因为文艺作品的体裁多样。比如，诗歌是以行的形式出现，广播剧与影视配音的剧本又是以人物对话、独白的形式出现，因而，划分层次也就形式多样，却都以内容紧密为基础。

第二节　表达手段与形式

文艺作品演播的表达手段与形式同播音相比，也有不尽相同之处：

一、身份与身份感

身份与身份感不是同一概念。身份，为客观存在；身份感则是主观感受，因而可变。播音，大多是以第三者的身份和身份感表达，如若需要，可转换为第一者的身份感，而播音员的实际身份并没有变。而文艺作品演播，则大多需要以第一者的身份和身份感出现，有时根据需要，还须转换为几种身份和身份感方可胜任演播任务。

二、对象与交流方式

交流，是需要有对象的，并需双向传递实现。播音中，播音员往往是与自己想象中的对象进行"交流"即"想象交流"（根据需要，偶尔也有与合作者的"直接交流"）。而文艺作品演播中的交流，除了有"想象交流"以外，更多的是与对手的"直接交流"。除此之外，播音创作中的对象比较单一和稳定，而文艺作品演播的创作中，对象往往多样、不稳定。因为演播者根据需要（如演播人物），往往要面对不同的对手，变换几个对象，因而，需形成不同的人物关系和交流方式，这要比播音的情况复杂得多。

三、内心视象

文艺作品演播的特征决定，在整个演播过程中都离不开内心视象。相比之下，播音中有些文体及稿件这方面的要求就相对弱一些，有的甚至以逻辑思维为主去表达即可，不需要较为具体的内心视象（比如新闻、评论）。

四、节奏

节奏，在文艺作品演播中有着至关重要的作用，他是情感变化的晴雨表和温度计，不同色彩的情感及情感变化的幅度与不同人物的性格、心境等等都需通过有形、多变的节奏反映出来。而在播音中，由于稿件形式与内容的局限，节奏往往不如文艺作品演播那样变化大。

五、表现形式

文艺作品演播表达形式可以夸张，人物可以扮演，并且可以运用"非语言表情声音"。而播音则不可以用这些手段和方式来表现，原因在于工作性质不同。

第三节 任务与作用

文艺作品演播与播音的任务不尽相同，虽然二者同属于艺术语言领域,但有广狭之分。文艺作品演播的任务主要是借丰富的表达技巧从情感上打动人、感染人,给人以美的享受,从而间接地教育人、启迪人。已故著名演员董行佶曾说过:"你的艺术性强调得越好,那么,你的政治作用完成得也越好。"而播音的任务则大多是以直接正面的宣传来引导人、教育人的(比如,新闻、通讯是以事实来引导、教育人的;评论又是以思辨来直接阐述观点,引导、教育人的;即使服务性节目和文艺播音也充满了直接的诱导性)。

文艺作品演播与播音二者的任务不尽相同,作用却是相似的,都是要以一定的倾向性去引导、教育受众。此外,由于二者的工作性质不同(文艺作品演播属于文艺性工作,而播音主要属于新闻性工作),因而,必然要遵循各自的创作规律和创作原则,二者之间存在着分界点。

第四节 学习文艺作品演播的意义

一、丰富技巧

从以上对文艺作品演播与播音异同的分析中,我们不难看出,文艺作品演播要比播音的表达技巧更丰富,形式更多样。学习文艺作品演播,对于从事播音工作的同志来讲,可以增强形象思维能力,并且丰富语言表达技巧,有助于提高播音的表达能力。对于一般文艺爱好者来讲,可以学到艺术语言表达技能。

二、一专多能

学习文学作品演播,播音员可以立足本职并扩大自己的创作领域。近年来,不少播音员都参加了广播剧的演播和影视剧配音,还有的经常朗诵文学作品,这可以使我们成为一名"一专多能"的艺术语言工作者。同样道理,学习文艺作品演播,从事表演专业的人也可以此拓展自己的艺术创作领域并增强其相关素质。

第三章 文艺作品演播的准备

文艺作品有不同种类,如何对他们进行准备,是本章的内容。文艺作品的表达准备,毕竟不同于一般文章,他有其自身的特点,作品的背景、目的、基调、风格与划分等都很重要。一篇作品准备得对路、充分,才能为表达打下良好的基础。否则,会影响表达的准确与完美。

第一节　弄清背景，心中有底

文艺作品演播的准备对背景的掌握很重要，他是理解与把握文艺作品的基础，是了解作者创作意图与表现作品的重要条件。文艺作品演播需要了解，掌握的背景是多方面的，比较复杂，他包括以下几个方面：

一、作品的内容背景

文艺作品的内容背景，这里指文艺作品中"人物活动、事件发生，发展的时间、地点和条件，如自然的、历史的、社会的。"[①] 比如，徐怀中的中篇小说《西线轶事》的内容背景是在对越自卫反击战期间，中越边境地区。而巴金的长篇小说《家》的内容背景，却是在旧中国内地一个封建大家庭里。二者的时代、地域环境各不相同。参考作品的内容背景，可以有助于准备、理解作品内容并形成相应的演播风格。

二、作品的人物背景

作品的人物背景，指以塑造人物为主的作品中，人物的风貌及来龙去脉。比如，《高山下的花环》中的赵蒙生，他是一个80年代的中国青年军人，是一个一表人才有着优越感的干部子弟，但在对越自卫反击战的战火中，他的思想境界得到了升华。人物背景，可提供作品的线索和演播人物的基础。

---

① 引自《辞海》"文学分册"第14页。

三、作品的写作背景

作品的写作背景,是指作品写作的时代背景(如自然、历史和社会环境)。比如,石祥的诗《周总理办公室的灯光》,是在"四人帮"刚被打倒时创作的。他极大地抒发了全国人民对敬爱的周总理的怀念之情、热爱之情。同时,也反映了人民对"四人帮"一伙迫害老一辈无产阶级革命家的愤慨心情。了解作品的写作背景,也有助于把握作品的内涵与演播基调。

四、作者创作的心理背景

作者创作的心理背景,指作者创作一篇(部)作品时的心态。比如,诗歌《小草在歌唱》的作者雷抒雁,他在创作这首诗歌时的心态是赞颂、悼念、声讨与自惭交织在一起的,是在一股激情的冲击之下。从他的诗句和此诗结尾的注释中,我们可以感到他的创作心态。

他在诗中写道:

> 我恨我自己,
> 竟睡得那样死,
> 像喝过魔鬼的迷魂汤,
> 让辚辚囚车,
> 碾过我僵死的心脏!
> 我是军人,
> 却不能挺身而出,
> 像黄继光,
> 用胸脯筑起一道铜墙!
> 而让这罪恶的子弹,
> 射穿祖国的希望,

打进人民的胸膛!
我惭愧我自己,
我是共产党员,
却不如小草,
让她的血流进脉管,
日里夜里,不停歌唱……

在诗的结尾处,作者注上"1979年6月7日,夜不能眠,6月8日,急就于曙光中。"①
又如徐志摩的诗《难得》:

难得,夜这般清静,
难得,炉火这般的温,
更是难得,无言的相对,
一双寂寞的灵魂!

也不必筹营,也不必评论,
更没有虚骄,猜忌和嫌憎,
只静静的坐对着一炉火,
只静静的默数远巷的更。
喝一口白水,朋友,
滋润你的干裂的口唇;
你添上几块煤,朋友,
一炉的红焰感念你的殷勤。

在冰冷的冬夜,朋友,

---

① 中央人民广播电台文学节目播出。

人们方始珍重难得的炉薪；
在这冰冷的世界，
方始凝结了少数同情的心！①

《难得》是作者写于1922至1924年间的诗，收在1925年出版的他的第一个诗集《志摩的诗》中。1922年作者从英国留学归来，当时中国正处于"五四运动"的落潮期，军阀混战且围剿"新文化"，他本人也为了追求真正的爱情与前妻离了婚，闹得父子不和睦、世人不谅解的地步。他所追求的自由、平等、博爱的社会理想和爱的自由、美的人生都不能实现且尝到了世态炎凉，因此，有一点真正的友情，都会给他很大的慰藉和至深的感触。作者正是在这种心态氛围中创作了这首小诗。我们了解了作者的心理背景，难道还能对这首扑面而来的小诗无动于衷吗？由此可见，文艺作品演播，对于作者创作心理的了解也至关重要，因为他往往直接提供给我们作者创作情感的源流，可以准确理解作品并调动起我们相应的演播情绪。

五、作品的播出背景

文艺作品演播的播出背景，指作品播出在什么时代、氛围中。演播的时代、氛围不同，演播本身，有的就要做些调整。一般来说，作品的内容背景、写作背景和播出背景相一致时，参考播出背景可以增强演播的时代感，发挥其应有的作用。比如，笔者在朗诵散文《白色方糖》时，联想到当前改革开放以来，社会上有些人只重钱，不重情，缺少爱心的可悲现状，认为应当注意和诱导，而这篇散文正涉及这个问题，提倡人所应有的美德：爱心。于是笔者将自己对这种美德的认同与提倡融于自己的表

---

① 引自《再别康桥——徐志摩诗歌赏析》第57页。

达之中。事后，编辑讲收到了一些听众来信。笔者认为，这不是自己表达得多好，而是这个内容、这种思想是当前社会上所需要的。而这篇散文的表达正适应了这种需要。

在文艺作品演播中，有的几方面背景都要兼顾，有的则只兼顾其中主要的即可，这要根据不同形式、内容的文艺作品而定。比如，裴多菲的《我愿意是急流》这首爱情诗：

> 我愿意是急流，
> 山里的小河，
> 在崎岖的路上、
> 岩石口经过……
> 只要我的爱人，
> 是一条小鱼，
> 在我的浪花里，
> 快乐地游来游去。
>
> 我愿意是荒林，
> 在河流的两岸，
> 面对一阵阵狂风，
> 勇敢地作战……
> 只要我的爱人
> 是一只小鸟，在我稠密的
> 树枝间
> 做窠，鸣叫。
>
> 我愿意是废墟，
> 在峻峭的山岩上，
> 这静默的毁灭

并不使我恼丧……
只要我的爱人
是青春的长春藤,
沿着我荒凉的额
亲密地攀援,上升。

我愿意是草屋,
在深深的山谷底
草屋的顶上
饱受风雨的打击……
只要我的爱人
是可爱的火焰,
在我的炉火里
愉快地缓缓闪现。

我愿意是云朵,
是灰色的破旗,
在广漠的天空中
懒懒地飘来荡去。
只要我的爱人
是珊瑚似的夕阳,
傍着我苍白的脸
显出耀眼的光辉。[1]

从诗中可以看出,只要抓住作者创作的心理背景就可以了,因为爱情的颂歌是每个时代、每个民族、每个人都久唱不衰的。

---

[1] 中央人民广播电台文学节目播出。

而朗诵《小草在歌唱》一诗，则要兼顾作品的内容背景、人物背景、写作背景、作者创作心理背景以及播出背景几方面。因为，你不了解张志新是何许人也，不了解作者为什么要赞颂她而又自愧不如以及为什么现在要朗诵这首诗，氛围如何，你就不可能全方位把握作品本身，准确表达。在广播剧演播和影视配音中，一般不用兼顾播出背景，因为你只是剧中、片中的一个人物、一个元素，你只要掌握了自己的行为目的、人物关系，符合剧情需要和风格即可完成任务。多了解其他几方面背景，可以更好地把握人物。而小说演播，却往往需要兼顾全部背景，因为演播者既要叙述内容、情节，体现时代、地域等风貌，又要表现各种人物，只有对背景全方位参照，才能完成好演播任务。

综上所述，我们为什么要兼顾这么多方面的背景来演播文艺作品，回答很明了，就是为了相互补充、参照，准确领会作者的创作意图，明确我们的创作目的和创作氛围，以利于我们对文艺作品的理解、把握和表达。对于背景，我们可以从与作品有关的介绍、文集或作者的生平、创作经历等有关材料中去寻找。

第二节　领会意图，把握目的

所谓意图，应理解为作者的创作立意与创作目的。文艺作品的创作立意大多潜藏在作品的内容、情节和人物塑造里，这就需要我们参照各种背景，了解作者的创作态度，反复阅读，体味作品，找出作者的立意和所要达到的目的。把握了作者的创作意图，方可使我们的表达有主旨、有目的、准确并有重点。

寻找作品的立意，可以从作品本身的抒情、叙述、描绘和议论的倾向及人物语言内容中去找。比如，散文《桔园颂歌》，作者用深情的叙述、描绘和议论为我们展现了十七名水兵的英雄事迹，抒发了对他们的崇敬之情，从而歌颂了他们伟大的爱国主义和英雄主义精神。这就是作品的立意所在，目的是唤起人们永远记住他们，怀念他们，以他们为榜样。

而有些作品的创作意图却不易把握，需要进行一番探讨，方可准确提取。比如，舒婷的朦胧诗《致橡树》：

> 我如果爱你——
> 绝不像攀援的凌霄花，
> 借你的高枝炫耀自己；
> 我如果爱你——
> 绝不学痴情的鸟儿，
> 为绿荫重复单纯的歌曲；
> 也不止像泉源，
> 常年送来清凉的慰藉；
> 也不止像险峰，
> 增加你的高度，衬托你的威仪。
> 甚至日光，
> 甚至春雨，
> 不，这些都还不够！
> 我必须是你近旁的一株木棉，
> 做为树的形象和你站在一起。
> 根，紧握在地下。
> 叶，相触在云里。
> 每一阵风过，
> 我们都相互致意，
> 但没有人，
> 听懂我们的言语。

你有你的铜枝铁干，
像刀，像剑，也像戟；
我有我红硕的花朵，
像沉重的叹息，
又像英勇的火炬。
我们分担寒潮，风雷，霹雳；
我们共享雾霭，流岚，虹霓，
仿佛永远分离，
却又终身相依。
这才是伟大的爱情，
坚贞就在这里：
爱——
不仅爱你伟岸的身躯，
也爱你坚持的位置，足下的土地。①

　　从文字表面看，这是一首出自女性之口的炽热的爱情诗，爱得真，爱得深。但是我们深入整体意识细究作者的创作意图，反复体味此诗，便会感觉到作者的真正意图是表现新时期女性人格价值观念的觉醒，他表现了知识女性的自觉与自强。例如，诗中表现的"木棉"与"橡树"并肩而立，"站在一起"的意象，表现了作者对爱情的深刻理解。"根，紧握在地下。叶，相触在云里。"这表现了心灵的相通和精神的相依。"你有你的铜枝铁干"，"我有我红硕的花朵，像沉重的叹息，又像英勇的火炬。"这是人格的相映，又是命运的"分担"和"共享"，他反映了作者对平等、相通、并进的理想爱情的追求。
　　总之，获准创作意图很重要，他是文艺作品演播的灵魂。

---

① 引自《中国现代朦胧诗赏析》第132、133页。

如果理解了《致橡树》一诗的创作意图，我们朗诵起来就绝不会软绵绵、轻柔柔的，而会透出一种理性的力度给表达以支撑，而不同于一般爱情诗的表达。

实际上，获准创作意图应有两个层次的把握。一是表层，即表层文意，单个意向（如情节、内容或诗句内涵）；二是深层。即内涵主旨，整体意向文艺作品很注意意境的营造，如果缺乏对作者创作意图深层次的把握和体味，在演播中就无法体现其意境，因为意境毕竟是整体、深层的产物。

第三节 掌握风格，融进基调

在文艺作品的创作中，有人说：追求决定创作，理想制约风格。这话很有道理。风格，是作者在创作中所表现出来的艺术特色和创作个性，毫无疑问，他来源于作者的思想、艺术追求。当然，风格不仅取决于作者的创作个性，而且要受到时代精神、社会风尚和民族传统等外界因素的影响。掌握风格、融进基调是文艺作品演播的重要一环，也是体现演播者思想艺术功力的所在。文艺作品大多有其独特的味道和韵致，他可以引起听众不同的美感，表现为不同风格。风格，制约着作者的创作，他往往体现在作者处理题材、表现主题、选取体裁、塑造形象、运用手法及语言等方面。比如，同一内容、主题的素材，不同的作者进行创作，他们会根据自身的风格倾向和艺术功力创作出不同的作品样式。风格可分为作品风格与作家风格。而作家风格可体现在他的某一个作品中，也可体现在他的一些作品中。例如，大家所知王朔的创作风格是"调侃"，如《我是你爸爸》等。有一次，笔者看电视，感觉正播放的影片《轮回》的风格与王朔的创作风格如出一辙，果然，片尾打出的字幕证实了笔者的感觉，此片的确是王朔的又一部作品。由此可见，风格对于作者有某种恒定性。作品的风格不同，会形成不同的表现样式。例如，徐志摩的诗《难得》就与当代军旅诗人李晓桦的诗《我希望你以军人的身份再生——致额尔金勋爵》截然不同，表达上就不相同，前者是凝重、内在的，后者则是激情洋溢的。显而易见，作品风格势必会融进表达基调中，风格的不同，也会影响到基调的形成。

掌握作品风格，除了从作品本身出发外，还应参考作者的其他作品，寻到其创作风格。但要注意区分作者风格与作品风格，因为有的作者的某些作品可能会根据创作的需要表现为其他风格，有的作者的作品风格又是多样化的。此外，在文艺作品演播中，由演播者自身素质和表达优势所形成的演播风格，应受制于作品风格，二者有机结合。

第四节 合理划分，表达清楚

文艺作品的层次划分，由于体裁形式的多样也呈现出多种形式。如前所述，除小说、散文等以外，诗歌以行的形式出现，形成诗行与诗节，而广播剧演播和影视配音，则以人物对话和独白的形式出现。除了转场以外，每段戏的台词是不分段落的。但无论作品种类如何，也无论其体裁形式如何，都应以语意抱团、相对独立为划分层次的原则。他表现为演播者对作品情节、事件及人物情感、心理发展、变化过程的把握。

比如，郑敏的诗《第二个童年与海》：

第二个童年与海

每个童年都像月光,
为大海涂上神秘的光影。
心在沉醉中随着波涛荡漾,
沙滩变得如此洁白宁静。
然而童年是短暂的;
只有当成熟使你找到
第二个童年,
海洋才无论有多大的风浪,
却总是迷住你的心。①

全诗仅有九行,也不是一诵到底不分层次的。根据诗意,前四行可分为一层,表现了作者对理想的追求。后五行可分为第二层,着重表现了作者对人生追求的体味与感悟。因此,这首诗在朗诵时,就应在"然而"处转换,在他之前,做较长停顿,以体现作者的思维和情感过程。否则,一气诵下来,便体现不出其运思的深致。再者,在诗歌的层次划分中,不应受诗节的限制,应从诗意出发形成逻辑和情感脉络的层次。

又如,广播剧《红丝带》的片段:

[开门声] 秋实　男三十六岁
　　　　　雪妮　女三十二岁
秋实:对不起,我今天来晚了。
雪妮:你的脸色怎么这么不好,没睡好觉?
秋实:是吗?可能,这是你让我帮你打的画框,继续画你

---

① 中央电视台文艺部节目播出。

那"蓝色的梦"吧……下个星期天,我不来了。

雪妮:为什么?

秋实:咱们都不是小孩子了。理智很重要。我是一个小学教员,命中注定要当一辈子"孩子王",可你是个画家,——

雪妮:不,我算什么画家,只是个画插图的美术编辑,你说这些干什么!

秋实:没什么,我真后悔。那天我不该跑到山上去,更不该遇到你!我给孩子们藏下了礼物,自己却找到了一颗苦果——我走了,对不起,这么长时间一直麻烦你,再见!

雪妮:不,别走(哭泣)你别走——你别走。

秋实:你别哭,好了,早知道发脾气能使你露出自己的真情,我该早点发脾气,一年以前就该发。告诉我,你干吗这么苦着自己?是不是你以前爱过的人比我好?

雪妮:别胡说!你知道得清清楚楚,你是我一生中的第一个,也是最后一个,再也不会有了,不会有了。

秋实:那你为什么要这样?

雪妮:我怕!我怕得厉害。

秋实:你怕什么呀!是什么把你吓成这样?

雪妮:红丝带——

秋实:红丝带?见鬼!你脑子里怎么尽是这些古怪的玩艺儿!

雪妮:我——我是独身主义者。

秋实:独——(开心地笑了)我也是个独身主义者,不过现在两个独身主义加在一起,不正好吗,负负得正!

雪妮:我脾气古怪。

秋实:我能改变你!

雪妮:我身体不好。

秋实:我可以照顾你。

雪妮：那——你会跟我离婚吗？

秋实：（笑得更开心）哪个男人谈恋爱是为了离婚？

雪妮：结婚前都很好，日后抛弃妻子的有的是！

秋实：你很清楚我不是那种人，要不然我也不会等到三十六！

雪妮：那你答应我，我们不要孩子。

秋实：为什么？

雪妮：孩子是无辜的，万一咱们……小时候我都尝够了，我不能让一个小生命再去尝我尝过的那些。

秋实：（喃喃地）明白了，……苦苦缠住你的是这个。我真想诅咒他们。诅咒那些不顾孩子们的父母！雪妮，放心吧，你会重新得到一个完整的家，我们也会有孩子，她的童年绝不会像她可怜的妈妈那样——。①

这段戏主要表现秋实试探雪妮的真实想法。从秋实进门到二人情感交融，经历了一系列心理交锋，秋实是欲擒故纵，继而是步步紧逼，最终取得了胜利，而雪妮则初始意想不到，而后，又步步退守，最终不得不束手就擒。在此，经过了几个回合，这就形成了这段戏的几个层次。从开头秋实说："对不起，我今天来晚了。"到雪妮说："……再也不会有了，不会有了。"为第一层，他可概括为"试探"。从秋实问："那你为什么要这样?"到雪妮说："我不能让一个小生命再去尝我尝过的那些。"为第二层，可概括为"原因"。从秋实说："明白了，"到这段戏的结束为第三层，可概括为"交融"。可以理解为秋实通过"试探"了解了雪妮的心结，而雪妮也更加了解"秋实"的为人，所以才有了二人最后的交融。反之，如果我们不是这样按情节发展、人物心理、

---

① 中央人民广播电台广播剧节目播出。

情感变化为线索去合理划分层次，只一味的一人一句走台词，这样，既反映不出其中的情节发展，也表现不清人物心理、情感的变化脉络，最终只能是混沌一片。因为无合理的划分，演播者心里便没底，便无演播的停顿、转换或递进等处理，演播者表达不清楚，听众自然也就听不清楚。

综上所述，要求演播者在演播前，应对所播作品有总体把握和细致揣摩的过程，不但要了解作品背景，获准作者意图，掌握作品风格，更要按照体裁划清层次，找到表达的落脚点，更好地体现其内蕴。

第五节　把握人物，外化贴切

人物，是文艺作品演播中的重要内容。文艺作品中的人物大多是以第一人称"我"的面目出现。他们都应当也必须有其特定的身份和身份感、思想和情感，有着自己的年龄、经历、性格、外貌、文化、职业、兴趣爱好、审美情趣和语言习惯等。对这些因素的了解和把握直接影响到演播的贴切与否，是否准确、对味。比如演播同是爱情上失意的几个女性，演播《第二次握手》中的丁洁琼就不同于《毕业歌》中的刘燕燕或杜十娘、法尼娜、法尼尼以及《雷雨》中的繁漪。

第二次握手（节选）
丁洁琼　苏冠兰

［丁洁琼推开房门，见有人坐在沙发上，手托着前额，头发几乎全白了。对方抬起头，站起身来。丁洁琼惊呆了。二人相对凝视，久久地沉默着，千言万语不知从何说起。］

苏：（颤抖的声音）琼姐，我来看望你来了！

丁：（鼻子一酸，转过脸去，努力克制地）谢谢！你的身体好像不太好……啊，请坐！

苏：（坐下，看着地板）我出国考察刚回来，可能有点疲倦。

丁：出国考察的日程，通常总是安排满满的。（想了想）哦，请等等。（从另一桌子抽屉取出两样东西）现在，这些东西应当物归原主了。

苏：（抬眼一看，是"慧星"戒指，还有一包书。他的心一震，再也无法克制地）琼姐，不，琼姐，我不能接过这个戒指，我宁可受到指责，受到诅咒，可我不能……。我欠了债，一笔永远偿还不清的债。我懂得他的分量。这些年，我从来没有过一个快乐的节日，因为我不配，我只能独坐书房，度过一个节日的不眠之夜，用我一个人能够明白的方式，来报答我远方的亲人。我从来不到天坛去，因为你曾在祈年殿苦苦等了我三天……

丁：我没有想到……我们久别重逢之后，说的是这么一些……从小父母告诉我，做人应当言而有信，所以……哦，我为什么要说这些呢！

苏：我宁可听到你指责我言而无信……

丁：今天，你就是为这个来的，是吗？

苏：我，不，琼姐！我也不知道我为什么要来，我只怨恨自己，我在父亲面前从来是个可耻的弱者，我相信他在世界上有好多朋友……，我把他的所谓消息和照片当真……

丁：照片？

〔苏冠兰取出一张揉皱的照片。丁洁琼一看是奥姆在试验场地向自己求爱时的照片。〕

丁：（愤怒地）真没想到，你和你父亲一道，参加了诬蔑我和奥姆的十字军。奥姆是我尊敬的老师和亲爱的朋友，他因为反战，也遭到逮捕和监禁。当他知道我决心回国时，他想尽办法，通过一切亲友，寻找可靠的途径，为我安排离开美国的机会。分别的时候，他一再提到你……他是一个善良的人，我不允许任何人损害他……

苏：我，实在惭愧，请你宽恕……

丁：（十分激动地）这次回国，我没想到会有人请求我的宽恕，我也没有想到要宽恕别人。回国的时候，我期望着，把自己的学识献给祖国，同时，把自己的爱情，完美无缺地献给我二十多年来所爱的人。可是，你已经失去了接受的资格，而我也将永远失去……他！（把戒指放在苏冠兰面前的茶几上，走到窗前。）

苏：（泪流满面）不管你是不是宽恕我，反正我这一辈子永远不会有内心的安宁，我本来不应当请求你的宽恕，因为我自己也不能宽恕自己（悲痛欲绝地走出房门）（丁洁琼听见关门声，马上追了过去，在房门前停了下来，缓缓地走到窗前，向楼下望，见苏冠兰的汽车开走了，她不禁悄悄地哭了起来。）①

毕业歌（节选）

[这时门外有人敲门，于涉前去开门。]

于涉：噢，原来是尊贵的刘燕燕小姐，光临寒舍，不胜荣幸，里边请。

刘燕燕：你少耍贫嘴，臭于涉，帮我叫一下王之辉，我不进去了。

王之辉：（懒洋洋地）告诉她我不能去，我裤子洗了，没换的。（一阵哄笑。）

刘燕燕：（大声地）王之辉，是白羽让我叫你！你快点出来，我在楼下等你。

陆日地：快去吧。之辉，你和刘燕燕最近好像不大对劲儿，

---

① 引自《舞台语言基本技巧》下册第554—556页。

出什么事了？

　　王之辉：我们真的吹了。

　　于涉：唬弄谁呀，留城当记者可不是——

　　王之辉：（低喝）你给我住嘴！再提这个，小心我揍你！

　　["咣"地一声用力的关门声。]

　　王之辉：白羽她，找我？

　　刘燕燕：（尖酸地）哼，你的女神？她对你就那么重要，连拿我顶替一会儿都不肯？

　　王之辉：（赌气地）重要！太重要了！[一阵沉默过后，刘燕燕委屈的啜泣声。]

　　刘燕燕：之辉，你一点不理解人家的心。

　　王之辉：别哭了，燕燕，我们是该好好谈谈了。

　　刘燕燕：谈什么？

　　王之辉：我的确喜欢过你，可也不能否认，我们还不够成熟，我——

　　刘燕燕：你别说了，我很难过，都是我不好，我不该当那么多人的面骂你粗野，伤了你的自尊心，更不该和你分手。可我当时只知道你跟体育系的一名男生打架，受了处分还赔了人家的医疗费，可我并不知道你打他是因为他晚上用望远镜偷看我们女生楼呀。你为什么不跟我讲明白呀！

　　王之辉：这么肮脏的事谁能讲出口。算了，过去的事就别提了。

　　刘燕燕：那么，你是原谅我了？

　　王之辉：哦，燕燕，你误会我的意思了，其实我们早就应该分手了。

　　刘燕燕：（极伤心地抽咽着）什么？！之辉，你不可以这样狠心，我知道你一直嫌我浅薄，可是，你知道我是多么爱你吗？别再恨我了，好吗？我们还会像从前那样好的。之辉。

王之辉：听我说，燕燕，就算没发生过什么（故意安慰燕燕），我打架受过处分肯定留不到本市。所以，起码我们是不实际的。

刘燕燕：（猛然惊喜地）噢，原来你是为了这个！这事用不着你操心，我爸爸已经答应我让你留省报社，你不早说过要改行当记者吗？报社那边没问题，现在就看系里了，不过你放心，我自有办法。

王之辉：（带着受辱后的愤然）原来真有这事！你怎么可以不经过我的同意就随便决定我的前途，……

刘燕燕：我，我是为了……

王之辉：（挖苦地）别以为你有个副市长爸爸就可以想怎样就怎样，我的事我说了算。

刘燕燕：（委屈地）你怎么这么不通情达理，我还不都是为了咱们俩能在一起。

王之辉：我不是说过了，过去的事就让他过去吗？

刘燕燕：（语气带有绝望的冰冷）哎，你还是不肯原谅我，哼，我知道，你心里有了白羽。不过我可以告诉你，你别想得太美了，白羽她被分去支边了。

王之辉：（震惊地）这不可能，你在撒谎！

刘燕燕：信不信由你，明天上午康主任就要找她谈话了。

王之辉：这太不公平了！凭什么？我不相信！①

［音乐渐隐］

杜十娘（节选）

杜十娘：公子今晚回来，神色忧郁，情绪不宁，是不是在外面遇到了什么事情！公子说出来，也好叫我放心哪。

---

① 中央人民广播电台广播剧节目播出。

李甲：十娘，我……

杜十娘：公子，你怎么啦？你有什么难处跟我说，我也好为你分忧啊。咱们好不容易离开京都以图百年欢笑，有什么事使你心里排解不开啦？

李甲：十娘，我，我待你一向总是真心诚意的吧？

杜十娘：你说这个干什么？

李甲：没什么。

杜十娘：公子，咱们已经相好两年。经过了多少艰难波折才有了今天。夫妻之间，生死相共，有什么话不能直说呢？

李甲：十娘，你，你不恨我吧？

杜十娘：你说吧。

李甲：十娘，事到临头，如今也不能不说，你我两载交好，情深意重，本想与你偕老白头……可我们李家，世居官宦，父亲礼法森严，把你带回家去，父亲要是固执不允又如何安顿？万一父亲震怒，把我也驱逐家门，你我流荡天涯，那便如何得了啊？

杜十娘：公子，你，你怎么啦？昨天不是说，我可以先寄居苏州吗？

李甲：那也不是长远之计。

杜十娘：公子，那，那你怎么打算？

李甲：日间蒙孙仁兄邀请，谈及此事，我思忖再三，难以安排。孙仁兄倒是说……

杜十娘：那位孙相公又怎么说？

李甲：他说我忙中有错，如今后悔不迟。他看我有些犹豫，劝我与你商量，你若是答应，他愿意舍千金，聘你过去……

杜十娘：（好似晴天霹雳）啊？

［茶杯摔碎声］

［风卷浪涛声］

［十娘饮泣声］

李甲：十娘……

［音乐——无限怨愤］

杜十娘：（颤抖地）公子，你，你答应了吗？

李甲：我，我实在情不能舍，心中难过啊。

杜十娘：这位孙公子出了这么个好主意……

李甲：孙富是新安县的盐商，少年风流，家资富有，你若是随他去，也不会太委屈了你呀。

杜十娘：你看，这是个好办法吗？

李甲：十娘，这天理人情不容，我也没有办法。

杜十娘：（战战兢兢地）公子，你，你刚才这些话，是不是怕我三心二意，从良不实，故意拿这套话试探我的心事？

李甲：十娘，这样的事，岂能儿戏？［音乐，——渲染着悲愤的情绪，突然停顿］

杜十娘：（自语）若是告诉他，我的描金箱内藏有百宝，价值岂止万金？他也许会回心转意的。……不，不，这种负义绝情，狠毒心肠的人，将来还是要将我抛弃的……（一阵痛楚的苦笑，变为激愤的冷笑）哈哈……好哇，好个两全之策。公子你可以携千金返回家乡，我又能嫁一个富商人家。这真是发乎情，止乎理，是再好也不过了。这就是你们的天理人情，哈哈哈……

李甲：十娘，十娘，十娘，我到死也忘不了你呀。你可不要怪我呀！

杜十娘：我怎么能怪你哪？只怪我自己的眼睛。好，你去睡吧，明天叫孙公子一面交银子，你一面交人。

李甲：十娘，你，你要做什么？

杜十娘：我要梳妆打扮。明天是我迎新送旧的日子。

［风声，水浪声，远处打更声。］

［音乐，——如泣如诉。］

杜十娘：（音乐声中缓缓的独白）我要梳妆打扮，我要送旧迎新。(凄楚地笑)镜子里的杜十娘,你是那么年青美丽。你的脸面如春风里的桃花,可你的遭遇比桃花命还薄。你这一对眼睛,如秋水一般明澈,可你却看错了人,看错了人。天哪,天哪,我的命多苦呀!我年幼父母早亡,堕落烟花,白天黑夜,供人玩弄。我心里满是苦,脸上却要强做笑,我本想脱离这无边的苦海,选一知己从良,选来选去,却选上了这样一个人。我真没有看透这样多情多才的人,藏着的是一颗绝情寡义的心。天哪,叫我还能相信谁?相信谁呢?如今我这满腔的希望都被狂风吹散,我心中的火焰都被暴雨熄灭……(哭泣)苍天哪,天地这样广阔,难道就没有我杜十娘咫尺存身之地吗?……是天理人情逼我屈辱地活着,可我不愿意这样地活着。可我不愿意这样地活着。让我迎新送旧?

我真的要迎新送旧了。
[打更的梆声,锣声。]
[音乐扬起]①

雷雨 (节选)

繁漪:(向周萍)他上哪儿去了?

周萍:(莫名其妙)谁?

繁漪:你父亲。

周萍:他有事情,见客,一会儿就回来。弟弟呢?

繁漪:他只会哭,他走了。

周萍:(怕和她一同在这间屋里)哦。(停)我要走了,我要收拾东西去。(走向饭厅。)

繁漪:等一会儿。

(周萍停步)

---

① 中央人民广播电台广播节目播出。

繁漪：我请你略微坐一坐。

周萍：什么事？

繁漪：（沉郁地）有话说。

（周萍走回，站着不语。）

繁漪：我希望你明白方才的情形。这不是一天的事情。

周萍：（躲避地）父亲一向是这样，他说一句就是一句的。

繁漪：可是人家说一句，我就要听一句，那是违背我的本性的。

周萍：我明白你。（强笑）你不要听他的话就是了。

繁漪：萍，我盼望你还是从前那样诚恳的人。顶好不要学着现在那种玩世不恭的态度。你知道我没有你在我面前，我已经很苦了。

周萍：所以我就要走了。不要再多见面，互相提醒我们最后悔的事情。

繁漪：我不后悔，我向来做事没后悔过。

周萍：（不得已地）我想，我很明白，对你表示过。这些日子我没有见你，我想你很明白。

繁漪：很明白。

周萍：那么，我是个最糊涂，最不明白的人。我后悔，我认为我生平做错一件大事。我对不起自己，对不起弟弟，更对不起父亲。

繁漪：（低沉地）但是你最对不起的人，你反而轻轻地忘了。

周萍：还有谁？

繁漪：你最对不起的是我，是你曾经引诱过的后母！

周萍：（有些怕她）你疯了。

繁漪：你欠了我一笔债，你对我负着责任，你不能丢下我，就一个人跑。

周萍：我认为你用的这些字眼，简直可怕，这种话不是在父亲这样——这样体面的家庭里说的。

繁漪：（气极了）父亲，父亲，你撇开你的父亲吧！体面？你也说体面？（冷笑）我在你们这样体面的家庭已经十八年啦，周家的罪恶，我听过，我见过，我做过，我始终不是你们周家的人。我做的事，我自己负责任。不像你们的祖父，叔祖，同你们的好父亲，背地做出许多可怕的事情，外表还是一副道德面孔，是慈善家，是社会上的好人物。①

法尼娜·法尼尼（节选）

法：我的上帝，这是多么不寻常的经历啊，我爱米西芮里，可又把他们的组织告发了，要不是为了这个，他也不会自投监狱，他能饶恕我吗？可也是我救下了他的性命呀！

他要能和我一起离开意大利有多好，我对米西芮里确是犯下了不可饶恕的罪孽，可是这一切，也是由于过分爱他的缘故呀！（音乐止，囚车接）（远处石道上传来两辆车的滚动声）

法：囚车来了，是的，是囚车，我的米西芮里来了。（紧张而激动）

（门声。手铐脚镣的声音）

是米西芮里，感谢上帝，他还活着。

（脚步声）

法：（小声地）米西芮里，米西芮里！

米：是你，法尼娜?！（意外）

法：是我。亲爱的，我在这里整整等了你一天，总算见到了你，你，你吃尽了苦啦！（哭泣）

米：法尼娜，原谅我——

法：不，亲爱的，是我要请求你的宽恕——

---

① 引自《曹禺选集》第43—第45页。

米：法尼娜，我珍惜你对我的感情，我有什么好处能够使你爱我，听我的话，让我们回到更符合基督精神的感情吧！我不能归你所有。

法：不，米西芮里，我所唯一需要的就是你的爱情。（热烈）

米：法尼娜，我是个有罪的人，我们的起义遭到了不幸，都因为我缺乏谨慎，哦，我恨我自己，为什么在那不幸的夜晚，我不和我的朋友一道被捕呢？为什么我一不在就产生了这样残忍的后果？原因就是在追求意大利的自由之外，我另有了一种激情。

法：不，亲爱的米西芮里，你是让监狱的酷刑把你折磨成这样了，你放心吧，狱吏再三答应，他们会好好地待你的，你要有信心，你的特赦很快就会实现。

米：不，我不奢求这些，法尼娜，我要是在人世间爱什么东西的话，那就是你，法尼娜。（法：米西芮里）不过，感谢上帝，如今，我只有一个目的，我不是死在监狱，就是想法子把自由给予意大利。（信仰坚定）

法：（停止哭泣，沮丧地）这么说，在祖国和爱情的选择之间，你还是选择了——

米：选择了祖国和自由，法尼娜，听我的劝告吧，你父亲要你嫁给有地位的人，你就听话出嫁吧！你的不愉快的事不必告诉他，另外，永远不要去想法子再看我了。啊?！让我们从今天以后彼此成为陌生人吧。

法：不，不……

米：你给祖国捐献了一大笔款子，有一天祖国要是得到解放的话，一定会用国家的财产偿还你的……

法：你?！别说了，米西芮里，为了我们的爱情，你把这些金钢钻和小挫刀留下，万一你得不到特赦，这对人是不可缺少的。

米：好！我接受，为了神圣的任务，我一定想法子逃走。

法：太好啦！

米：不过，当着你刚送的东西，我发誓，永远不再见你了。啊?! 永别了，法尼娜！答应我永远不给我写信，永远不想法子见我，把我完全留给祖国吧，我对你就算死了吧！

法：什么！米西芮里，难道我四处奔波就为了听你这样的回答吗？难道我在这小教堂里整整躲了一天，就为了和你永别吗？看来，我的一切努力都是白费，我，我真后悔。……那好吧！我要你在没有断气之前清醒地听到，我法尼娜在爱你的心情之下，都干了些什么？

米：你冷静些，法尼娜！

法：我不能冷静，你也不会冷静的，为了爱你，我无所不为，你那不幸的夜晚是谁告的密？

米：谁？

法：是我。法尼娜·法尼尼！

米：什么，你疯了？法尼娜！

法：我没有疯，是我让我的女仆向教皇告的密。

米：是你?! ——

法：是我，这还不算，为了你，我不惜和苍蝇去谈情说爱，为你，我宁可在色鬼面前卖弄风情。（苦笑）现在，一切都过去了，你还是你，我法尼娜·法尼尼还是法尼娜·法尼尼。

米：你，你，真没想到，你比蝎子还毒，你比豺狼还狠！你是意大利的耻辱，你是祖国和自由的死敌。还给你，你的金钢钻和锉刀，（效果）我米西芮里什么也不欠你的，你给我滚！

（锁链扔过去）

法：再见吧。（教堂的钟声响起）

米：（混响）可诅咒的法尼娜·法尼尼!!!（教堂的钟声引出音乐）①

---

① 中央人民广播电台广播剧节目播出。

以上几部剧中的女主人公同是爱情上失意的女性,但在演播中是应该有区别的。因为丁洁琼是一位留洋归来的 50 岁左右的教授;而刘燕燕是个 20 出头,即将大学毕业的女学生。且前者,历经沧桑,事业有成;后者,出身高贵,清高浅薄。此外,她们生活的时代背景也有距离。杜十娘是中国古代的烟花女子,但她又与一般妓女有所不同,少一分堕落与虚荣,多一分痴情与追求;法尼娜·法尼尼则是上个世纪意大利的一位痴情、高傲的女子,她不像一般纯情女子往往以自己的牺牲去实践自己的爱,而是以毁灭对方的事业来达到自己占有对方的目的,足见其性格特质;繁漪又是中国 20 世纪 30 年代具有新思想的女性,但却生活在封建、虚伪的氛围之中,现实与理想的矛盾构成了她悲剧性的命运,雷与火一样的性格又平添几分悲剧色彩。毫无疑问,演播这种种女性,在用声、语言味道和气质外化等方面都不能相似,甚或相去甚远。不言而喻,要想把握和演播好作品中的人物,首先,应当给他们做"人物小传",对他们做完整、细致的了解与把握。可以从人物的言行中、作品所介绍的情况中或通过他人之口间接提供的内容和线索中来了解、把握具体人物,要对其内心与外貌、历史与现状、思想感情与人物关系等各方面都了如指掌,才能很好地、恰如其分地表现他们。此外,从现实生活中,自己的经历和所见所闻中,也可以析出一些相关的东西来补充和丰富对人物的理解和把握。

把握人物,一般意义上的认识只限于作品着意塑造表现的人物,他们或是广播剧、影视片中的一个角色,或是小说中的一个人物。但笔者却认为,在文艺作品演播中,人物的概念外延应当扩大。理由在于,文艺作品中的人物,除去集中塑造表现的以外,那些"叙讲者",他们或是小说的讲述者,或是广播剧的解说者,或是影视片中的旁白者,无论他们是以第一人称还是以第三人称出现，他们也都是一个个具体的人物，是作者根据作品需要而设计的，他可以是作者本人，也可以是作者虚构的人物。因此，他们也应当在创作人物范畴之列，也应具有特定性、具体性，也应具有人物的所有内涵，在演播时，不能笼而统之地做一般化处理，抹煞其个性，否则会影响作者创作的整体效果，体现不出作者这种创作处理的独具匠心。为此，演播者在演播前的准备中，也应对作品中的这种"人物"进行了解、剖析与设计，做"人物小传"，进行全方位的把握和体现。全面、细致地对作品中所有人物进行了准备，方可称把握了人物，为人物的外化贴切打下了基础。

第六节　扫除障碍，字音准确

准备一篇（部）文艺作品，除了分析、理解、感受和设计表达之外，还有一项工作应并驾齐驱方可保证我们的演播质量，即扫除文字上术语、概念等障碍，读准字音。

演播者，如对某个字音的读法拿不准时，他自己在阅读作品时是无关紧要的，因为他能看懂其意。但若不正确地表达出去，便不能容忍，因为他不能给听众正确的信息传递，从而影响了整体表达效果。试想，演播一位气质高雅、学识丰厚的学者，却一口一个白字岂不贻笑大方？也会使这个人物形象大打折扣。演播者表达中的字音不准，必定影响到听众对其艺术水平的认可。有时，正是这些细节使我们的工作大为逊色。所以，这个问题不容忽视。

理解文艺作品中的术语、概念、有关知识等，更是不容忽视的，因为他往往关系到对作品内容的理解与表达。从表面上看，他似乎属于对作品理解、把握的表层内容，实际考察却绝非如此。有时，对他们的搞懂搞透正是通向理解深层次的大门。试举《我希望你以军人的身份再生——致额尔金勋爵》一诗为例，如果我们不知道诗中的额尔金勋爵是谁，僧格林沁又是何许人也，在表达上，也许会因为对其理解的偏差而形成不恰当的语气色彩。而当我们了解到额尔金勋爵是1860年进攻中国的英军首领，是他在大肆抢劫圆明园之后，下令烧毁了我国用了150年时间，集"北雄南秀"于一园，占地10公里，又历经康熙、雍正、乾隆等六朝的仙境园林。了解到僧格林沁是面对1860年外国列强进攻时，不得不放弃抵抗从塘沽溃逃的清军首领，便可进入理解作品的深层次中，感悟诗中的额尔金勋爵是帝国主义列强的象征，僧格林沁不是胜利者，而是一个失败者，他的失败是整个中华民族的耻辱与不幸，他并非不战，而是战而不能。由此掀起作者——这个当代中国军人内心的波涛，形成此诗的宏大意象。

　　在文艺作品演播的准备阶段，当我们遇到拿不准的字或不甚了解的术语、概念、人名、地名等障碍时，应当找有关的材料，向内行请教或查字典将其搞清楚。万万不可自作聪明，想当然或凭感觉猜测，那样，往往会闹出笑话，也是对工作不负责任的一种表现。

　　以上是文艺作品演播准备的概述，不同文艺作品的准备，将在不同文艺作品演播的讲解中进一步展开。

第四章

诗歌的朗诵

诗歌朗诵,在文艺作品演播中,重要而独特。重要,在于他的情感和表达大多变化幅度大,具有丰富的技巧性,这对于学习文艺作品演播的技巧,无疑是很重要的。他的独特,在于其创作和表达的形式。本章介绍了格律诗和自由诗的朗诵。

第一节 诗歌的认识

一、诗歌的概念

诗歌,是一种具有韵律、句子分行排列、词语高度精炼、能创造主客观和谐统一意境的独特的文学体裁。

二、诗歌的种类

按有无完整的故事情节划分,诗歌可分为"叙事诗"和"抒情诗"。

叙事诗,有比较完整的故事情节和人物形象。而抒情诗,则通过直接抒发诗人的思想感情来反映社会生活,没有完整的故事情节和人物形象。

按有无格律划分,诗歌可分为"格律诗"与"自由诗"。

"格律诗"的形式有一定规格,音律有一定的规律,可以有变化,但需按一定的规律变化。中国古典格律诗有五言、七言的绝句和律诗。而自由诗的语言不讲究格律,诗的段数、行数、字数也没有固定的规格,但有节奏并押大致相近的韵。

此外,还有兼备诗和散文特点的"散文诗"。他有诗的意境,但又如散文一样不分行也不押韵。

三、诗歌的特征

(一)集括性

"诗歌不像小说和戏剧那样,对作品中所反映的社会生活作全面、细致和具体的描绘,而是通过某个最富有特殊意义的生活片段来表达、抒发诗人的思想感情。"① 因此，诗歌对社会生活的反映是高度集中和概括的。

（二）跳跃性

诗歌反映社会生活高度集中和概括，又篇幅有限，分行排列，因此语言必然是精炼的，甚至每个字都要反复推敲，使之表现思想感情和描绘形象能够最充分、最经济。集中、概括性的内容与精炼化的语言，以及创作运思的快速转换，就构成了诗歌跳跃性的特征。诗人通过强烈的情感与丰富的想象将其独特的感受创造为艺术形象和艺术境界浓缩在诗里面。

（三）音乐性

诗歌语言又具音乐性，诗歌的音乐性表现在他的节奏和韵律上。诗歌的感情起伏强烈，又决定其有一定的韵律，有节奏又押韵，音调就和谐、动听，构成音乐性的内涵，形成一种律动的美感，唤起听者的相应情绪与美感。

第二节　格律诗的朗诵

一、格律诗的说明

一般意义上的格律诗，指中国古典五言、七言的绝句和律诗。"格"是格式，"律"是声律，声律包括平仄和押韵。格律诗对其字数、句数、平仄、押韵和对仗都有严格的要求。根据诗的字数和句数的不同，又可分为三种，即律诗、排律和绝句。"律诗"有五言、七言之分。五言律诗每首为八句，每句五个

---

① 吴立昌等：《文艺小百科》学林出版社1982年版，第54页。

字,共四十个字。"排律"也叫"长律",至少在十句以上,有长达一二百句的,多是五言,七言的很少。"绝句",又叫"截句",是截取律诗的一半之意。绝句也分五言、七言。五言绝句每首四句、每句五个字,共二十个字。七言绝句每首四句,每句七个字,共二十八个字。以上这三种都必须讲究平仄、押韵与对仗。(绝句可不讲对仗。)

平仄,是根据古代汉语的声调来确定的。律诗的平仄格式是固定的,形成几种格式。"平",在古代汉语中指"平声",在现代汉语中则指"阴平"和"阳平"。"仄"在古代汉语中指"上声'、"去声"和"入声"。而在现代汉语中指"上声"和"去声"。诗歌的平仄交错,可使声调多样化,使人听之和谐悦耳、音韵铿锵。

对仗,就是在一联的出句和对句中(每两句相配称为"一联",一联的前一句叫做"出句",后一句叫做"对句"),把同类性质的词依次并列起来,如名词对名词、动词对动词、形容词对形容词、副词对副词等(绝句不讲究对仗,用不用对仗都可以)。对仗的种类有很多种。

押韵,指把同韵母的字放在同一位置上(一般都放在"对句"的句尾处),押韵是律诗不可缺少的条件之一,也是一般诗歌所应具备的共同特点。

总之,格律诗讲究平仄,注重对仗,注意押韵,有自己的声律美和形式美。

二、划好语节

在朗诵前,应参照诗句的具体语义划分语节。语节,相当于音乐中的节拍,每一语节中字数多,字的疏密度就小,反之,字数少,其疏密度就大,这就形成了语流速度的不同。中国古典诗歌的节奏比较规整,节拍感很强,他们都体现在语节上,而语节的存在正是格律诗的重要标志。不同的格律诗有不同的语节划分。因此，划好语节就成为朗诵格律诗的第一步。

下面我们重点来看看五言和七言绝句、律诗的划分情况。

其实，中国古典诗歌中每句都有一定的"顿数"，并有规律可循。

一般"五言诗"是每句两顿，每顿两个字或一个字，并且主要是第三个字或第五个字可以一个字成为一顿。而"七言诗"则比五言诗增加一顿为每句三顿，其主要是第五个字或第七个字可以一个字成为一顿。实际上，格律诗的节奏主要在于平仄格律，而平仄的安排又是与"顿"相结合的，在顿与顿之间，就形成了一定的语节。照此说来，我们无须再自划语节了，按照以上划分规律不是可以了吗？诚然，照此规律朗诵是可以的，他可有较强的韵律感、品位感与吟诵感，有时，还可有力地点指诗眼。但有时会破坏诗句中语义的完整性，因而，从这一角度出发，有些诗可以减少顿数，将五言诗改为一顿，将七言诗改为两顿。这样，可以使诗的末尾语义完整，让人听得更清楚。

比如，李白的《静夜思》可划分为两种：

（一）床前——明——月光，
　　　疑是——地上——霜。
　　　举头——望——明月，
　　　低头——思——故乡。

（二）床前——明月光，
　　　疑是——地上霜。
　　　举头——望明月，
　　　低头——思故乡。

又如，李白的《早发白帝城》：

（一）朝辞——白帝——彩云——间，
　　　千里——江陵——一日——还。
　　　两岸——猿声——啼——不住，
　　　轻舟——已过——万重——山。

（二）朝辞——白帝——彩云间，
　　　千里——江陵——一日还。
　　　两岸——猿声——啼不住，
　　　轻舟——已过——万重山。

以上五言诗和七言诗究竟划分为哪一种更合适，以笔者之见，可根据诗文的具体情况而定。如果用在古诗词赏析中，第一种划分稍好些，因他能较好地体现中国古典诗歌的格律特征。而在一般朗诵中，用第二种划分较好些，因他能较完整、清晰地体现诗义，朗诵起来也不过于死板。尤其在诗句的最后三个字为一个密不可分的概念时，就更需要用此种划分法来朗诵，否则会因形害义。

三、押住韵脚

在诗句末尾韵母相同的字称为韵脚。马雅可夫斯基曾说："没有韵脚，诗就会散架子。韵脚使你回到上一行去，叫你记住他，使得形成一个意思的各行诗维持在一块儿。"在中国古典诗歌中，押韵更是极为重要的，没有韵脚难称格律诗。韵是诗歌语言音乐性的重要条件。押韵可以使诗歌具有优美、和谐的形式，以此抒发诗人内心的情思，也可使听者更好地欣赏他。同时，韵脚的呼应还可以形成一定的节奏。因此，在朗诵格律诗时，一定要重视韵脚、押住韵脚，予以显现，不可"藏韵"或者"跑韵"。"显韵"的方法即将韵脚音韵读得夸张一些，给以凸现。

比如，孟浩然的绝句《春晓》：

春眠不觉晓，　　　　　"晓"（xiǎo）
处处闻啼鸟。　　　　　"鸟"（niǎo）
夜来风雨声，　　　　　"声"（shēng）
花落知多少。　　　　　"少"（shǎo）

此诗是遥条辙的韵，一韵到底。仅第三句末尾的字音脱韵，这是格律诗创作所允许的。在朗诵时，为了凸现其韵脚使之"显韵"就可将"晓""鸟""少"三个字读得"上声"音调完满，"韵母"拉得较开，用气托住，此字的声音时值要明显长于句中其他的字音。如此处理便达到了夸张、凸现的效果了。此诗韵脚的定位呼应又形成其节奏，读来有种音形回环之美。

四、音韵夸张

由于格律诗的每个字或词都含有相当的容量，诗人炼字很精，因此，在朗诵时，音韵一般都应发得完满甚至夸张，以体现其内蕴与情致，为造成一种诗境服务。尤其在诗眼和韵脚处，更应再夸张些。简言之，格律诗的朗诵语流不可太快，唯此，方可细细品味欣赏其妙趣、情趣、理趣与谐趣，听者也有个体味的过程以引起共鸣。反之，语流过快，朗诵者的体味过程与抒发态势和听者的接收、消化过程都会受到阻碍，于诗歌的朗诵、欣赏都不利。

五、规中求变

格律诗的朗诵有其明显的特点即合辙押韵,并有一定节律。但如若朗诵起来四平八稳一个劲,便难以抒发诗人澎湃的激情或细腻的情致。因此,我们在朗诵时,可根据诗的意境与情感运动情况,在不破坏语节、顿数和显韵的前提下,注意调整语流速度与声音抑扬,使之发生变化,以改变朗诵节奏呆板的状况。

比如,杜甫的诗《春望》,为了较生动、准确地表现出诗圣杜甫在战乱年代的苍凉心境,我们可以将其诗做如下处理。

国破山河在,城春草木深。⎫
感时花溅泪,恨别鸟惊心。⎭ 中速、均抑

烽火连三月,家书抵万金。⎫ 稍快、稍扬
白头搔更短,浑欲不胜簪。⎭ 抑、慢、更抑、更慢

做以上处理,以求表现诗人内心细腻的变化、情感的动荡。前四句,用下行语势,体现诗人视野所至荒凉的客观外界与其主观的苍凉心境;中间两句,用上行语势,以凸现诗人盼接家书的急切、激动之情并配以加快语速来实现;最后两句,则仍回到下行语势,并伴以滞重的语速,以揭示诗人面对现实的沮丧、沉郁的情状。若不如此处理,仅以相同语速、固定语调和语势来朗诵,则很难充分、贴切地体现此诗的内涵与情感。(当然,每个朗诵者都可有自己独特的感受与处理。)

格律诗的特征在于其形式规整,这便给朗诵好格律诗带来一定的难度。在这种规律之中欲将诗的不同情思与意境充分表达出来是极其不易的,既要注意规律,又要表现个性,既要顾及形式,更要注意内容,这无疑给朗诵者带来很大难度。为了兼顾内外两

方面，朗诵者就不能在这种种规律面前丧失表达处理的主动性，尤其可在语速、语调与语势方面调整。不可存在一种糊涂认识，认为朗诵格律诗都有现成固定的格式和调子，朗诵者对此无能为力，并由此形成朗诵格律诗呈一种模式，求形大于神。实际上，越有一定之规越显死板，有时，更需要朗诵者做些适当的处理，以显现诗的鲜活个性和不为听者听之生厌。当然，这种处理变化不得超出其原则、规律范围。

除此之外，朗诵好格律诗，也要对平仄与对仗给以关注与呼应。

总之，朗诵好格律诗，基础在于对中国古代诗词的创作规律和艺术表现有所了解，并需要有较高的文化水平和艺术修养，方可理解之、驾驭之、表现之。

第三节　自由诗的朗诵

一、自由诗的说明

自由诗，就其表现形式而言，完全打破了古体诗在诗体上的种种限制。他的字、句数完全根据诗的内容叙述和抒情的需要而长短不一，参差错落，表现出句无定字、篇无定句的特点。他主要的句式结构为四行一节，行无定字。也有的是两行一节，或三行、五行、六行一节，甚或有时根据表现内容与情感的需要，而三行、四行、五行、六行等一节交叉使用，如贺敬之的诗《雷锋之歌》等。还有的根本不分节，一气呵成。"这种富于变化的句式和结构更适于表现现代人丰富复杂的思想感情以及当今快速变化的社会生活。"

但无论怎样变化，都要有诗的形式，林默涵同志曾经指出："……诗的形式是根据民族语言的特点、社会生活的变化和诗歌创作的发展而形成、演变和创新的，但他具有相对的稳定性。没有诗的形式，也就没有诗，而变成别的艺术品种了。"① 简言之，没有诗的形式，也就没有诗。

自由诗，就其表现内容和创作手法大体可分为：抒情诗、叙事诗、哲理诗、朦胧诗和爱情诗几类。

抒情诗与叙事诗的内涵前边已涉及。哲理诗是包含有哲理意味的诗，其中有典型的哲理诗，也有带哲理意味的抒情诗。朦胧诗，实际上是指一些运用象征、隐喻等手法创作的新诗。爱情诗，顾名思义主要是表现爱情内容的诗。

如何朗诵好一首自由诗呢？他的要领有哪些？

二、深入心灵，激起诗情

从一般意义上讲，要表达好一篇作品首先要理解他、热爱他，才能产生真情实感并激发起自己表达抒发的强烈欲望和激情。朗诵诗更是如此。

从创作的角度看，诗是抒情艺术，不是再现艺术。因而，无论是抒情、叙事、状物、喻理等都源于并带有诗人强烈的主观感受、浓郁的主观色彩及鲜明的个性。诗不同于戏剧、小说，不是靠内容、情节外化作者的认识、感悟与体验，而主要靠个体情感的直接抒发，有感而发、直抒胸臆，构成了个体宣泄形态物。一首好诗不会是无病呻吟，他是诗人感悟、情动最深的外化物，都注入了诗人创作的引动源及思维、情感的运动流。因而，我们要朗诵好一首诗，首先要进入作者的心灵，弄清诗人创作的冲动

---

① 谢文利、曹长青：《诗的技巧》，中国青年出版社1984年版，第300页。

点，理清其创作的情源与情流，通过对围绕此诗有关的各种背景的了解，搞清诗中的所指，便可产生对此诗的初步理解，再溶入自己的认识与体验，就可对此诗产生一种接近感与喜爱之情。取得诗人的创作因子，又深植于自己的心灵，形成同构、共识，也就生发出自己的真情实感和宣泄的激情。最终，通过自己真挚、准确和充满激情的表达便可进入听众的心灵，与其产生共鸣。在这里，诗本身作为交流媒体沟通着作者、朗诵者与听众三个心灵。

众所周知，对于诗的理解往往要难于对散文、小说、戏剧等其他体裁作品的理解。原因在于诗歌创作的特征：集括性、跳跃性和音乐性，来源于诗歌创作的思维方式。诗歌是极富想象的艺术，而想象具有感知、情感、理解三要素，"想象基于感知而又改造感知，移情使感知变形，理解化感知为象征。诗的形象思维和小说、戏剧不同，就在于诗人循着想象的逻辑而不是感知的逻辑来进行构思。因此，诗的世界和日常的世界往往很不一样。唯其'不一样'，他才有诗的特别味道。"① 除了诗歌创作中的"改造"、"变形"、"象征"以外，诗歌创作的精炼性、跳跃性又会使诗人完整的思维分割成一个个凝结点，显现在文字上，呈单线型的逻辑思维与呈复合型的形象思维构成的诗的意象和情思注入在诗句中并非序列清晰，充其量他们仅是一颗一颗未经穿起的珠玉，这条连接他们的线，便是诗人的思路。诗创的运思尤其是其形象思维特征决定"他透明而含凝，引导读者透过感觉而去体验情思……他不是直说，而是暗示。"② 诗的形象思维"可以无视

---

① 章亚昕、耿建华：《中国现代朦胧诗赏析》，花城出版社1988年版，第82页。

② 章亚昕、耿建华：《中国现代朦胧诗赏析》，花城出版社1988年版，第58页。

日常感觉的持续连贯性，以跳跃来'撕裂'感觉。究其原因，为诗不以传达感知为目的，而以抒发情思为使命。不拘泥于感觉，诗的构思也就比较跳脱空灵。"① 诗思不易掌握，诗义更难把握。诗创的独特手段，如象征、暗示、比喻，尤其比喻的相关性与多义性往往使读者陷入迷宫。如若对诗人生平、创作心态及创作背景等诸方面有所了解，无疑是获得了一把打开迷宫大门的钥匙。毋庸置疑，要朗诵好一首诗，必先透彻地把握之，把握的关键在于进入作者的心灵。这可以从两个途径入手：一是从作品本身探寻；二是从与作者、作品有关的材料中获得（如作者的生平经历、创作思想、创作背景、创作风格等有关方面）。具体讲，可以从与之有关的介绍、评论文章或作者的文集里获得线索。有条件者，还可直接求教于作者本人。例如，著名诗人艾青的名诗《大堰河，我的保姆》，有不少人想当然地误以为诗中所写的"大堰河"，是指诗人家乡的一条河流，由此而认定此诗所表现的是诗人对这条养育过自己的母亲河的热爱之情。而当某位著名朗诵者就此向诗人本人求教后才得知，此诗根本不是歌颂一条河的，而实实在在是歌颂一个人的，是诗人童年时代一名叫"大堰河"的保姆，一位普通的劳动妇女（由于当时当地妇女无自己的名字，就将其村名作为自己的名字）。此诗是诗人在一所监狱里看到雪而想起他的保姆所引起的创作冲动，形成了情源，又随回忆注成了情流。如若朗诵者不对此诗认真追究，搞清他究竟是写人还是写河的，情感对象不定位，便会使自己的抒情陷入某种盲目性，甚或解释不通，实际上，也是对此诗的错误阐释。弄清楚诗中所指，便可循着诗句准确地进入诗人心灵。窥测到诗人对劳动人民的情感是多么真挚、淳厚。进入到作者的心灵，并不意味着朗诵者本人也会自动具有与作品的共识、表达的真情实感与激情，要想使

---

① 引自《中国现代朦胧诗赏析》第58页。

作品的意象、情思深入自己的心灵要有一个交融的过程。

　　有人说："作为一种艺术形式的朗诵，却不止是表达；他同时意味着对作品进行解释。仅仅是表达，仅仅是没有曲解，那还不够，他必须给听众更多的东西，是他们用眼睛阅读文字时所得不到的东西，使听众跟随着朗诵者，更快地、更直接地进入作家所提供的情境与意境，作家敞开的内心世界。这就是说，朗诵者不能只是把文字搬到口头，把无声的语言化为有声的语言，而且需要对作品的艺术内容有自己的体验，自己的理解。"① 这段话较明了地点出了朗诵的要旨，即朗诵者是作品的解释者，而唯有从自己的心中升腾起与作品相同的真情实感与激情，才能化为自己的心声更好地代作者而言，产生朗诵创作的冲动、真情与激情。

　　以当代军旅诗人晓桦的力作《我希望你以军人的身份再生》为例，我们来看看这一朗诵创作的过程。初读这首诗，我们会感到全诗洋溢着男子汉的阳刚之气和强烈的军人意识。诗文引导我们产生一幅幅相关的画面：是大火吞噬着美丽的园林；是圆明园残败的景象；是大刀、马队与洋枪、洋炮；是骄横的侵略者与倒下的勇士；是新一代中国年轻军人宣战的形象……这些画面使我们了解到诗中所表现的内容和情感。但这还只是初步印象，由于此诗时空感跨度较大，诗的意向极强，诗的构思较独特，是面对额尔金勋爵宣战。因而，要掀动起朗诵者表达的真情实感与激情，不对全诗作更深入的理解与把握，不深入作者的心灵并融于自己的心灵是难于达到的。为此，我们找到作者的诗集《白鸽子、蓝星星》，欲更多地了解作者其人，以便更接近他的诗作。正是在此诗集的序言中，同是军旅诗人的他的战友为我们介绍了作者全貌："他是一个一米八几具有骑士风度的年轻军人。他从七

---

　　① 引自《朗诵艺术谈》第4页。

八岁就穿着改小的军装从军队大院跨进了兵营,又跨进军队大院的,他穿军装比穿任何其他服装都更合身,他对军队有着儿子般的依恋之情……"了解了作者,我们便会从他的诗中看出他有着极强的军人意识和国家观念。军人与国家是分不开的,战争与军人也是不可分的。作者本人也曾经就他的这首诗阐述自己的观点:"军人这个职业实际上是很矛盾的,一方面他反对战争,另一方面却只有在战争中才能显现军人的价值,因而从这个意义上讲,军人又只有和战争相联系在一起。"他写这首诗,不只是向额尔金勋爵一个侵略者宣战,而是向所有的历史上侵略过中国的侵略者宣战。了解了诗人的风貌,进入诗人的心灵,再反复阅读此诗,加以体味,便可以一个当代军人的思维与情感将全诗的一个个单个意象与画面、形象穿起、吃透:那是一名当代军人向对被侵略者焚毁的圆明园的残败景象生发的愤恨与对自己祖国昨天的无奈之情,那是一名当代军人在以自己的勇气和实力向祖国的敌人宣战,他要向世人证明:"从我们这一代起,中国将不再给任何国度的军人提供创造荣誉建立功勋的机会!"以显示中国当代军人的风貌、实力与价值。这便是全诗的意境与情思、情源与情流。他所表现的心态,不是当代军人的好战,而实在是要洗刷昔日耻辱的热望,他所表现的宣战方式不是作者个人英雄主义的膨胀,而实在是诗人气质特征的显现。

　　了解了作者、理解了作品、深入作者的心灵,抓住了诗魂与诗貌,并不意味着朗诵者自己就能发自内心产生表达的真情实感与激情。因为作者的所思、所感要变为朗诵者自己的心理和情思是有段距离、有个过程的,要深入朗诵者自己的心灵,不能不是其主动渗透交融的结果。这可以从两方面着眼:一是从理性上找共鸣,二是从感性上抓刺激。比如,针对这首诗,我们可以这样思考:作者是军人,我不是;作者有强烈的军人意识,我没有。但在国家观念、民族意识和责任感方面我们有着共同的认识。

当诗句在我们的脑海中展现出圆明园的影像时，我们曾看过的《火烧圆明园》影片中的镜头，不能不在此展开：那恢弘、秀美、中西合璧的美丽园林，那被外国侵略者大肆抢劫之后又毁于一旦的揪心场面，这种感官的刺激自然形成理性的冲动，这是民族的耻辱，这是对侵略者的恨，这更激起我们强烈的国家观念与责任感。我们的这些所思、所感就可与作者诗中所表现的情感融于一体，引起我们朗诵者自己的真情实感和朗诵这首诗的强烈欲望与激情。

这也说明，朗诵的理解、感受与表达的全过程中，始终是感性与理性交融、逻辑思维与形象思维的交合状态，你中有我，我中有你。但绝不是某一种单独发挥作用。在诗歌的创作与朗诵中，正是二者的交合作用才引发出创作和表达的冲动与激情，也才能使我们的朗诵既有理性的诱导，又不失感性的鲜活。总之，朗诵，是从感性入手，进而启动理性的闸门，从感情入手掌握诗，又以感情为基础体现和表现诗。当然，这其中都不能没有理性的渗透与引导，抽掉他，便只有血肉而无灵魂可言，因而，朗诵应求感情与理性的双重效益。具体讲，诗是最具情感的艺术，诗注重以情动人。因而我们在朗诵前准备时，不要先从理性入手，追究此诗的主题、目的、立意何在。这样是很难进入诗情或诗境中去的，而应先从感性入手，借用诗句文字的诱发媒介作用渗入自己的想象、联想内容，揣摩、体味诗中的情与义。毫无疑问，对一首诗的掌握要经历一个复杂的过程，在这个过程中，形象、画面云集并丰富、活跃，情感与之相伴运动，形成一定的轨迹和趋向。由感性刺激形成理性认识，再回到感性上来，便感之愈深、愈热、愈真，进而掀动起表达、宣泄的激情。唯有这种朗诵创作的激情，才是朗诵表达的灵魂之所在。对于诗歌来说，无激情，便无创作的冲动，便无表达的动力与支撑。当然，激情不是凭空而来，他由诸因素和阶段构成：形象画面的生发、活动、刺激，主体的想象、联想、体味、渗合,理性的朦胧到清晰,理性与感性的交合等。不言而喻,诗歌朗诵的基础和真谛在于朗诵主体与诗作的高度契合。不可想象,朗诵者的认识、观点与诗作不同,会情真意切、激情满怀地表现之;也不可想象,朗诵者对诗作如隔雾看花,自己都不甚理解却能很好地阐释之;更不可想象,朗诵者对诗情无深刻的体味和共鸣,却能动心、动情地表现之。

三、思脉清晰,形象依托

在诗歌朗诵理解、表达的具体思路中,思脉的清晰贯通和形象的依托作用是极其重要的。

众所周知,诗歌的创作离不开意象,意象要求物我情景交融,要象外有意。《美学辞典》中对意象的解释为:"指主观情意和外在物象的结合。"明代王世贞认为:"诗的意象要外足于象,而内足于意",要意象"衡当"。这都说明,意象是诗创的核心。诗的语言是由无数意象联缀而成,破译了一个个意象便寻见了一条正确的理解之途。例如诗人顾城的一首力作《一代人》,全诗仅两句:

> 黑夜给了我黑色的眼睛,
> 我要用他寻找光明。

耿建华的分析使我们对这首小诗有了准确、深刻的理解,同时,也使我们看到意象在诗歌创作中的价值与核心作用。他说:"顾城的这首诗只有两句,但却在当代诗歌史上具有相当重的分量,以其高度的历史概括性和辩证思维的哲理之光而具有很高的美学价值和强烈的艺术力量。"

"这首诗准确地表达了一代人的感情历程,闪射着强烈的时代色彩。'黑夜给了我黑色的眼睛','黑夜'象征动乱年代,'黑色的眼睛'是既指实，又指虚。我们'龙的传人，是黄皮肤、黑眼睛、黑头发，这是实指。黑色又有阴暗、低沉、哀伤的情绪色彩，这又有虚指的意义存在。"文革"十年，在一代人心中，尤其是年轻一代人心中，投下了沉重的阴影，留下了累累创伤，造成阴郁、苦闷和哀伤。有人说这一代是沉沦的一代、迷惘的一代，确实有一定的道理。……尽管黑夜给青年一代带来了灾难，使他们沉沦和迷惘，但就是在最黑暗的时候，他们仍未失掉对光明的向往。他们不但是沉沦和迷惘的一代，更是奋起的一代，觉醒的一代，诗人的这种认识概括闪动着辩证思维的光彩。……短短两句诗，概括出一代人的心理历程，表达出对黑暗政治的否定，对光明的向往与追求。"

在这里，诗人以"黑夜"、"黑色的眼睛"、"光明"的意象联缀了全诗，并显现意象的"张力"和"哲理"。这说明，"诗是意象的连环，一环扣一环的意象，组成诗的脉络，诗意必须在意象的联结中得到表现。……他的扣，就在于意象的同义性。"[①] 情感离开意象也难以成形，所以，诗人常常将自己的思与情定位于具体意象中。

在不同诗类中，不时有意象的变形，意象的张力等，意象的寄托性、含蓄性和哲理性，加之诗的精炼性构成诗的跳跃感、模糊性，给朗诵者带来表达的困难。要解决这个难题，主要一点是抓住诗人的创作思脉（感情与理性），在自己的心理视野中，织就一幅清晰的经纬图。在这幅图中，既有感情的材料——形象画面，又有理性的线条——逻辑序列；既有纵向诗的意象的联结与延伸，也有横向诗的形象、画面的拓展，并有意象的凸现。但是织就这幅图并不容易，尤其在朗诵时，就更需要有这样一幅图存在于朗诵者心中。这是因为，诗除了其独特的体裁形式外，最显

---

① 引自《中国现代朦胧诗赏析》第24页。

著的莫过于其对内容的表现方式。"诗是某种复杂的感情、含义和心境在语言文字所造成的具体形象中的投射。"① 诗是人心灵物态化的反映和个体内心世界的折射。诗人往往欲通过诗将自己生动的人生体验传达给别人以引起他人"情感上的共鸣和经验的交流"②。诗人往往将所要表达的情思、体验意象化,可以说,意象是诗的语言,他不同于一般陈述性语言,即句法结构缺乏清楚的语言关系和明晰的语义,造成语义上的模糊,而正是这语义上的模糊又反过来将一个个意象凸现出来,使意象与意象之间微妙的关系造成一种丰富多样的体验。意象的相关性、多义性造成语义的模糊与不确定性。意象的叠加整体又形成一种表现意味与特质。他们可不受理性逻辑的框约却表现出生动丰富并趋向一致的体验。这正符合诗的表现特质:不在于客观的再现而重在主观的表现,着意于情绪、体验的外化。意象的跳跃、语义的模糊与整体的无序性就是理解、驾驭一首诗的难处所在。为此,我们首先就要结合诗义,在了解掌握与其有关的全部背景下先破译诗中的每一个意象,得悉其所指与内涵,如《一代人》诗中"黑"的意象,"黑夜"与"黑色的眼睛"唯有在那动乱年代的背景氛围中,才会使人们体会到"黑夜"的所指与象征。也唯有从被耽误了的一代人的心理出发,才会更准确、深刻地体会到"黑色的眼睛"的意象张力和语义。其次,我们要用自己的体验与思脉去联结具体、独立的一个个意象,使之产生合理的联系。不能因为诗的意象跳跃、语义模糊,我们的心理也是朦胧一片,跟着诗句亦步亦趋,而应看到,无清晰的心理意向便不会有清晰的朗诵表达。在《一代人》这首诗中,"黑夜"与"黑色的眼睛"这两个意象表面上从理性逻辑的角度出发本无直接联系,但在人内在体验的

---

① 引自《审美心理描述》第260页。
② 引自《审美心理描述》第260页。

心理视野中，二者都可形成一定的联系，因有其共性，即阴暗、低沉、哀伤的性质。如若阐释其意应为：由于"文革"动乱的外在现实，使我们所见所闻不能不带来心理的阴暗、哀伤和情绪的低沉。这种情感体验与心境是每一个有相同经历的人所共有的。然而，此诗的价值在于其最后一个意象"光明"的凸现。囿其黑暗却不为其囿，不失对真理、正义、理想的追求，这才是这一代人的主流。在这里，在与诗有关的大背景的衬托下，破译了一个个具体的意象，又在理性与感性的协同作用下形成了清晰、贯通的思脉，方使意象的无序变为有序，体现了诗的要旨。对意象的破译有一定难度，思脉的趋向更至关重要，他随意象而顺动、反流或迂回，抓住了他，便可统领不同的意象，托现诗的主旨。反之，难免朦胧一片，或散乱无序。对重点意象的凸现，也只在思脉整体的映衬下方更准确。

诚然，在思脉的运行中，不能没有形象画面的依托。在朗诵时的感觉中，思脉是其骨骼，形象画面是其血肉，缺一不可。只有血肉没有骨骼失去支撑，只有骨骼缺少血肉难以成形。此外，凡有经验的朗诵者都知道这样一个事实：有时只有诗中意象本体中的画面是不足以启动、支撑朗诵的感觉以及意象间的过渡、填充，他往往要联想生成一些与之相关的形象画面以启动、支撑朗诵者的感觉。由此形成，有时是激情汹涌的宣泄，有时是轻柔细腻的抒发，有时是感悟很深的倾诉，有时又是睿智幽默的嘲讽表达。可以说，在诗歌朗诵的过程中，朗诵者的脑海中一刻也不能没有形象画面。同时，思维也始终积极地运动着，唯有思维的积极运动才可牵动着思脉的前行与形象画面的活跃。例如，《一代人》中，"黑夜"的意象，当然在朗诵到这个词时，朗诵者的脑海中不会是其表层含义"黑天夜晚"的画面，这毫无意义。而应是"文革"动乱中无数可悲现象的典型画面。如电影《小街》中女主角渝被疯狂的红卫兵剪了头发，男主角敏又被疯狂的红卫兵强行戴上女人的假发辫遭毒打,直至眼睛出血失明,这是那个年代无法制、无人性的典型写照!或是无数青年风华正茂,不能读书,小小年纪却不得不登上火车,去农村充当一名多余的劳力。我想凡是"文革"中走出的一代人,凡是插过队当过"知青"的人,他们看到"黑夜"这两个字时,一定会迅速、准确地体味其意象。不具有直接经历的人也应有相应的形象、情绪积累。当然,脑海中若无那种揪心的打人场面和挥泪登上火车走向农村的场面等,就不易引起我们朗诵时生动、鲜活的即时感觉。"黑色的眼睛"意象相伴的形象画面也不会是人的生理组成部分之一的眼睛实体,而有可能是一种触觉上的阴冷,心理上的哀伤之感。这是因为诗具有"多感性"。"所谓'多感性',就是指诗的语言本身含蕴着形状、声音、色彩、温度、味道等特质,能同时刺激人的几种感觉器官,从而使心灵发生震颤,情感产生共鸣。"① 因此,人们在阅读或朗诵一首诗时,不仅仅是内心视象,其他生理感官也在不同程度地发挥着作用并产生通感,从而使诗对人们形成全方位感染。比如,黑的视觉可以带来冷、硬的触觉感,最终集合成一种暗淡、阴冷的心境。同样,"光明"的意象也不是表层含义中物理性质的一片亮光,而也许是一系列青年人奋斗的情景,如农村小油灯下的苦读、监狱中不屈的面庞等等。诗的意象本体和与之相关的形象画面是由思脉接通,因而,思脉的贯通是对诗深层次把握和朗诵时思维积极运动的结果,他制约着形象画面的序列、复合与拓展。有了形象画面的依托和多种感觉,朗诵时才会感觉具体,表达准确,生动可感。

值得提及的是,朗诵的理解、准备阶段与表达时脑海中的形象画面情况不尽相同。前者丰富,后者精炼、典型。原因是,在分析、理解的准备阶段,朗诵者可以在诗文的引发下,多想与之

---

① 引自《诗的技巧》第275页。

相关的内容，破译难懂的意象，析出最准确的意义，这时，脑海中的形象画面自然多而丰富。而在朗诵时，朗诵者对全体及具体意象的意义以及诗的序列已成竹在胸了，便可剔除一些与诗文内容关系不甚密切的形象画面，使少而精的典型形象画面有力地支撑着朗诵时的感觉，分别起到发起、支撑、过渡、转换等作用。

总而言之，朗诵者在朗诵时思脉清晰、思维活跃，便可将表面上缺乏有序联系的跳跃性的诗句有机地融合于表达的整体中，他的顿歇就不是空白的，而是思维延续、转换的一环，他的情绪色彩变化幅度虽大，却在理性、感性的双重作用下有足够的内心支撑。尤其是一些哲理诗、朦胧诗，更需这种思脉的清晰、贯通。心有所指，才能语有所现。思脉对全诗意象群的联结，是完成诗的意象组接，但却不是表面化的。他所体现的是朗诵者对诗作整体深刻的理解与体味，是从一系列关系疏与密的意象群中析出他们之间的关系、意义和目的。可以说，思脉，是表达诗作的思维潜流。表达目的，是其流向的聚集点，诗的目的是由一个个、一组组诗的意象来体现的，诗的意象又是为其目的而设置的。因此，作为朗诵者应在析出诗中每一个意象之后，在目的的统帅下，形成联结他们的思脉，应既有对重要意象的着重点指、显露，又不失意象联结的贯通、顺畅。思脉的清晰、连贯无疑给形象的生成、拓展与运动划出了方向与范围。在朗诵创作时，思脉所联结的绝不只是意象的本体，更多的是他所代表、隐喻的那些实体，因而，与之相联的形象画面也是思维联络的内容。究其实质，诗的文字、意象多是引出实义的媒介，在具体朗诵过程中，朗诵者又需以此生成的形象画面刺激、依托以启动表达的感觉与激情。简言之，诗歌的创作特质必然带来朗诵表达对思脉生成与形象依托的高度依赖与重视。

四、运用技巧，表现诗情

在诗歌的朗诵中，对技巧的要求非常高，技巧的运用也非常丰富，因而，对艺术语言表达的训练大多以诗朗诵开始。

在讲运用技巧表现诗情之前，我们首先要明确朗诵者身份定位在朗诵中的作用。

（一）身份定位是朗诵的条件

面对一首首不同的诗，朗诵者应当以什么样的身份感去表达？这是许多初学者的困惑，也是朗诵处理的前提条件。无适当的身份把握，便无合理的技巧处理与声音运用，不能不影响到朗诵表达的整体。所以，朗诵者在朗诵前，首先要身份定位。

身份定位，可决定用什么样的身份感和口气来表现诗的内容。一般来讲，诗朗诵应当用朗诵者本人的身份感来表现。原因在于，朗诵与表演不同，表演是将自己变为剧中的某一具体人物，因而，除了外貌、形体要适应那个人物以外，他的语言也需符合所扮演人物的性格、习惯及表达特点，甚至音色也有严格要求，比如扮演周总理。不允许以演员本人的东西去代替人物的一切。而朗诵则不同，他大多是朗诵者以自己的面目出现，以自己的身份在说话。他不必将诗中的语言人物化，也不必将自己变为作者。实际上，朗诵者有作者"代言人"的成分，但其代作者表现的主要是他的思想、认识与情感这些内质，而不是他的口气、声音和语言外形。应该看到，朗诵者一旦将诗作理解、吃透又渗入了自己的体验之后，某种程度就变为自己的认知体验与审美追求了，他只是将作品作为自己朗诵创作的一个基础，一种规范与情思定向，取其灵魂、骨架，施以血肉、筋脉，给其以传播的生命。朗诵者此时所表现的一切情思与感情都是自我本体生发的心声。如《风流歌》，是朗诵者自己对"风流"一词的所思、所感；《小草在歌唱》，是朗诵者自己对张志新烈士的敬佩与歌颂；《一代人》又是朗诵者自己对"文革"中走出的一代人的看法。这实际上，就是将作品融化深入自己心灵的表现。因此，除去化了妆的影视、话剧中特定人物的独白朗诵以外，一般朗诵，朗诵者都以本人的身份来表达。即使是伟人诗词或革命烈士诗抄等内容，也应如此。不可拿腔作调地去模仿伟人调或作者的口气，那样，势必影响到朗诵的效果。试想，一个二十几岁的青年，硬要去寻找六七十岁的老作者的口气和声音来表现《三门峡——梳妆台》一诗，能有好效果吗？无论是声音外形还是气质都不会适应，结果，只会是魂、形不合，求形舍本。即使是《我希望你以军人的身份再生》这首充满阳刚之气的诗，如现在是一个女青年来朗诵他，也应将其变为自己的心里话来表现，不但可以表现出巾帼英雄的气魄，也同样抒发出中国年轻一代军人的军人意识与国家观念，同样达到诗作的预期效果。有些诗不分性别、不论年龄，他表现的是一类人共有的心境与观念，这时，朗诵者更可将诗作看成是自己内心一份独特的"发言稿"。

　　诗是最具个性的，因此，朗诵者对诗的选择应有所侧重，尽量找与自己贴近的诗来朗诵（被分配朗诵的诗，也会依据气质、年龄、性别等条件来有所侧重定人朗诵的），这样，朗诵的效果会更理想，本人也能得心应手。

　　总之，身份定位，可以更好地体现诗歌言为心声，直抒胸臆的特点，也可以避免替别人说话，情动不深、心动不真的感觉或以作者本人及他人面目出现的不适当感觉与处理。此外，也可以保持朗诵创作中的身份感统一。

　　（二）节奏是朗诵的生命

　　什么是节奏？一般讲，节奏是"运动过程的有序化的律动"①。有人说节奏是诗的生命。因此，节奏也是朗诵的生命。

---

① 引自《有声语言艺术美学》第60页

何为生命？生命即活力。活的生物才有运动与变化。因此，要想朗诵好一首诗，必给其注入生命，具有活力，使之有起伏、有变化。诗歌最忌平，创作如此，朗诵也如此。诗朗诵依仗着节奏这一最有力的手段来显其诗形与诗神，故节奏在诗朗诵中有着绝对核心的作用。

　　一般来说，在语言表达中，节奏是表达者内心情思运动变化所生发的。但在诗歌中，他却具有二重意义：一是诗体形式所固有的；二是诗文内容所引起朗诵者内心情思的律动而生成的。前者是说，诗歌大致都有一定的语节、诗行与诗节（诗歌中，语节的单位最小，其次是诗行，诗节的单位最大，他是由几个诗行形成的段落，相当于文章的一自然段）。尤其是格律诗，他们的语节相同、语节中的字数相同或相似、韵脚押韵、顿数相同、节拍一致，这便形成了诗的节奏。但是细究起来，这种节奏充其量仅是一首诗的固定节拍，他与诗的内容、朗诵者的情思律动并不直接挂钩，所以我们可以称这种节奏为"诗形节奏"。他是诗歌这种文体所特有的。例如五言绝句《春晓》：

　　　　　春眠不觉晓，
　　　　　处处闻啼鸟。
　　　　　夜来风雨声，
　　　　　花落知多少。

　　这首绝句共四行，每行五个字，可以分成二顿形成两个语节：前一个语节两个字，后一个语节三个字（也可以分为三个语节：第一个语节两个字，第二个语节一个字，第三个语节也是两个字）。在语节与语节之间便有一顿歇，这顿数就成为吟诵此诗的节拍。此外，"晓"、"鸟"、"少"三个字均在诗行末尾，又形成了遥条辙的韵脚押韵。这样，此诗的音、形回环往复便形成了这首诗的节奏,并有种音韵之美。即使字数、行数、诗节不一,又不押韵的自由诗也有着相似的语节、诗行和诗节,他的顿数、节拍也需把握,否则,便无诗味了。诗的形式特征是诗味的重要一点。比如,自由诗《我是中国人》:

在无数\蓝色的、\棕色的\眼睛中,
我有着\宝石般\黑色的\眼睛,
我骄傲,
我是\中国人。
在无数\白色的、\黑色的\皮肤之中,
我有着\大地般\黄色的\皮肤,
我骄傲,
我是\中国人。

我骄傲,
我是\中国人。
黄土高原\是我\挺起的\胸脯;
黄河流水\是我\沸腾的\血型;
长城\是我\扬起的\手臂;
泰山\是我\站立的\脚跟。

我骄傲,
我是\中国人。
我的祖先\最早\走出\森林;
我的祖先\最早\开始\耕耘;
我是\指南针和印刷术的\后裔;
我是\圆周率和地动仪的\子孙;
在我们的\民族中,

不光有\史册里万古不朽的\
孔夫子、\司马迁、\孙中山、\
还有\文学史上永远活着的\
花木兰、\林黛玉、\孙悟空\。①

　　从以上的诗体中，我们是否也看到了大致的规整？比如，每行的字数略有不同，每一诗节中的诗行也不尽相同，细究每行中的语节与语节中的字数也不相同，但却都在"我骄傲，我是中国人"的词语的定位呼应中体现出一种回环、一种有序化的律动，由此形成了此诗的基本节奏（虽然此诗的后半部将"我骄傲，我是中国人"改为"我是中国人"打头，也不失其定位呼应的效果）。此外，诗体内其他相同或相似的语词和句式（如排比句等）的存在，也为诗的语言、节拍形成，奠定了一个基础。例如：

我的祖先\最早\走出森林；
我的祖先\最早\开始耕耘；

　　如上所举，这种诗的节奏是诗形所固有的，他不需朗诵者创造，只需寻到、把握即可。然而，我们知道，朗诵的节奏不能止步于此，尤其是自由诗，特别要注意表现通过诗的内容所引起的情思运动、变化而生成的"内在节奏"。也就是说，所谓诗的节奏是由诗形固有节奏与朗诵者内心生成的内在节奏二者相结合形成。这样，既可显其形，又可表其质。因而，朗诵者在处理一首诗时，应当兼顾这两者，将其完美、有机地融合在一起。
　　语言节奏的内涵，具有对比性与多变性。他的材料是声音的高与低、强与弱、快与慢、明与暗、断与连等一对对矛盾，这是

---

① 中央人民广播电台文艺节目播出。

节奏的物理属性,运用他们,便可以有力地显露诗的内质与朗诵者的心理面貌与感觉。在自由诗的朗诵中,特别要注重诗的节奏中各因素的对比、变化,要更有效地体现诗的特征。

比如,朗诵《我希望你以军人的身份再生》一诗:

我希望你以军人的身份再生
——致额尔金勋爵

(1) 我佩服你
　　——额尔金勋爵,
　　你敢于发布这样的命令,
　　把古老东方的京都
　　投进熊熊大火,
　　在每片飞灰上写下你的姓氏,
　　扬遍全世界每处角落。
　　在每寸焦土里埋下你的名字,
　　和野草岁岁生长。

(2) 我不佩服你
　　——额尔金勋爵,
　　你根本没有敌手,
　　没有敌手却建树功勋的英雄,
　　比拼杀中倒下的战败者还耻辱。
　　焚烧一座没有抵抗的园林,
　　践踏一片不会说话的土地,
　　那是小孩子的手都能胜任的,
　　何用军人的膂力。

(3) 但你毕竟以你的壮举,
    给你的后裔们留下,
    足以在餐桌上大嚼永远的威名。
    给你民族发黄的编年史,
    订上火光闪闪的骄傲一页。

(4) 我好恨,
    恨我没早生一个世纪,
    使我能与你对视着站立在
    阴森幽暗的古堡,
    晨光微露的旷野。

(5) 要么,我拾起你扔下的白手套,
    要么,你接住我甩过去的剑,
    要么,你我各乘一匹战马,
    远离开遮天的帅旗,
    离开如云的战阵,
    决胜负于城下。

(6) 我更希望,
    你以军人的身份再生。
    当然,我决不会用原子武器,
    对你那单发的火枪,
    像你用重炮摧毁冷兵器。
    我希望你是
    装备精良训练有素的军人,
    你会满意的,
    你的对手不再是勇猛而愚钝的

僧格林沁。

(7) 在此，
　　我谨向世界提醒一句：
　　从我们这一代起，
　　中国将不再给任何国度的军人，
　　提供创造荣誉建立功勋的机会！

其中第三诗节，表现诗人对无奈事实的压抑之感，可用凝重型节奏说出；而从第四诗节开始表现诗人强烈的军人意识和英雄主义气概直到第五诗节，这时，用紧张型节奏，层层推进，一气呵成；第六诗节，又可用凝重型节奏以从容不迫、一字一句的冷峻、潇洒感觉朗诵出来，表现宣战者的坦荡、自信和胜利在握的镇定之感；最后一个诗节，应气势磅礴，加高亢型节奏可表现出新一代中国军人的精神面貌和强烈的民族意识。当然，此诗的主节奏是凝重型的，但变化或渗透进其他节奏类型的语句，不仅可以造成主节奏的回环往复，更能体现诗的内在律动流与朗诵者的情感体验变化。没有节奏型的变换与渗透便得不到这一效果。所以，从理论角度讲，我们应当明确：说节奏变化，实际上是指节奏型的变换或渗透，并非抹煞一首诗的主节奏。以上我们仅从大体上分析了一下朗诵此诗的部分节奏变化情况。实际上，在每一诗节的处理中，还有一些具体、细小的变化处理，还有其他表达技巧的参与，在此暂不多谈，由朗诵者自己去体味、去设计、去处理。因为节奏是面对全篇而言的，所以，朗诵一首诗的节奏变化处理也要事先设计，依据当然是诗的内容形式以及朗诵者内心情思的运动变化。在大多数情况下，自由诗的节奏处理中，诗形固有节奏和节拍、语节，会不同程度地服从于情感节奏。更多时候是二者的有机结合。

比如《我是中国人》中,第二诗节的处理。

> 我骄傲,
> 我是中国人。
> 黄土高原是我挺起的胸脯;
> 黄河流水是我沸腾的血型;
> 长城是我扬起的手臂;
> 泰山是我站立的脚跟。

前四个诗行的朗诵都按原语节和速度,但第五诗行稍加快语速并且将下一诗行中的"泰山"二字紧连于此诗行中,似并入此诗的最后一个语节(从语法上分析是不当的,但在有声语言的处理中却似一个语节)。这样处理,目的在于打破这一组四行排比句的呆板语速,平均语节,以适应朗诵者自豪激越的内心情感,使人听来产生同感。最后一行诗的后面几个字再用较慢的语速朗诵,可突出这一变化。当然,节奏与内心情感不是完全对位的,不是什么样的情感必用什么样类型的节奏来体现。而是有时相同的节奏可以表现不同的情感。此外,朗诵一首诗的节奏及其他方面的处理可以因人而异,没有一个统一的标准。完全根据朗诵者本人的理解、体味及个人声音条件与表达特点而定。

由于诗歌朗诵中节奏的回环性与对比、变化的丰富多彩、鲜明强烈,便在语言声音上造成一种音乐性,使人们在听一首诗的朗诵时,不仅了解其内质,也从声音形式上得到一种美的享受。著名朗诵艺术家瞿弦和的朗诵体会,便能很好地印证这一点。他说:"雷抒雁同志的《小草在歌唱》一诗中,有这样一段:

> 看,从草地上走过来的是谁,
> 油黑的短发披着霞光,

大大的眼睛像星星一样明亮，
　　甜甜的笑，
　　谁看见都永生印在心上！
　　母亲啊，你的女儿回来了，
　　她是水，钢刀砍不伤，
　　……
　　孩子啊，你的妈妈回来了，
　　她是光，黑暗难遮挡！
　　……
　　去拥抱她吧！
　　她是大地的女儿，
　　太阳给了她光芒，
　　山岗给了她坚强，
　　花草给了她芳香，
　　……

　　这一段描述的是作者由于希望烈士重生而产生的一系列幻觉形象，明确地告诉观众：烈士的精神永存。我的体会是，朗诵时要真的'看'到张志新烈士向我们走来，看得越具体，读起来越有情。具体的处理是——'看'烈士一步步走来，光彩夺目的形象越来越高大，节奏逐渐加快，如同充满希望的音乐由弱渐强。读到呼唤女儿"去拥抱她吧"一句，达到节奏的高点，好似乐队在演奏一曲描述人民和英雄重逢的音乐，仿佛我自己看到了这一感人情景。然后，突然停顿，从合奏中出现小提琴独奏，深情缓慢地读出——"她是大地的女儿"，使人感到有一种抑制不住的凄凉感觉，感到在现实中她的确是死去了。紧接着，再由低到高逐渐加强力量，读出天地日月给了她生命，使烈士的形象进一步升华，把作品的思想曲尽其妙地表达出来。由此可见，诗歌朗诵中节奏的核心地位，他不仅能淋漓尽致地表现出诗的内质，同时，也能很好地体现诗的形式给人以音乐美感。因此，我们应当极为重视朗诵中节奏的运用。可以说，诗味就体现在节奏上。

诗歌朗诵的节奏，有时，不仅源于诗作，他也有朗诵者个人的特性因素在内。比如同一首诗，允许的情况下，具有不同性格、气质的人，便有可能处理成节奏相似的朗诵。这也说明，朗诵的节奏不是固定不变的，在不同条件下，他有其独特性。

在朗诵中，不少初学者或播音员习惯四平八稳地表达，与播一般文章感觉差不多，似在播诗，不像朗诵，他们没有利用节奏的特质、运用节奏来外化自己的理解与体味，宣泄自己的内心与情绪，便缺少对听众的感染力，也不符合朗诵文体感。因此，抓住节奏的对比、变化是克服节奏平的根本。当然，也要杜绝为了变化而变化的无目的的乱变，否则，会导致朗诵表面听起来很热闹，却不得要领，于诗的表现极为不利，这是脱开内容，单纯表现技巧的一种现象，也是不可取的。认识上明确之后，还应在气息、声音及筋肉控制等诸方面加强锻炼自己的能力，方可适应节奏变化的需要，否则，会形成心有余而力不足的状态。

（三）其他技巧在朗诵中的运用

语言表达技巧除了节奏以外，还有语气、停顿与重音。

总体来讲，诗歌表达对技巧的运用与一般语言表达的原则基本相同，但有时相对夸张些，以适应诗歌的创作特征。

众所周知，语气是表达中神与形的结合体，他最集中地体现着朗诵者对所表达的内容、诗句的理解与体味。由于诗歌创作中存在的跳跃性、精炼性、含蓄性以及多义性、模糊性等因素，使得语气在此具有极强的指向和阐释作用。诗句的语义不连贯和不确定感，更需由朗诵者的语气使其定位明确，产生相互之间的有机联系，使听众听之明了。比如，《我希望你以军人的身份再生》一诗的开头一句"我佩服你"中的"佩"字，为了体现出作者的反意，就应在"佩"字上形成带有嘲讽意味的弯曲语势来表现。如若不用或不会用这样的语气来表达，就会使听众对此句诗的真正用意与指问不甚明了，或误以为是正面的真佩服呢。又如，郑敏的《第二个童年与海》：

第二个童年与海

每个童年都像月光，
为大海涂上神秘的光影。
心在沉醉中随着波涛荡漾，
沙滩变得如此洁白宁静。
然而童年是短暂的；
只有当成熟使你找到
第二个童年，
海洋才无论有多大的风浪，
却总是紧紧迷住你的心。

这是一首抒情哲理诗，作者在其中凝结了漫长的人生体验，他是用海和童年的原型来展现的，以此来启发读者体味人生，争取获得第二个童年。但如若有人一看此诗充满了大海、童年、月光、沙滩这些浪漫的词语和优美的氛围，便以一种甜美、柔和、稚嫩的基本语气来朗诵，便无论如何与作者的创作初衷相去甚远，应当用成熟的阐释语气来朗诵，才符合诗作的立意。当然，对此诗的处理可以有层次和区别。如前半部分，可以渗透些理想美感的色彩，后半部从"然而"之后，便只能以成熟的阐释语气来表达了。后半部是重点，也是此诗的价值所在。

在朗诵表达中，尤其是意象诗，更需用准确、明了的语气来阐释意象、连结意象。往往有这种情形，有的诗光看还不懂，但一听朗诵，便使读者本有些恍惚、拿不准的地方变得明确了，使他们真正懂得并体味出其中的关系和蕴含。这不能不说是语气的重要作用。

停顿，是朗诵中强调重点和形成转换的有力手段。为了体现停顿在朗诵中的作用，经常使用的方法是在层层推进的语流中突然停下或超出语节允许的时值，停顿时间较长。

比如，《我希望你以军人的身份再生》一诗中的最后两行，为了表现中国年轻一代军人的豪迈气度可以加速推进语流，直到"功勋的"三个字说出后突然一停，然后，再稳劲地一字一字地说出"机会"两字，以此更好地表现朗诵者内心的激情，也可使此诗的结尾变得稳实。处理如下：

中国将不再给任何国度的军人
提供创造荣誉建立功勋的＼机会！

此种处理在这首诗中还有几处，又如第二诗节中，为了表现对侵略者的愤恨与蔑视之情，从"没有敌手却建树功勋的英雄"开始便可加快语速，一气呵成，为了突出"军人"二字，直到"何用"二字之后突然中止，待"军人"二字凸现充分后，再稳劲地说出下面的词。同样道理，在此诗第五诗节中也可如此处理，为了表现宣战者的气势，前句也可逐渐加快语速，一气呵成，直到"决胜负"几个字说出后突然中断，再一字一字地说出后面的词，以表现宣战者成竹在胸的自信。再如，《小草在歌唱》一诗最后一节中的几句：

母亲啊，你的女儿回来了，
她是水，钢刀砍不伤；
孩子啊，你的妈妈回来了，

> 她是光，黑暗难遮挡；
> 去拥抱她吧，
> 她是\大地的女儿。

在"她是"后面突停，再深情地说出"大地的女儿"，此处停顿，可有力地凸现"大地"这个重点，这里的感情停顿可以引起人们的注意，也点出了此诗的主题思想。另外，在《第二个童年与海》一诗中，"然而"这一转折词的后面如不作较长的停顿，这首诗的哲理性、深刻性便难以充分体现。当然，以上几例的停顿处理，在一般文章的表达中按逻辑分析有的是绝不允许的，而在诗歌朗诵中，以情感和感染力的角度出发，却是可行的。这无疑会使朗诵表达多了一分震撼力与感染力。

重音，在诗朗诵的处理中也有独到表现。比如《我希望你以军人的身份再生》一诗中第二诗节的开头一句"我不佩服你"的"不"字，在此加重读。为了凸现作者对侵略者的指责、痛恨之意，这个"不"字就要夸大显现，用猛然提高、加重增强对比幅度来处理。这种处理，也不同于一般文章的表达，因为一般文章的表达突出重音多用拉长字音音程的方法，即使用提高声音和加重的方法也不会对比幅度太大，以免破坏播讲的平稳性。而朗诵则不同，有时为了突出其重点和具有较强的震撼力与感染力，朗诵者就要在语速、音强、音高上尽力加强对比、渲染，造成听者感官上强有力的刺激，以触及心理，产生效果。因而，用加重、提高、拉长等加强对比幅度的方式来体现重点，是朗诵中重音处理的常用方式。

总之，诗歌独特的体裁形式和创作特征，必然带来朗诵表达技巧运用的独到表现。

第四节　诗歌朗诵应注意的问题

一、区分诗类，注意风格

诗歌朗诵若想成功，除去应有准确、深入的理解和体味，相应的激情以及丰富的表达处理技能以外，对风格的把握也不容忽视。不同类别和不同风格的诗应有不同的表现形式，朗诵时要区别对待，选择最适当的方式来表现。

比如《小草之歌》一类政治抒情诗，一般在表达上要充满激情，声音饱满，在音高、音强、音长方面都比较丰富，节奏起伏变化较大，多用层层推进的表达方式来宣泄内心的激情；而一些朦胧诗、哲理诗的表达则与此有别，在处理上应声音稳实，声音和节奏等对比幅度一般不大，语速较缓，多停断；爱情诗的表达可以声音柔美、情感细腻、音量不宜过大，声音也不宜过高、过强，以利于表现诗作的内在情致；有情节内容的叙事诗，则应朗诵得自然、真挚，既有诗的基本节拍，也要有讲述的自然感，节奏随内容、情节的变化而多变。

此外，还应注重诗的风格把握与处理。有时，一首诗在理解上不会有多大出入，但在表达风格上却不尽相同。比如《我希望你以军人的身份再生》这首诗，可有不同风格的表达，处理成冷峻、蔑视、傲然的；处理成充满激情的；也可处理成不失蔑视、傲然又很激情的。其实，从诗作本身出发，这几种处理都无可厚非，只要理解准确，可以有不同风格，可带有一些朗诵者的个性特征。当然，参考作者的性格、气质与创作风格来处理表达是必要的（虽然大多数作者具备驾驭创造各种风格作品的能力，但其擅长点和基本素质却是存在的)。具体到这首诗,我以为第三种处理更接近作者年轻、潇洒的骑士风度。当然,成熟的朗诵者应具备表达各种不同风格作品的能力。

二、不模仿他人

朗诵切忌模仿他人,这里指的是曾因朗诵此诗而成功的人或是在朗诵方面已有一定名气的名家。原因在于,别人的表达处理是他本人的性格、气质、修养、思想、理解、体味、情感等诸方面的集中体现,他的声音是他那一个主体所独有的。你若与其相合也罢,如若不是自己去抓内心依据生成,只是一味将人家的表达形式拿来套用,或模仿他的声音,也可能表面听来有那么一点意思,但细究起来却缺少内心支撑,有形无魂,这种朗诵称不上成功,也不可能成功。如若是从人家的外部处理、技巧的运用中,反推其内心领悟,为自己指引了思考、感悟、体味的途径,再启动自己的内心去表达是可行的,这是学习与借鉴。其实,任何技艺都需要有个模仿、学习、融化的过程。闻其好,方欲学,学之后,方可化为自己的技能。但那种单纯模仿朗诵形式的做法是不可取的。

三、不上调,要自然

由于诗歌具有节拍、音韵方面的特点,因而有些人朗诵起来爱上调,几乎形成一种模式,使人听了很反感。从总体上讲,自由诗的朗诵虽然也要注意节拍和音韵的显现,但在心理上应当有种说话的感觉,要自然、不上调。所谓"上调",是指不动心,不与表达内容相贴的固定唱调和拖腔拖调。

比如《风流歌》一诗的开头有这么两句:

风流哟,风流,什么是风流?

……
　　风流哟，风流，谁不爱风流？
……

　　朗诵中，如果不注意内容只专注于音韵、节拍，是很容易上调的。如果我们不但兼顾音韵、节拍的特点，又加强内心思考、说话的感觉，便会给人以思考中发问的真实感，否则，不动心地用唱调朗诵出，会使人有空泛、不进情的感觉。形不及义会严重地影响诗的表现。尤其是句式相同，词语相差无几的回环句在朗诵中更容易上调。比如，《我是中国人》一诗中，他的每一句"我骄傲，我是中国人"和"我是中国人"的回环句，都不应用不动心或雷同感觉顺口说出，而应与下面诗句的内容感觉紧密相联，以具体可指、阐释的语气说出，这样就不会有上调的感觉了。

　　凡此种种，朗诵中，都应以一种阐释、抒怀的心态说出，而不应用一种大致的调子"唱"出。要知道，自由诗的朗诵与古典诗词的吟诵是有所区别的。因为自由诗的语言是白话文，较少受诗词格律、音韵的制约，他更接近于散文语言，所以，上调朗诵是极不相宜的。

四、注意"啊"的处理

　　诗朗诵中，还有一个显著的特点，就是感叹词"啊"（不论写成何字）用得比较多。因为诗歌是最抒情的语言艺术，同时，又最具个性，因而，诗人往往用"啊"来抒发自己内心的浓郁情致，但如果朗诵者体会不到或表达功力欠缺，都不能恰如其分地处理好"啊"的内涵，只会以一种样式来表达，势必衰减其中的表现力。因此，我们在朗诵中如遇上"啊"这个感叹词，不要草草处置，要结合上下文揣摩准他的内涵，并且用一定的技巧将每个"啊"都处理得各有其貌，使人一听便摸准其意，并感觉与诗的内容融为一体，既有机，又有味。并有极强的表现力。当然，表达功力不够者，要努力锻炼、提高自己的能力，方能处理得得心应手。

比如，《风流歌》第一诗节中有这样两句：

遐想时，我变成一只彩蝶：
"啊，风流莫非指在春光里嬉游？"

朦胧中，我化为一只蜜蜂：
"啊，风流好似是在花丛中奔走。"

这中间就有两个"啊"字，细分析，这几句诗是在探究"风流"的真谛，因而，根据诗的内容，第一个"啊"可以处理成探究的语气，所以"啊"音的语调曲折上升，当第二个"啊"似明白了什么，于是这个"啊"语调可曲折向下，这里都有一个悟的感觉。如若这里将两个"啊"都处理成一种模式或只会表现一种模式，这都不适应朗诵的需要。可以说，有多少个"啊"，便有多少种不同的含意与形式存在。

五、朗诵感觉要具体

诗歌由于创作需要，具有词语精炼、诗句跳跃、表现含蓄以及意象化等特点，从而使得诗歌对于读者来说，理解上有一定难度，而对于朗诵者来说，更多了一层，即难以表达。因此，把握表达的关键在于，除去前边已涉及到的加强理解以外，更重要和有效的一点是加强朗诵者朗诵时的自我体验与具体感觉。这样，可以帮助朗诵者迅速、真实地进入朗诵氛围并准确、个性化地表达出具体意象、环境与情思，以免诗句是概括、含蓄或多义的，而朗诵者的感觉也空乏、朦胧。感觉不具体，不能有效地引发朗诵者朗诵时的具体、真实感，从而难于引发其真情、热情与激情。同时，也不利于将听众带入应有的诗境，准确地理解诗义。朗诵感觉的具体应表现为朗诵者对每首诗的时间、环境、人物（作者本人也是一个主体）、心态、象征的本体与喻体特质等等都心中有底，方可清晰、有效地表达。

感觉具体，甚至应当探究细致到此诗、此句表现的是什么时代、时期、时间或地域、环境、心态：是在战争年代还是和平环境中；是在热恋中还是在失恋、失落时；是在夏季还是冬季；是在白天还是夜晚；是在海边还是山中；是心情欢悦兴奋时还是悲观沮丧时；是象征刚毅还是柔软的性质等等，因为这些极为具体的感觉会导致朗诵语气的不同形态，会给朗诵者提供选用不同表达手段与技巧的主、客观依据。比如，一般夏季给人的感觉是热烈、明丽的，而冬季给人的感觉则是阴冷、暗淡的，那么在语言的处理上就不相同，前者应高亢、轻快，后者应凝重、低沉，在语言色彩与语势趋向方面都不相同。又如，白天往往给人的感觉是热闹、喧嚣的，而夜晚则给人以宁静、沉寂的感觉，因此在用声的音量大小及朗诵感觉上就不相同。再如，鲜花的象征给人以柔美的感觉，当然也要用柔美的音色和情感来表现，而雄狮的象征则给人以勇猛之感，因而宜用坚实的音色和刚毅的感觉来表现。凡此种种，不一而足，但都说明了诗朗诵中感觉具体的重要作用。当然，感觉中这些具体因素与性质大多不在诗体中显现，而是朗诵者在分析、理解、朗诵一首诗时，凭借生活经验与艺术体验自己品味出来的。在这一过程中，形象的出现与活动是始终伴随的，有了这些具体感觉的支撑才有朗诵的感觉具体。

第五节　集体朗诵

诗歌朗诵，除去个人朗诵以外，还有双人、多人、配乐朗诵。目的有以下三点：

1．使诗歌朗诵表达处理更丰富；
2．使诗歌朗诵更有气势；
3．使诗歌朗诵更具表现力。

集体朗诵，可分为多人、集体两种形式（集体朗诵，可有个人领诵、多人领诵）。究竟一首诗歌是一人朗诵好，还是集体朗诵好，首先要看诗歌的内容与写法，他们是选择朗诵形式的基础。但也不排除有时同一首诗既可以个人朗诵，也可以多人朗诵，这要依具体情况而定。

例如，《我希望你以军人的身份再生》这首诗就不适合多人或集体朗诵，因为他的诗创角度是个体军人；《四月的黄昏》适合双人朗诵，而且是男、女二人，因为他表现的是一对恋人的内心世界；而《风流歌》则较适宜双人或集体朗诵，因为他表现的是一代人的心声；而《光的赞歌》从表面看诗创无特殊人称要求，然而，诗的内容气势宏大，语言节奏感强，因此，很适合集体朗诵，以体现诗作的内涵与气度。

那么，一首集体朗诵的诗应当如何分配朗诵词呢？分配原则如下：

1．按朗诵者的声音条件；
2．按朗诵者的性格特点；
3．按朗诵者对诗的领悟、感受力；
4．按朗诵者的表达技能；

5. 如果在舞台上还要看形象。

我们以《风流歌》和《知青纪事》为例来看一下朗诵词分配的具体情况：

《风流歌》由纪宇创作，是一首充满青年人热情，又不失理智思考的20世纪80年代脍炙人口的诗中佳作。全诗共分四节：

一什么是风流；二风流的自述；三我和风流；四真正的风流。这首诗较长，根据诗作写法可以处理成双人或集体朗诵为宜。如双人朗诵，朗诵词比较容易划分；如集体朗诵，可以四人、六人甚至八人（可看参加人数而定）。此外，朗诵者确定为双数、男女各半为好，可以采用对诵形式。具体朗诵形式：

1. 男女甲、男女乙、男女丙、男女丁轮流朗诵；
2. 男（女）甲、乙、丙、丁轮流朗诵；
3. 男（女）甲、乙；男（女）丙、丁对诵、交叉朗诵；
4. 男女甲、男女乙等轮流领诵，其他人集体合诵；
5. 还可以将以上各种形式交叉混合运用。
6. 每人分配朗诵词多少，可多种变化。

注意：朗诵词划分不要一种模式到底，显得死板。

例如，《风流歌》（片段）

一 什么是风流

女甲：风流哟，风流，什么是风流？
　　　我心中的情思像三春的绿柳；

女乙：风流哟，风流，谁不爱风流？
　　　我思索的果实像仲秋的石榴。

女丙：我是一个人，有血，有肉，
　　　我有一颗心，会喜，会愁，

男甲：我要人的尊严，心的美好，
　　　不愿像丑类一般鼠窃狗偷；

男乙：我爱松的高洁，爱兰的清幽，
　　　决不学苍蝇一样追腥逐臭。

女丙：我年轻，旺盛的精力像风在吼，
男丙：我热情，澎湃的生命似水在流；

女丁：风流啊，
女合：该怎样将你理解，
男丁：风流啊，
男合：我发誓把你追求！

女甲：清晨——我询问朝阳，
男甲：夜晚——我凝视北斗……

女乙：遐想时，我变成一只彩蝶：
　　　呵，风流莫非指在春光里嬉游？

男乙：朦胧中，我化为一只蜜蜂：
　　　呵，风流好似是在花丛中奔走。

女丙：我飘忽的思潮汇成大海，
　　　大海说："风流是浪上一只白鸥"。

女丁：我幻想的羽翼飞向明月，

　　　　　明月说:"风流是花中一壶美酒。"

男丙：于是，我做了一个有趣的梦，
　　　梦见人生中的许多"朋友"——

男丁：他们都来回答我的问题，
　　　争辩着，在八十年代谁最风流。

女甲：理想说:"风流和成功并肩携手"，
女乙：青春说:"风流和品貌不离左右"。

女丙：友谊说:"风流是合欢花蕊的柱头"，
女丁：爱情说:"风流是并蒂莲下的嫩藕"。

男甲｝
男乙｝道德说:"风流是我心田的庄稼"，
男丙｝
男丁｝时代说:"风流是我脑海的秋收"。

……

四　真正的风流

女甲：这才叫风流，这才叫风流，
女合：敢于和严峻的命运殊死搏斗！

男甲：这才叫风流，这才叫风流，
男合：在历史长河上驾起时代飞舟！

女乙：在枪口下揭穿造神者的阴谋,
　　　把一腔滚烫的血洒在荒丘;

女丙：在棍棒下祭奠好总理的英灵,
　　　让无数洁白的花开在胸口!

女丁：把祖国请到世界体坛的领奖台上,
　　　让她听一听国歌的鸣奏;

男乙：把红旗插到珠穆朗玛的最高峰上,
　　　让她摸一摸蓝天的额头!

男丙：在地雷密布的山口请战:"让我先走",
　　　在完成任务撤退时高喊:"我来断后"!

男丁：性能还不稳的新歼击机,我去试飞,
　　　烟云尚未散的核试验场,我去研究。

女甲：像雷锋那样热爱平凡的工作岗位,
　　　不管到哪里,都是一列车头;

女乙：像焦裕禄那样关心灾民的柴米油盐,
　　　纵然是死了,也要浩气长留!

男甲:"数风流人物,还看今朝",
男合：今朝,就是实现理想的战斗!

女丙
女丁 } 北斗的风流是指引方向，
男乙
男丙 } 卫星的风流是环绕地球。
男丁

女合：我们干的是各行各业，
合：我们对风流却有着共同的追求。

女甲："一口清"，是查号话务员的风流，
女乙："一刀准"，是肉点售货员的风流；

女丙："神刀手"，是女修脚工的风流，
女丁："描春人"，是清洁队员的风流。

男甲：我们要让服装和心灵同样美丽，
男乙：我们应叫物质和精神同样富有！

男丙：从劳动中提取欢乐作为报酬，
男丁：从奋斗中夺来胜利当成享受。

女合：呵，每一个无法解释的现象，
　　　都可能是一门新学科的入口；

男合：每一项成绩都靠汗水浇就，
　　　每一个问号都可能"曲径通幽"！

男甲
男乙 } 劳动，

女甲
女乙 } 创造，

男丙
男丁 } 进步，

小合：——无止无休！

女丙
女丁 } 爱真，

男甲
男乙 } 爱善，

女丙
女丁 } 爱美，

小合：——不折不扣！

女丙
女丁 } 这是真风流哟，这是真风流，

男丙
男丁 } 把时代的彩笔紧握在手；

女甲
女乙 } 绘四化之图，建幸福之楼，

男甲
男乙 } 在九百六十万平方公里土地上铺锦叠绣！

女合：让人民说：
合：他们受过挫折，摔过跟斗，
　　可他们把时代的使命担上了肩头；

男合：让历史说：
合：他们善于思索，敢于战斗，
　　　不愧是中华民族的一代风流。

从以上这首诗的朗诵词分配中，我们可以看到（多人）集体朗诵的分配原则还包括：
1. 看诗句内容、节奏力度适合何种性别朗诵；
2. 看诗句内容的重要程度决定是领诵，还是合诵；
3. 看朗诵参加者人数多少，相对平衡朗诵词；
4. 追求既合诗意，又显主次，还重变化的丰富处理。

又如，《知青纪事》是北京广播学院播音主持艺术学院94级同学根据一篇作品改编的朗诵材料，他表现了男主人公"秋石"和女主人公"冬阳"这两位昔日同窗与恋人，在"文革"扼杀人性的年代不得不分手，今又重逢的人生轨迹与心理历程，内涵丰富，情感深挚，令人动容。节目在老师的指导下于当年的"齐越朗诵艺术节"上演出轰动一时，令人久久难以忘怀。这个作品内容较多，共分四个部分：

美好相识、共度动乱、兵团分手、别样相见。这是男女生合作朗诵的材料，将其分为四对男女生合作朗诵也可。具体处理为：

第一段朗诵内容，可选择声音较年轻、性格较活泼的一对男女生朗诵，因为这段表现的是男女主人公在中学时代，正值青春年华，又美好相识，生活中充满幸福和活力，呈现出亮色；

第二段朗诵内容，可选择情感细腻、感受和表达较好的一对男女生朗诵，因为这段表现的是"文化大革命"动乱年代，二人经历了动乱的苦难和"上山下乡"的痛别，生活中充满暗淡的色彩；

第三段朗诵内容，可选择内涵较深、声音稳实的一对男女生朗诵，因为这段要表现的是男女主人公分隔两地去农场插队，受当时环境的压力承受着心灵煎熬，生活与心灵被扭曲，最后二人分了手，呈现的是浓浓的黑色；

第四段朗诵内容，可选择声音较厚实、性格较内向的一对男女生朗诵，因为这段所表现的是男女主人公各自成家，却并不如意，或离异、或似陌路人，虽然返城、事业有成，但内心深处却潜藏着那抹不去的记忆，生活中充满杂乱的色彩。

这样的分配处理可以表现男女主人公人生不同阶段的生理、心理特点，有益于朗诵处理的丰富性和表现力。在朗诵的头、尾加上现在时的每人轮流说出的心语、合诵，更有一种节目的整体感。

（开头）

朋友们，在我们父辈的一次聚会上，我们听到了这样一个真实的故事，那三十多年前"北大荒"的一幕幕往事浮现在眼前。对于我们来说，这发生在"冬阳"与"秋石"之间的故事未免过于残酷，但他毕竟是实实在在地发生过，在无数知青们之间发生过……

（结尾）

朋友们：

（四段男）我们的故事到这里似乎该结束了，但火热的生活带给我们的新生活却正在进行；

（四段女）其实，历史每一天都在结束，每一天也都在开始；

（一段女）青春、爱情、理想永远是美好的，值得珍惜；

（一段男）昨天属于历史，而明天则属于我们；

（二段女）但愿今后的每一天都是平静而崭新的；

（三段女）希望我们从长辈的经历中汲取多一点坚韧与思索；

（三段男）希望后来的人们不要忘记，在共和国的历史上曾经有一群为祖国奉献青春的人们，他们就是：

（合）中国知青！

（多人）集体朗诵，除去划分朗诵词、选择朗诵者之外，还有朗诵配合的问题，那么，配合的条件是什么呢？

1. 以朗诵词意思的相对完整为朗诵配合的前提；
2. 以朗诵的互补、叠加为朗诵配合的基础；
3. 以朗诵情绪的推进、转换为朗诵配合的条件。

比如，《光的赞歌》这是著名作家艾青的一首充满革命激情的力作，诗中饱含着哲理与激情，使人读来心潮起伏、热血沸腾。加之，诗作很有诗味，诗句朗朗上口、很有气势，很适合多人或集体朗诵。由于这首诗比较有力度，因此，男生多人朗诵较好，音色比较统一，能显示音乐美、力量美、和谐美。

这首诗（片段）由北京广播学院播音主持艺术学院的教师辅导，由几届男生演出，在大学生艺术节、在中南海、在北京、在深圳、在各种会议上，在中央电视台的银屏上几度出现，都受到了热烈欢迎。诗人艾青那饱含革命深情、充满激情的诗的魅力固然是成功的主要原因，而对诗的艺术处理也功不可没。多少艺术实践表明：一个作品只有好的内容还不够，必须有好的形式，好的艺术处理方可形成完美的体现。（此诗的具体朗诵处理，在"配乐朗诵"一节讲解。）

总之，（多人）集体朗诵的成功，有赖于朗诵词划分合理、朗诵者选择合适、朗诵处理既有意思的相对完整，也适于诗情的表现，加之朗诵处理的艺术性。他不但具有朗诵独有的音乐美，也极具震撼力，这是个人朗诵所无法比拟的。

第六节　配乐朗诵

　　将一首诗配上音乐朗诵，音乐烘托诗句的表达，使诗情、诗境得到展现，既能给人以美的享受，也能帮助人们很快进入诗的意境，使得朗诵更吸引人，更有艺术性，这就是配乐朗诵的魅力所在。

　　那么，如何做好配乐朗诵呢？

　　1. 选择配乐要合适。配乐的风格、情绪、节奏，甚至配器应与朗诵的内容、意境、情感相适应；

　　2. 要会接音乐。一般音乐转换应弱接，反差大的音乐转换，可在朗诵声中过渡，不显生硬；

　　3. 朗诵要合上配乐。朗诵应能合上配乐的段落、重点乐句，要自然和谐，应具有等、抢、调节能力。

　　要想做好配乐朗诵，首先要有配乐资料的积累，平时多听，多了解音乐的性质、风格、情绪、节奏、配器等情况，以便使用时心中有底。因为，绝大多数的配乐都是从现有音乐中剪裁而来，真正为一首诗专门作曲的很少。

　　比如，非常敬业的著名朗诵艺术家张家声老师就为了给他的朗诵佳作《人民万岁》配乐，专门请有关音乐编辑为其剪辑合适的音乐。凡是听过这首诗朗诵的人都不会忘记张家声老师那高超的朗诵技能、准确的理解阐释、音乐配合的完美精准。《人民万岁》是作家王怀让近年创作的一首难得的好诗。诗的创作朴素、深邃，堪称佳品。这首诗结合诗意，诗的前半部是对毛泽东革命历程的回顾，朗诵随着舒缓的音乐轻声诵出：

你从韶山水田的
　　黄色的阡陌上走来,
你从安源煤矿的
　　黑色巷道里走来,
你从湘乡的那棵垂挂过
　　许多苦难的老榭树下走来,
你从长沙的那口映照出
　　许多血泪的清水塘畔走来……
你走来,径直走上天安门城楼,向着创造历史的
人民用深沉的湖南口音高呼:
　　人民万岁!
……

诗的后半部力陈人民高呼万岁的真正内涵,音乐激越,朗诵也激情诵出:

你走上天安门城楼
　　是为了高呼人民万岁,
人民才用自己的身躯
　　把天安门托得如此峨峨巍巍;
你走上天安门城楼
　　是为了高呼人民万岁,
人民才用自己的血汗
　　把天安门染得这样如描如绘——
——这,就是你留给我们的真理,
　　呼人民万岁的人,
他活着的时候,
　　人民才会向着他高呼万岁!

　　　　你走上天安门城楼
　　　　　　是为了高呼人民万岁，
　　　　把握历史的人民
　　　　　　才让你在史册中永放光辉；
　　　　你走上天空门城楼
　　　　　　是为了高呼人民万岁，
　　　　主宰世界的人民
　　　　　　才让你在世界上万古永垂……
　　　　——这，就是你留给我们的哲学，
　　　　　　呼人民万岁的人，
　　　　他死了，他的思想，
　　　　　　却可以万岁！万万岁！
　　　　人民万岁！

　　当朗诵到："呼人民万岁的人"时，配乐骤然停止，空了一下，朗诵再轻声、缓慢地诵出："他死了，他的思想，却可以万岁！万万岁！"这时，音乐又轰然响起，再朗诵出诗的结尾"人民万岁！"给人感觉配乐与朗诵配合得默契完美。这是朗诵者自己成功的艺术设计，他更增强了朗诵的艺术感染力。

　　又如，《四月的黄昏》这首诗的前半部中，就用了理查德·克莱德曼的钢琴曲《爱的谐奏曲》配乐，他使得诗中爱的情感与乐曲中的感觉一致。而且，清丽、安静的钢琴曲不会干扰、淹没娓娓道来的朗诵语言。

　　但是这首诗的后半部结尾，诗作表现两个年轻人内心的激动情感，朗诵情绪也应随之激动起来，此时再用《爱的谐奏曲》配乐，便显得情绪跟不上了，于是，应改用与朗诵情绪相应的节奏力度稍强的配乐为好，这样，音乐、朗诵互衬，相互融合，共同创造出一种诗的意境。

再如,《光的赞歌》这首诗(片段)我们来具体看看他的朗诵处理和与音乐的配合:

一

(《雪里梅园》音乐主旋律抒情乐句弱出一小节,将人带入意境,朗诵出)

男一:每个人的一生(带有哲理的阐述感)
　　　不论聪明还是愚蠢
　　　不论幸福还是不幸
　　　只要他一离开母体
　　　就睁着眼睛追求光明

男二:世界要是没有光
　　　等于人没有眼睛
　　　航海的没有罗盘
　　　打枪的没有准星
　　　不知道路边有毒蛇
　　　不知道前面有陷阱

男三:世界要是没有光
　　　也就没有杨花飞絮的春天
　　　也就没有百花争艳的夏天
　　　也就没有金果满园的秋天
　　　也就没有大雪纷飞的冬天

男一:世界要是没有光
男四:看不见奔腾不息的江河(下面逐一加快、紧连)

男五：看不见连绵千里的森林
男六：看不见容易激动的大海
男七：看不见像老人似的雪山
男一：要是我们什么也看不见
男合：我们对世界还有什么留恋（放慢）

男六：只是因为有了光（抒展）
　　　我们的大千世界
　　　才显得绚丽多彩
　　　人间也显得可爱

男七：光给我们以智慧
　　　光给我们以想象
　　　光给我们以热情
　　　创造出不朽的形象

男三：那些殿堂多么雄伟
　　　里面更是金碧辉煌
　　　那些感人肺腑的诗篇
　　　谁读了能不热泪盈眶

男五：那些最高明的雕刻家
　　　使冰冷的大理石有了体温
　　　那些最出色的画家
　　　描出色授魂与的眼睛

男四：比风更轻的舞蹈
　　　珍珠般圆润的歌声
　　　火的热情、水晶的坚贞
　　　艺术离开光就没有生命

男一：山野的篝火是美的（下面逐一加快、叠加情绪）
男六：港湾的灯塔是美的
男七：夏夜的繁星是美的
男一：庆祝胜利的火焰是美的
男合：一切的美都和光在一起（音乐、朗诵同时展开）

二

男二：但是有人害怕光（揭露性）（音乐减弱）
　　　有人对光满怀仇恨
　　　因为光所发出的针芒
　　　刺痛了他们自私的眼睛

男五：历史上的所有暴君
　　　各个朝代的奸臣
　　　一切贪婪无厌的人
　　　为了偷窃财富、垄断财富
　　　千方百计想把光监禁
　　　因为光能使人觉醒（音乐渐止）

男四：凡是压迫人的人
　　　都希望别人无能
　　　无能到了不敢吭声
　　　让他们把自己当作神明

男七：凡是剥削人的人
　　　都希望别人愚蠢
　　　愚蠢到了不会计算
　　　一加一等于几也闹不清

男六：他们要的是奴隶
　　　是会说话的工具
　　　他们只要驯服的牲口
　　　他们害怕有意志的人

男一：他们想把火扑灭
　　　在无边的黑暗里
　　　在岩石所砌的城堡里
　　　永远维持血腥的统治
　　　他们占有权力的宝座
　　　一手是勋章、一手是皮鞭
　　　一边是金钱、一边是锁链
　　　进行着可耻的政治交易
　　　完了就举行妖魔的舞会
　　　和血淋淋的人肉的欢宴

男三：回顾人类的历史
　　　曾经有多少年代
　　　沉浸在苦难的深渊
　　　黑暗凝固得像花岗岩
　　　然而人间也有多少勇士
　　　用头颅去撞开地狱的铁门

男四：光荣
男合：属于奋不顾身的人
男四：光荣
男合：属于前赴后继的人

男一：暴风雨中的雷声特别响（下面逐一加快、叠加情绪）
男五：乌云深处的闪电特别亮
男二：只有通过漫长的黑暗
男合：才能喷涌出火红的太阳（放开）

三

（《雪里梅园》抒情性音乐进入，声音稍大于开头配乐，乐稍出，朗诵入）

男六：每一个人都是一个生命（哲理阐述）
　　　人是银河星云中的一粒微尘
男七：每一粒微尘都有自己的能量
　　　无数微尘汇集成一片光明
男六：每一个人既是独立的
　　　而又互相照耀
男七：在互相照耀中不停地运转
　　　和地球一同在太空中运转
男一：我们在运转中燃烧（《雪里梅园》音乐，描写革命历
　　　　　　　　　　　程的乐段，有力度、有情感。）
男合：我们的生命就是燃烧
男一　
男二　}我们在自己的时代
男三　　应该像节日的焰火

男四
男五 ⎫ 带着欢呼射向高空
男六 ⎬ 然后进出璀璨的光
男七 ⎭

男二：即使我们是一支蜡烛（深情抒发）
　　　也应该"蜡炬成灰泪始干"
男五：即使我们只是一根火柴
　　　也要在关键时刻有一次闪耀
男四：即使我们死后尸骨都腐烂了
　　　也要变成磷火在荒野中燃烧

男六：即使生命像露水一样短暂
　　　即使是恒河岸边的一粒细沙
　　　也能反映出比本身更大的光
男七：作为一个微不足道的人
　　　天文学数字中的一粒微尘
　　　我也曾经用嘶哑的喉咙歌唱
　　　在不自由的岁月里我歌唱自由
　　　我是被压迫的民族，我歌唱解放

男三：在这个茫茫的世界上
　　　为被凌辱的人们歌唱
　　　为受欺压的人们歌唱
　　　我歌唱抗争，歌唱革命
　　　在黑夜把希望寄托给黎明
　　　在胜利的欢欣中歌唱太阳

男五：我是大火中的一点火星
　　　趁生命之火没有熄灭
　　　我投入火的队伍、光的队伍
　　　把"一"和"无数"溶合在一起
　　　为真理而斗争
　　　和在斗争中前进的人民一同前进
　　　我永远歌颂光明
男一
男二｝光明是属于人民的（下面朗诵加快，由收到放）
男三
男四
男五｝未来是属于人民的（配乐转接《红旗颂》描写战斗历
男六　　　　　　　　　　　　　　程的乐段）
男合：任何财富都是人民的
男一：和光在一起前进
男四：和光在一起胜利
男合：胜利是属于人民的
　　　和人民在一起所向无敌（配乐结束一个乐段）

四

（配乐变为进行曲节拍，再入朗诵，配乐与朗诵需严格对位。）
男一：我们的祖先是光荣的
　　　他们为我们开辟了道路
　　　沿途留下了深深的足迹
　　　每个足迹里都有血迹
男二：现在我们正开始新的长征
　　　这个长征不只是二万五千里的路程
男三：我们要逾越的也不只是十万大山

男七：我们要攀登的也不只是千里岷山
男五：我们要夺取的也不只是金沙江、大渡河
男四：我们要抢渡的是更多更险的渡口（下面朗诵渐慢、
　　　　　　　　　　　　　　　　　　凝重有力）
男六：我们在攀登中将要遇到
男合：更大的风雪、更多的冰山……

男四：但是光在召唤我们前进（音乐转成抒发性）
　　　光在鼓舞我们、激励我们
　　　光给我们送来了新时代的黎明
　　　我们的人民从四面八方高歌猛进（音乐推出《红旗
　　　　　　　　颂》歌颂性主旋律、展开）

男二：让信心和勇敢伴随着我们（激情抒发）
　　　武装我们的是最美好的理想
　　　我们是和最先进的阶级在一起
　　　我们的心胸燃烧着希望
　　　我们前进的道路铺满阳光

男一：让我们的每个日子
　　　都像飞轮似的旋转起来
　　　让我们的生命发出最大的能量
　　　让我们像从地核里释放出来似的
　　　极大地撑开光的翅膀
　　　在无限广阔的宇宙中飞翔

男六 ╲
男七 ╱ 让我们以最高的速度飞翔吧

男一
男三 } 让我们以大无畏的精神飞翔吧

男二
男五 } 让我们从今天出发飞向明天

男合：让我们把每个日子都当做新的起点

男四：或许有一天，总有一天
　　　我们这个古老的民族
　　　我们最勇敢的阶级
　　　将接受光的邀请（音乐高潮扬起）

男一
男二 } 去叩开千万重紧闭的大门
男三

男四
男五
男六 } 访问我们所有的芳邻
男七

男一
男四 } 让我们从地球出发

男合：飞向太阳……（音乐发展、结束）

　　从以上这首诗的配乐及朗诵词的分配、处理来看，我们可以得到这样几点启示：

　　1. 配乐诗朗诵，不是乐配诗，但也不能只管朗诵，应与音乐有机配合，才能获得最佳效果。

　　2. 配乐朗诵，不能只在音乐声中（尤其激情朗诵中）用强声、大喊来显现自己的情感。应在音乐声中较好地体现朗诵处理的层次性和对比性,方可体现朗诵的艺术性。

3. 集体配乐朗诵中的朗诵,不应每个人都用自己的全力拼声音、追效果,要明确自己的朗诵在整体处理中居于什么位置、作用如何,该低声沉下处理时绝不高声大喊,以求得朗诵整体的层次与对比。

4. 注意在配乐朗诵中,把握朗诵本体的节奏,绝不应让不适当的音乐节拍拖平了朗诵的本体节奏。

5. 配乐朗诵一定要熟悉配乐的所有乐段,以及朗诵与之配合的位置和重点,以时时调节朗诵与音乐的配合。

小结以上《光的赞歌》一诗(片段)的配乐处理:《光的赞歌》第一节,表现诗人对光的理性阐述与感性抒发,从全诗角度看情绪相对平缓,后面逐渐增加力度与激情。于是,可以从记忆的宝库中搜寻出与之情绪、节奏、相应的音乐作配乐。交响诗《雪里梅园》中描绘、歌颂的主旋乐段经过试配,比较适宜这第一节内容的配乐。由于《雪里梅园》这首交响诗是歌颂周恩来总理的,因而,其抒情乐段情感深挚、节奏舒缓,与我们要朗诵的内容情绪较相符。当然,由于配乐不是专为具体的朗诵所创作,其中难免有小的不甚相合之处,这就需要我们在朗诵时运用等、抢技能,参考音乐,时而朗诵加快、时而语言拉开稍等,以与音乐情绪、节奏相合。但在重点之处一定要准确对位(包括朗诵的进出,情绪的扬起等),否则,会造成配乐与朗诵的错位,或使预设凭借音乐形成的高潮落空,致使配乐起不到烘托、渲染的作用,反而造成混乱和削弱配乐应起的作用。

《光的赞歌》的第二节是控诉"四人帮"的,因而,可不用配乐,体现朗诵语言的内涵、力度与节奏,用沉凝的情感、逐渐扬起的情绪、节奏,显现朗诵语言自身的魅力。同时,也体现出配乐的技巧。通常,一首诗不能从头到尾都填满了音乐,要有停歇与转换音乐的时间和空白处,当然,应当找可以不配乐的段落。

《光的赞歌》的第三节是表现诗人对人生的哲理阐述，有如与第一、二节的迴环相衬，因此，可以再用前面所用的配乐，既符合此时的诗情，又从配乐上造成一种回环，体现了诗歌创作和诗歌朗诵的迴环美。

　　《光的赞歌》的第四节表现了以光为寓象，歌颂中国人民争取自由和充满信心展望未来的激扬豪情。朗诵逐步推进，节奏由紧张型变为高亢型。在第三节结尾扬起的诗情中融进新的配乐，选用我们大家所熟悉的管弦乐曲《红旗颂》的主旋律乐段是再合适不过的。于是，诗情加上激情的朗诵与动人心魄的《红旗颂》乐曲那激昂、抒情的旋律交织融合一体，尽情地抒发着诗的内涵、诗的情感、诗的意境。当然，让配乐在朗诵结束后再发展结束，更显现配乐朗诵创作的整体美。这就是诗配乐的运思。

　　我们再来看看《我骄傲，我是中国人》这首诗，他是作家王怀让创作的又一首力作，流传海内外，深受人们的喜爱。在这首诗（片段）的朗诵中，如加上配乐，定会增加诗的意味和宣传效果。于是，我们可以结合诗的内容，选用容易与之产生联想的《长江之歌》的音乐来配诗的前半部比较适宜。可大家都知道这是一首歌，加进诗朗诵中因有歌词容易喧宾夺主，让受众不知是听歌，还是听朗诵。然而，我们知道《长江之歌》有改编的乐曲，正好拿来用于这首诗的配乐（这当然有赖于平时积累）。

　　此外，配乐的配器也很重要。一般而言，古典诗辞的配乐多以民族乐器演奏的乐曲为好，古色古香，古韵缭绕，容易把人带入遥远的时空，产生相合的意韵。（专门的乐配诗如"唐宋诗辞演出"除外）；抒情性小诗的配乐，不宜用大乐队演奏的音乐，因为诗的表现内容是人内心细腻的情感，朗诵语言轻声细语，音乐声大容易淹没朗诵语言，又不合意境。

　　此外，选择配乐，还要看音乐的时空感（即古、今、中、外的音乐），看其与自己朗诵的诗的时空感是否相合。

在配乐中，有时，同一首乐曲，根据需要可以为不同的诗配乐，只要是风格、情绪、节奏等吻合。例如，我们上述提到的交响诗《雪里梅园》的音乐，他不仅可为《光的赞歌》一诗配乐，还可以为《周总理办公室的灯光》一诗（片段）配乐，效果也非常好。而管弦乐曲《红旗颂》更不知为多少诗朗诵用作配乐。

另外，有时，一首乐曲由于几个乐段的情绪、节奏不同，可以拆开来为不同内容、情绪的诗歌、散文配乐。如散文《依依惜别的深情》片段的朗诵，就可以用《红旗颂》乐曲中的慢板抒情乐段配乐，以适应朗诵内在深情的抒发；而《光的赞歌》片段的后半部则用《红旗颂》乐曲中的主旋律歌颂性乐段配乐，更能体现诗情的激越抒发。

配乐朗诵应注意的问题：

1. 将所有诗朗诵都配乐。这是因为不了解不是所有的诗朗诵都适合配乐。是否配乐这要看诗的内容、形式而定。一般，哲理性、古诗绝句等句式比较整齐的诗不宜配乐。

2. 将配乐填满全诗。这是因为尚不完全了解配乐的作用。配乐应有主次感，不能叫配乐牵着朗诵走，使朗诵缺乏变化。因为，一般音乐的某一乐段节奏相对稳定，对朗诵节奏有种制约。此外，在表现内在、细腻情感及非重点段落时，不配乐为好，以求得主次感与变化。

3. 配乐与朗诵的内容、风格、情绪、节奏不符。表现为所用配乐不能起到带入意境、烘托情绪的作用，反而呈现游离、脱节的相反作用。应当掌握一定的音乐知识，并预储足够的音乐资料，认真筛选适宜的配乐资料。

4. 配乐声音过大或过小，二者不合比例。配乐声音太大，干扰朗诵语言的有效传达；配乐声音太小，起不到烘托气氛、强化情感的作用。应掌握好配乐与朗诵声音大小的比例，不能因小失大，影响朗诵创造的整体美。

5. 配乐剪裁不当，过长或过短。配乐过长，会形成朗诵节奏拖等音乐的局面；配乐过短，会使朗诵表达不充分赶音乐，让配乐占据主要地位本末倒置。应学会音乐编辑的工作。

6. 配乐音量始终如一，缺乏配乐音量大小的调控。这影响对朗诵的烘托，起不到很好的配合作用。通常，应在朗诵高潮或诗的结尾处加大配乐音量，以烘托诗情，渲染气氛；而在朗诵内在处理声轻语细或转换音乐时，需拉小配乐的音量，以达到动态、有机的配合效果。从某种意义上讲，配乐音量的大小，也具有表现力。

7. 缺乏调整技巧。表现为不会在朗诵中兼听音乐并与其配合。应当具有在朗诵中兼顾音乐，合理微调朗诵节奏的技能。在二者发生少许错位时，适当调整语言的快慢、强弱、刚柔，不使错位扩大，形成反差，背离创作的预想效果。

配乐朗诵，最忌讳朗诵跟着未剪辑的现成音乐的节奏不紧不慢地拖着走，这种为了适应音乐节拍而弱化朗诵自身节奏的表面相合，最要不得，他会抹平应有的朗诵节奏，节奏单一使人生厌，同时，也极大削弱朗诵的表现力。应当记住：节奏是朗诵的生命。

总之，配乐朗诵中的朗诵，不同于单独朗诵，配乐朗诵中的配乐，也不是简单的背景音乐，他与朗诵本身一样，具有表情、表意，甚至补充、生发诗境的作用。他不是简单的调味品，而与朗诵内容一样，是烹制一道上等好菜的原材料。应当这样认识：在配乐朗诵中，配乐与朗诵的关系，不应是主从性，而应是平分秋色。只有这样认识，才会加强对配乐的重视与精心选择；也只有这样认识，才会加强二者间的有机配合，最终形成精品。如若配乐朗诵中的音乐选择与使用不当，有时，不但不会为朗诵添色，反而形成"两张皮"，甚至产生反作用。

第五章

散文的朗诵

散文与诗歌相比，看似平淡，但却是以另一种形式蕴含着深挚的情感与各种各样的人生体味。散文的把握看似容易，实则有一定难度。要在不显山不露水之中，让人听出东西，无一定认识与功力难以达到。本章重点探讨了散文表达的认识与方法。

第一节　散文的认识

一、散文的概念

散文的概念有广义和狭义之分,广义散文一般指除韵文以外的文章与文学作品。狭义散文是指与诗歌、小说、戏剧文学并列的一类文学体裁。还有一种分法,是将四大文体之一的散文又区分成报告文学、传记文学、杂文、散文等等,这个散文,才被认为是散文真正的狭义概念。我们这里主要研究、涉及的正是这种狭义散文。

二、散文的种类

散文的种类按其内容、形式的不同,一般可分为杂感、小品、随笔、游记、素描、速写等,总体上可分为三大类,即记叙性散文、抒情性散文和议论性散文。

记叙性散文,主要是记人、叙事、写景,表现方式主要是叙述、描写。

抒情性散文,主要咏物、抒情,强调抒发作者的主观感受。表现方式除了叙述、描写外重点在抒情。

议论性散文,侧重说明事理、发表议论、表明观点和态度。散文的议论往往与抒情和形象相结合,不同于一般文章的议论。

三、散文的特征

(一) 以小显大,以点见面

散文的篇幅一般都比较短小,他往往通过某些生活片断、社会局部或细小、平凡的事与物、人与情（不一定有完整的故事和人物形象）来表现作者的思想感情并表现其人生体验，进而间接揭示其社会意义。比如《父亲的汇款单》：

父亲的汇款单
——谨以此文献给我亲爱的父亲

大学四年读完了。四年下来，我保留了父亲给我的全部信件，也保留了父亲寄给我的全部汇款单上那张小小的纸片。

那张小纸片是汇款人留言用的，每次父亲把款汇来，我都要写上收款的日期以及金额，把他精心保存起来。四年来，那小小的纸片随着岁月的流逝，一张，两张……渐渐地变厚起来，最终成了一小沓。汇款的数额也是与日俱增，由最初的每月二十元，三十元，直到毕业前的五十元。

四年前，我成了一名大学生，一个山区穷县五名考入北京读大学中的一名。在接到录取通知书的那些日子，我常常彻夜难眠，因为幸福。

我忘不了，父亲当时喜悦的神态，父亲从电话中得知我考取大学的消息，便兴冲冲地从三十里外的乡下（那是他工作的地点），赶回在县城的家，晚饭他比平时多喝了两杯。

我忘不了，在县城汽车站和家人分别的情景。父亲最终还是不放心，他挤上车，把我送到距县城近三百里远的火车站，他是想送我上火车啊！在候车室里，父亲第一次像母亲那样叮嘱起和他一般身高的儿子，我看着父亲，不停地点着头，默不作声。

火车是半夜一点多钟路过的，上了火车还没找到座位，火车便徐徐开动了。父亲在站台上往前走了几步，向车厢里的我挥手告别，他微笑着，却不说一句话。此刻，看着即将离别的父亲，我的眼眶里涌满了泪水，怕别人看见，便强忍着不让他流下来。

父亲变得模糊了，但不仅仅因为站台上那昏黄的灯光。我把半个身子探出车窗外，向着渐渐远离的父亲招手，不停地招手，直到看不见……我知道，年近花甲的父亲得在车站熬一夜了。

那个夜晚，我第一次感受到了父亲那掩藏在心底里的深沉的不用言语表达的爱。

此后，在大学读书期间，每个月的下旬，我总是能收到父亲寄来的一封信，信中除了告诉我家中的近况，叮嘱我好好学习以外，还告诉他在千里之外的儿子，钱已经汇出来了，信中说：收到他的信后给他回封信，好让他放心。没过两天，学校收发室的小黑板上就会出现我的名字，我知道，父亲的汇款已经到了。

拿着汇款单，看着上面遒劲有力的字迹，我仿佛又看见了父亲那张棱角分明、皱纹渐增的脸，那渐白的双鬓，也深深体会到了父亲那深藏在目光之中的期待。每当我想到全家五口人每月就靠父亲一百一十元的工资生活的时候，看着汇款单上三十元的金额，手中的汇款单和我的心情一样，感到无比的沉重……

日复一日，年复一年，父亲的汇款单伴随着我走完了大学四年的生活道路。

现在，我毕业了，已不再依靠父亲了。但我不会忘记，我是依靠父亲的汇款和国家的助学金，读完四年大学的。①

这篇散文，他从作者保留自己上大学期间父亲寄给他的全部汇款单上的那张小小的留言纸片这一生活小事入手，从而表现了人类自然而伟大的骨肉亲情。魏巍的散文《依依昔别的深情》，则是从中国人民志愿军离朝回国，朝鲜人民深情送别的这一局部入手，从而表现了中朝人民深厚的战斗友谊与战争的正义性这一深层含义。

---

① 引自《北京广播学院学报》1988年。

（二）形式多样，表现自由

散文的内容丰富，题材广泛，表现形式也自由灵活。无论是重大、微小的题材，还是自然界、人类社会中的各个领域、各个方面都可以作为散文的表现对象。可以说，散文的表现对象是无所不包，无所不在。

同时，散文的表现形式也是极为自由、多样的。或着重叙述一件事；或着重描写一处景、一种物、一个人；或着重抒发自己的一种情致心境；或着重阐发自己的一个观点、一种认识。根据散文所表现的内容、题材不同，或有人物，或无人物；或有情节，或无情节；或相对完整，或不完整；或可引经据典、文辞优美；或可白描、直叙、质朴、自然。比如这样几篇散文《夜临月观峰》、《塔下清荷》、《桔园颂歌》。

夜临月观峰（节选）

人人都知道泰山有座日观峰，但是，你听说过这里的月观峰吗？

月观峰值于泰山的西巅，是与雄峙岱顶东边的日观峰遥遥相对的姊妹峰。峰顶上建有一座四角亭，名"望月亭"，是赏月的好地方。据说晴空朗夜、星垂平野之际，登此峰可遥见济南灯火，故又名"望府山"。也许有人会说，天下何处无月圆，不信这里的月亮就比别处的月亮叫人稀罕！就月亮本身来说，那当然不会，可是她在不同时间、不同地方给予人的感受，却是绝然不同的。疏枝寒窗下，她素衣缟衫，寂寞而清冷；悠悠小湖边，她凝目端睇、柔媚而娴静，素月如练，波光万点，她为穷苦的渔哥们洒下点点碎银，慷慨而大度；"月上柳梢头，人约黄昏后"，她在情男恋女间绾系红线，温善而热情；"春江花月夜"，她给人以美的享受；万里关山月，又让人想起古战场上的铁马金戈相搏击的苍雄。在诗人不同的感受里,她有时是海的娇女:"海上生明月",有时是天的掌珠:"一轮秋夜月,几颗晓天星";到了文采飞扬的散文家笔下,则又成了"新月如眉,满月如镜,残月如弓"了。呵,那么此朝此夕,此天此地,在我这个中原游客的眼里,这泰山上的明月又该是一种什么样的情景呢?

怀着这种期待,我从泰山顶上的招待所走出来,踏着暮色,移步"望月亭"。先我而来的,已经有一些游客了,不用说,大家都是一样的心情。出门的人容易相交,不一会儿,便三三两两地凑在一起,海阔天空地聊起来,京腔粤语,甚为交融。其中一个头戴遮阳帽,脚踏旅游鞋,长发披肩,清新得像三月的清晨一样的女青年的声音特别脆、特别响:"都说泰山高、泰山高,再高,我们不是也登上来了?"别看她貌似柔柳,倒真有点 80 年代青年的气魄呢!

暮色转浓,雾霭像滔滔海浪从山谷涌起,吞没了四周的远山,并迅速向我们身边合拢,终于浸过了眼前最后一个山头,于是一切都淹没在夜暗中。

忽然,一位通晓农历的老同志若有所悟地咕哝道:"初一初二看不见,初三初四一条线……呵,对了,今天是初二,没有月亮!"大家听了,好不扫兴![1]

……

塔下清荷(节选)

又是芙蓉盛开的季节。

我自幼喜爱荷花。记得在童年时代,每当盛夏时节,我总是随小伙伴们嬉戏在荷塘边,用绑着月牙形铁丝的竹竿钩莲蓬,

---

[1] 中央人民广播电台文学节目播出。

用粗线织成的网罩捕捉莲间的小鸟,在岸边草丛里扑促织。蛙声、鸟声、虫声和我们童稚的欢叫声汇在一起,组成了一首欢快、甜美的乐曲,他轻柔地回荡在夏日的晴空,似乎,那炎炎烈日也失去了他的威力。在朝霞初露的清晨,我还常常独自一人拿着卷《唐诗》跑向荷池。一边好奇地凝望着洁净的花瓣上的一层极薄极薄、绒毛般水珠和池远处飘动着的一缕缕轻烟,一边默默背诵诗句:"云想衣裳花想容,春风拂槛露华浓……"背着,背着,眼睛朦胧了。

荷,不仅"出污泥而不染,浊清涟而不妖",他还倔强傲岸,屹然挺立在炮火硝烟之中,给苦难的大地增添点希望的色彩,给纯朴的心灵以滋养,激励和抚慰。

随着时光的流逝,年岁的增长,最使我深深爱恋、永志难忘的,则是北海的荷池,那环塔而生,与巍巍白塔相映衬的一片片清荷。①

……

桔园颂歌(节选)

风很大,云很低,也许要落雨了。

我和海军大尉,沿着海边那条鹅卵石铺砌的小路,并肩向东走去。

海军大尉是非常豪放的人,平日爱说爱笑,现在他却无言地走。我们爬上山坡,便看见一排排竹篱围成的院墙,这就是桔园了。在这里,埋葬了十七个英雄的水兵。

"到了。"说完,海军大尉整理了一下军帽和衣领,双手推开掩闭着的竹门。我踏上桔园门口的石阶,不由地回身望去,啊,

---

① 中央人民广播电台文学节目播出。

群山环抱的舰罗港全部地坦露在我的眼前。这时,海上那迅疾的风正卷起万堆白浪,不息的冲击着沿岸,溅出雪亮的水花。对面,玉龙山脚下停泊了近千只落帆的渔船,在激漾的水面上颠簸。左边,我们来路的尽头,挨着码头,停靠着一列炮艇和战舰。右边,从雨山挟持的海口出去那白茫茫的一片就是东海了。多么雄伟壮丽的景色,当年的战斗指挥部就设立在这样美丽的地方。

看守桔园的老人迎出来,远远就认出海军大尉,他连连地说:"噢,噢你又来看他们了。"他们——十七个水兵,在这儿整整睡了三年。

我们穿过结满青色果实的桔林,走到桔园后边的陡峭的石林下,那并排着有十七座墓,坟上都培了黄土。碑前的花束还很鲜艳。老人说:"有一群远海归来的渔民,昨天刚刚来过。"我和海军大尉脱下帽子,默默地低下头来。我的心情异乎寻常,我用心里的声音和他们谈心:安息吧,亲爱的同志,你们睡在这儿是不会感到寂寞的。你们抬起头,就可以看见祖国的山、祖国的海、飞驰的风帆,辛勤的渔民以及他们海洋般沸腾的生活。你们睡在这里,是不会感到孤单的,常常有海上归来的渔民,船夫,水兵以及假期中的孩子来看望你们。今天我虽然没有献上常绿的松枝、鲜红的花束,却带来了我满腔的激情和崇敬之意。①

……

《父亲的汇款单》、《夜临月观峰》和《桔园颂歌》这几篇散文中就有人物,而《塔下清荷》中却没有人物(虽然作者可算暗含的人物)。《夜临月观峰》和《塔下清荷》引经据典、文辞优美,而《父亲的汇款单》却白描、质朴。《依依昔别的深

---

① 中央人民广播电台文学节目播出。

情》将志愿军离朝回国这一内容表现得相对完整，而绝大多数散文不完整，只涉及某一局部、生活的某些具有意义的片断。如《白色方糖》。

（三）形散神聚

在散文的诸特征中，"形散神不散"是其最重要的特征。散文往往写出互不关联的几个生活片断，或表现几个场面，读来感到零散，但细究，却能看出其中潜在的内在联系，析出其神韵，而作者的情与识便是这种神韵的基础。比如散文《白色方糖》：

白色方糖

在那淡淡的苦味的杯盏中，他是否获得了一丝儿甜意和温暖……

周末在广九大酒店"卡拉OK"厅里听歌，看到一个20岁的女孩走上台去唱。也许心理准备得不够充分，旋律响起后，她才唱了开头一句："雨潇潇……"

这个女孩跟不上旋律，非常尴尬，正不知所措，再也唱不下去了。有一个大胆的男孩，从坐位上站起，快步走到台上，拿起另一只麦克风，站在女孩的身旁，待乐曲重又过渡到开头的时候，跟女孩齐声唱："雨潇潇，恩爱断姻缘……"。唱了这开头的一句后，他放下麦克风，大方地回到自己的坐席上。那个女孩在他的"启动"下，有了信心，拉开了嗓子，大声唱到完。

当时我的心不觉涌出了一种感动。

那一年冬天，我独自走在广州的街上，经过公园前的马路，我正想着心事，忽然听到一声响亮的"喂！"接着被一个小伙子拉了一把。一辆红色"的士"飞快地从我面前擦身而过，我被吓了一大跳，当我定下神来想说声"谢谢你"的时候，那小伙子早已跨上自行车无影无踪了。

后来独自逛街过马路，我总会想起这位面影都未曾记着的陌路人。

从前有一个不快活的老头儿，他常来看我。他的老伴几年前过世了，唯一的女儿也嫁到了美国，他不习惯那边的日子，不愿意去住。他说："我已是快入土的人了，还企盼什么呢？"

这位孤独的老头儿没有任何企望，非常节俭，不喝酒也不抽烟，但喜欢喝咖啡。当我把一块白色方糖投入他的杯盏中，用一只小汤匙不断地搅动的时候，他竟感动得流出眼泪来。

偶然一个小小的动作，却触发了他的伤感，真是"可怜天下父母心"呵！

以后每每他来看我，我都细心地为他煮咖啡，并且把一块白色方糖放进他的杯中，为他慢慢、慢慢地搅动。我不知道，在这个世界上，在这淡淡的苦味的杯盏中，他是否能获得一点儿甜意和安慰，一丝儿温暖？

爱，有许多种。人类的血缘之爱是天赋的。陌路人的爱没有血缘性，体现了人对同类的关心，和人类这样一个大家族的亲密和温暖。这就是一种博爱，一种比血缘亲情更深刻的东西，他有一种无形的凝聚力，把人类团结在一起。

世上每一个人都需要爱，需要温情，需要帮助。

别人给予我爱，我当把这爱，也给予别人。①

这篇散文，作者写了三件互不相关的生活片断，却告诉了我们：人，需要博爱，也需要给予。这，便是全篇的神韵，也是作者的认识与情感所在。

(四) 具有文采

散文的文辞一般比较讲究，文字凝炼、优美，具有文采，富

---

① 中央人民广播电台文学节目播出。

于音乐性和形象性。在这一点上,有的散文很接近诗,虽是散文,但有些地方却能大致押韵,读起来朗朗上口,富于音乐美感。散文中,尤其是一些抒情、记叙散文,常用对偶、排比等整齐的句式来表现,文字凝炼、音韵和谐,但是,情感的深蕴,事物、景致的形、质、色、动、静态等特征都历历在目,具有很强的形象感与表意性。散文的音乐性、形象性在《依依昔别的深情》、《秋色赋》、《塔下清荷》、《桔园颂歌》等抒情、记叙散文中都有不少精彩的片断。

第二节　散文的朗诵

一、理清线索,摸准神韵

一篇散文,或叙述一些事情,或介绍一处风景,或抒发一种情思,或描写一个人,或点明一个道理,天文、地理、人情、事理,只要是有一定意义的社会生活与自然现象,都是散文表现的对象、题材与内容。表面看来,散文取材广泛,行文自由,笔触灵活,观之人、情、事、物似信手拈来、随心所欲、即兴而发,实则魂潜其中,有意为之。可以说,每一篇散文都不同程度地围绕着某个具体的立意,都有一个神。因而,我们在朗诵一篇散文之前,首先应当理清其线索,把握其神韵,注入表达之中,方可使听众从你的表达中不知不觉地受到启发和感染,领悟到一些有意义的东西与人生哲理,甚或只是与作品产生一种微妙的情感共鸣。

比如,散文《白色方糖》作者给我们娓娓道来她生活中经历的几件小事,自己受人之爱,自己予人之爱。最后托出其神韵:

人需要博爱，也需要给予。在这里，作者的内心情感是条贯穿的线索，他将表面互不相关的几件生活小事勾连起来，使之发生内在联系，显现其神韵。又比如，散文《塔下清荷》，他是以作者对荷的钟爱之情为线索，描写了作者儿时、青年时代爱荷、伴荷，尤其"文革"以后北海重新开放，作者寻荷、观荷的情景，从而透出了作者爱荷的理由及此文的神韵，表现了作者对人生，世情的体悟与执着追求。再如《桔园颂歌》这篇散文，是以十七位烈士为什么会让人们久久怀念为线索，从而描写了十七位水兵为国捐躯的悲壮场面，以及人们对烈士的深深怀念之情。因而，体现出全文的神韵。《父亲的汇款单》这篇散文以伟大的父爱为线索，描写了父亲的夜站送行，每月汇款……透出了作者对父爱的深刻体味，并形成了此文的神韵。显然，此文的这种立意与《桔园颂歌》之类的散文相比，虽显得很平凡，但他却是作者在现实生活中所获得的深刻感触，也是很有意义的。因此我们不要一味地认为，凡作品的立意都应很高，要与重大的社会意义挂上钩，因而，任意去拔高作品的立意，要知道，这于理解、把握一篇散文是有害无益的，因为无法抓住其具体立意。

　　文艺作品与一般宣传稿、政治性文章是不同的，他往往以表现人为主，表现人的生活、情感世界，并不排除个体的差异，即使是体现重大政治、社会意义的立意也是蕴含在作品中人的具体生活和情感世界中，不直露于外。尤其散文，多以真人真事为基础进行创作，就更着重于以真人真事说话。人与事的原貌不易改变，但选取何种素材则可以主动。因而散文的线索是比较重要的，他直接引导我们通过被选取的素材析出神韵。虽然这种神韵有时视点并不很高，但他终究是作者在不同的人生中体味到的有益东西。他可通过作品使别人了解自己，也可让自己对他人有所启迪，达到更好的人际沟通与情感交流。

　　在散文的理解、把握过程中，有时容易将一篇散文的表现对象与全文线索相混淆。比如《塔下清荷》的表现对象是荷花，而其线索却是作者对荷的一往情深。这点，朗诵者在分析理解时要分清。因为作品中的线索往往是通向神韵的必经之途。如果只从作品文字表面着眼，不触及作品结构的内在联系，便理不清线索，也抓不准神韵。从而影响表达的准确与显现的得体。

一般散文的神，有的"卒章点志"，集中显现在作品结尾的一二句话中，成为点睛之笔，点题之句；有的则显现在作品中的某一处；也有的在作品中并没有揭示立意的明显句子，而是将其融于所表现的具体人、情、事、物中由读者自己去体味。总之，我们在朗诵一篇散文之前对这些都应心中有数。

二、表达细腻，点染得体

散文的表达，从总体上讲应细腻、自然、内在、真切。散文的创作特征，决定其语言形式不像诗歌那样变化多端、节奏鲜明，也不像寓言、童话那样有所夸张，更不像戏剧语言那样性格化。原因很简单，首先，散文表现的大多是真人真事。其次，散文表现的往往是作者从生活中撷取的有意义、有意味、触发他们感悟的内容和素材，他们将此抒发出来，应让人感到不是为教育别人，也无意宣染什么，只是自己内心真情实感的自然流露。散文是作者强烈地感觉到自己的存在，迫切地想倾诉自己的内心，宣泄自己多种多样情绪的产物，他想与别人对话和交流，表达自己对人世和宇宙的各种感受与体验。再其次，根据写法，散文多用第一人称来表现，所以，表达的大都是第一人称"我"的心态与情感，一切都是自己的所见、所闻、所悟、所感和所动，将这一切娓娓道来，只能用自然、内在、真切的声音、语调，情深意挚地表达，方使人听来真切、舒服。

散文不如诗歌内容、语句跳跃性大，他虽总体上表现事物并不完整，但被采用的素材局部却往往表现得较细腻，作品的神韵往往也就蕴含其中。因而,我们在散文的朗诵中,应当注意细腻表达。这其中包括两个方面:一是感觉上的具体、细腻。二是语言用声的细腻。感觉上的细腻,应注意各种感官与情感的细微体验。比如《塔下清荷》中,荷的颜色、气味、形态等;《桔园颂歌》中,海的气势、浪的形态、烈士陵园的景象,尤其是被打捞上来的牺牲在不同岗位上的英雄水兵的形象都要真正看到、听到、闻到、感觉到、并且很具体;《白色方糖》中,那几件小事的具体情景以及作者每每产生的感动之情;《父亲的汇款单》中,父亲夜站送行的情景和由那一张张汇款单所体现出来的一切,这些情景、形象与心境都应感觉得很具体、细微,才能表达得细腻、人情。当然,表达要细腻,光有具体、细微的感觉还不够,这只是基础,还必须体现在语言用声上。一般散文表达的用声不宜太强、太高、太实,因为他是来自作者心底的声音,有时像与人交谈,有时又是自己在感悟。总体来看,散文表达以语缓气舒为主,语言舒展,声音轻柔,气息绵长,用声松弛,这种表达可使内心情感与描绘景物、叙述事情表现得从容、淋漓尽致。当然,遇到个别情感激越的散文时也要相应加强声、气力度与口腔紧张度。但声气松弛、语言轻柔、语速适中的状态毕竟是散文表达的基本状态。

散文表达的细腻、具体,可以为体现融于具体内容中的神韵打下基础。有些散文没有明显的点睛之句,而是靠读者看完整个作品,从作品的素材选择、线索发展或内容的具体描绘中来集合出作者的立意,获得此篇神韵。有些散文作品虽有明显的点睛之笔,也不应放弃对全篇具体内容的细腻表达和铺垫。不能仅靠着力凸现点睛之句来达到体现作品神韵的目的,如过于强调通过提高声音、加强力度、放慢语速等方式来体现。那样,只会适得其反,不但不能很好地体现其神韵,反而会形成空中楼阁、无源之水、无本之木之势,最主要的是有差强人意之感。你本想使用这些强刺激手法给听者留下深刻的印象，却不但达不到目的，反使人听来生厌、反感、不舒服。当然，也不能毫不经意地轻轻带过。总之，应在细腻表达具体内容时，心中积累下应有的感觉、情感，以及由此而自然转化生成的认识、态度，自然而然、顺势而下地将其带入点睛之句的表达中。语言、用声不必过于悬殊，而重在内心的感觉到位，形成外化点睛之句的有力支撑，这样的表达，使人听来自然、顺畅、有机，又有一定深度和内蕴。如在句子表面硬拔，势必显得生硬、浅白，既破坏了整体表达和谐，也于体现神韵不利。一般来讲，点睛之句的出现，大都是作品内容有了一定进展，情感的推进积蓄到一定程度时才出现的，他是水到渠成之笔。

当然，点睛之笔多为情感浓烈处，认识升华处，因而，表达上也会情浓意切，语言，用声上也会有所体现。表现方式可以扬起，也可以沉下，但一定是与前边感觉、情感的有机融合，方显得适当得体。散文表达细腻点染得体的要求，完全与文艺作品的创作特性相适合，更贴合散文的创作个性。

第三节　散文朗诵应注意的问题

一、表达轻柔化

如前所提，散文作品多以第一人称"我"出现，成为作品内容的叙述者。这个"我"，大多是作者本人，也有的不是作者本人，还有极个别作品采用第三人称叙述的。这说明，散文大多数使用第一人称，但不一定都用第一人称，这样的行文角度，给人亲切、自然、真实之感。如前所述，散文的写作角度，写作方法都决定其表达的特征，不应是强烈多变，大起大伏的语言样式，而应似地泉涌出、小溪流淌、好友交心，自感自悟。具体用声和表达应为声低，语轻，内在，真挚，表达轻柔化，语言舒缓。而音高、语快、声强、语硬、气紧这样的表达，容易使人感到不是发自人心底的声音和感觉，而是在有意宣传、教育人，缺乏真实感与自然感，与作品内容、表现方法、表达角度也不合。当然，轻柔化，并不是虚声虚气，嗲声嗲气，捏嗓挤喉，也不是一味轻柔，也需依表达内容的需要相对变化，但幅度不能太大。尤其是许多播音员，特别要注意播一般广播稿与播散文的区别，不能不顾身份、任务，用同一种感觉与用声来播这两种不同的东西。否则，结果便可想而知。这也是播不好散文的原因之一。因为，除去身份、任务的不同，一般播音尤其播新闻、评论，用声要比播散文声音高，语言硬，语速快，也确有不少宣传的意味。因工作性质和任务不同，所以，表达时应将二者区别开来。

二、人物语言写意化

散文根据不同内容的需要有时也会出现人物语言（虽然是不完整的）。那么，人物语言如何表达才是适当、得体的呢？总体上讲，散文中出现的人物语言，表达不应扮演、模仿，而应写意化，即显现人物的精神风貌，适当兼顾其性格、性别、年龄及人物间（含叙述者）的关系。但不宜刻意追求声似、形似，以免陷入戏剧人物完全性格化的语言中去。散文不同于小说，小说人物语言量多，集中，较全面。更不同于戏剧，戏剧完全是以人物语言、人物行为来表现全部内容。散文中的人物语言往往是点睛性的，除了以描写人物为主的内容以外，一般的散文人物语言很少，即便是以表现人物为主的散文中，也多以叙述人物行为，人物经历和事件的语言为多。从总体上讲，散文是以叙述语言为主，创作特点决定其表达特点。所以，散文中出现的人物语言只能求神，写意，不应浓彩重抹，否则，会破坏散文作品表达的整体和谐。

比如，散文《夜临月观峰》，女青年与老同志的话，就没有必要要求男生捏着嗓子学女青年的脆亮音色，女生也没必要压着嗓子模仿老头儿的沙哑声音。无论男生、女生，只要有了人物的心理感觉，在本人的自如声区中做些调整，如用声区的偏上部来表现女青年的话，再用偏下部来表现老人的话，重在二人语言中的神、语气即可。否则，这里过分表现人物语言，会太跳，也无太大意义，更不会完全像，倒显得不自然了。

散文中的人物语言表达要写意化，并不是与叙述语言无区别了。在具体表达中，反要运用声音的高与低、厚与薄、语速的快与慢等手段来与叙述语言有所区分，使人听出是人物在说话。

三、文辞美，音韵美

散文朗诵，应体现出文辞美、音韵美，这是因为散文的创作本身也具有这个特征。有人称"散文"为"美文"。散文美最主要的基础是文字表达功力，凭借文字本身的光泽充分表现出多彩的风格和诗情画意。

比如：散文《秋色赋》中的两句：

秋天，比春天更富有灿烂绚丽的色彩。
秋天，比春天更富有欣欣向荣的景象。

这两句，句子整齐，简直就是诗了。我们在朗诵时，应做诗样的处理，语节整齐，有种对偶的感觉，不要播散。

又如，散文《依依昔别的深情》中的几句：

呵，亲爱的可敬的朝鲜人民！在纷飞的战火中，你是那样刚强！敌人把你的城镇变成了废墟，你没有哭；敌人把你的家园烧成了灰，你没有哭；敌人把你绑在大树上，烧你、烤你，你没有哭，你真是一把拉不断的硬弓，一座烧不毁的金刚！

这几句，是一组排比，句式整齐，内容递进，情感浓烈，音韵和谐，朗朗上口，并有很强的节奏感。朗诵时，应依据内容，情感兼顾，句式层层推进。

再如，有些句子描出了一幅画，展示了一种意境。例如《塔下清荷》中的一段：

看，那一枝枝亭亭玉立、仪态万方的荷花，一扫羞涩，展露丰姿，忘情地开放了。她们有的傲然探出碧海，舒展着粉白镶红的花瓣，一任蜜蜂穿行在金黄色的花心间，显示自己超群出众的美丽；有的与绿叶齐眉，含情浅笑，展红傲绿，争奇斗艳；有的含苞待放，躲在茂密的翠盖丛中，怯怯地睨视着游人。而那如盖、如伞、如毯、如裙的荷叶，或仰首，或低眉，或俯身，或傲立，簇簇满池，组成一泓碧海，守护着娇花。

在这一段中，出现几组并列句子，作者用华丽的文辞为我们描绘出池中那多姿多彩的荷花与绿叶、使人见文如观景。我们的朗诵，也应使听者听文如观景。我们可用语调、音长、音色等声音材料做画笔来细致地描绘，不能说花与说叶一个样，因质地不同；也不应说"仰首""低眉"与"俯身"一个语调，因形态不同。总之，语词文采当中的色、形、质、味等特征都要用我们细腻的表达来描画，同时体现文辞的音韵美。

从声音外形上讲，应节奏舒缓，气长字连，声调完满，在重点字上甚至有些夸张，语调柔和、音色优美。此外，能押韵的要押上韵，兼顾句子的整齐与错落有致感。

散文的文辞优美、音韵和谐，作者在创作时是费了一番苦心的，既要表意、表情，又要文辞美、音韵美。因此，我们在朗诵散文时，也要很好地将其体现出来。有人说，好的散文朗诵，应当像朗诵一首散文诗，这是就散文创作也同样具有诗的意境和音韵美而言的。

四、抒、描、叙、议

散文朗诵中，往往需要运用抒情、描绘、叙述、议论几种语言样式。

抒，应真挚、内在、有感而发，不矫揉造作，嗲声嗲气和无内容地拖腔拉调。当然，抒有不同的样式，有内在、深挚的，也有激越、酣畅的。

描，应具体、细致，注重形象的生动、栩栩如生。切忌一种腔调地描绘各种人、物、景，应依据不同对象、情感和需要有所变化。

叙，应清楚、诱人、有感情、不能干巴巴、无感觉。语言要舒展、自然，不能句子抖不开，也不能太快。

议，应依形象而发，带情而议，不宜声高语硬。

散文的创作几乎每篇都少不了这几种语言样式，在不同内容，种类，风格的散文中，这几种语言样式的使用情况和作用也不尽相同。在朗读每一篇散文时都应当分清用处并有机融合。不可一篇散文只用一种语言样式表达到底。也不可不分种类，都用一种抒情味来表达。应当该抒则抒、该叙则叙、当描则描、当议则议。不要追求一种所谓的散文味。正确的表达应是一篇作品的基调，文体感和语言样式的正确选择与统一。

第六章
寓言、童话的朗诵

寓言、童话的创作与表达也有其独特性。他是以比喻、拟人等手法和夸张的表现来讲明一个道理。本章重点探讨怎样恰如其分而又鲜明地表现事物的形象及内涵、寓意与立意,既不哗众取宠,又避免平淡无味。

第一节 寓言、童话的认识

一、寓言、童话的概念

"寓言,是文学作品的一种体裁。是带有劝喻或讽喻的故事。结构大多简短,主人公可以是人,也可以是生物或无生物,主题都是借此喻彼、借古喻今、借远喻近、借小喻大、寓深刻的道理于简单的故事之中。"①

"童话,是儿童文学的一种。他是通过丰富的想象、幻想和夸张来塑造形象,反映生活,对儿童进行思想教育。一般故事情节神奇曲折,生动浅显,对自然物往往做拟人化的描写,能适应儿童的接受能力。"②

有的人将寓言、童话归为一类。

二、寓言、童话的种类

寓言可分为正面劝喻与反面讽喻两种。
童话可分为短篇与中、长篇两种。

三、寓言、童话的特征

(一)寓言篇章一般比较短小,童话有些篇章较长。均文字通俗,表现生动。

(二)运用拟人、夸张、比喻、影射和象征等手法。

---

①② 引自《辞海》文学分册第 15 页。

第二节　寓言、童话的处理

一、寓意与立意的把握与表现

抓准寓意与立意、理解作品的创作目的，是朗诵好寓言与童话的基础。一般来讲，了解了作品中塑造的形象意义及故事情节后，再与我们现实生活中的人和事相对应，产生联想就能够知道作者想通过作品告诉我们一些什么道理，就能抓住作品的寓意和立意了。请看如下几篇寓言、童话：

谦虚过度

水牛爷爷是森林世界公认的谦虚人，很受大家尊重。小白兔夸他："水牛爷爷劲最大了！"小山羊夸他："水牛爷爷贡献最多了！"他就说："哎，不能这样讲了，奶牛吃下的是草，挤出来的是奶。他的贡献比我多。"

狐狸艾克很羡慕水牛爷爷谦虚的美名。他想："我也来学一下谦虚吧。这谦虚太好学了。"他想了想："水牛爷爷的谦虚不就是这两点吗？一是把自己什么都说小点儿，一是把自己什么都说少点。对！就是这样。"

一天，艾克遇到一只小老鼠。小老鼠看到艾克有一条火红蓬松的大尾巴，不禁发出了由衷的赞美："哎呀，艾克大叔，您这条尾巴真大呀！"艾克学着水牛爷爷的口气，歪歪嘴："哎，过奖了。你们老鼠的尾巴比我大多了。""啊，什么？"小老鼠大吃一惊："你长那么长的四条腿，却拖根比我还小的尾巴？"艾克谦虚地说:"哎,不能这么讲了,我哪有四条腿,三条了,三条了。"小老鼠以为艾克得了精神病吓跑了。

艾克的谦虚没有换来美名,倒换来了一大堆谣言。大家说:"唉,森林世界出了一条妖狐狸,只有三条腿,还拖一根比老鼠还小的尾巴……"①

猴吃西瓜

猴王找到个大西瓜。可是怎么吃呢?这个猴王是从来也没吃过西瓜。忽然他想出一条妙计,于是就把所有的猴都召集来了,对大家说:"今天我找到了一个大西瓜,这个西瓜的吃法嘛,我是全知道的,不过我要考验一下你们的智慧,看你们谁能说出西瓜的吃法,要是说对了,我可以多赏他一份,要是说错了,我可要惩罚他!"小毛猴一听,骚了骚腮说:"我知道,吃西瓜是吃瓤!"猴王刚想同意。"不对,我不同意小毛猴的意见!"一个短尾巴猴说,"我清清楚楚地记得我和爸爸到我姑妈家的时候,吃过甜瓜,吃甜瓜是吃皮,我想西瓜是瓜,甜瓜也是瓜,当然应该吃皮啦!"大家一听,有道理,可到底谁对呢,于是都不由得把目光集中到一个老猴身上。老猴一看,觉得出头露面的机会来了,就打扫一下嗓子说道:"吃西瓜嘛,当然……是吃皮啦,我从小就吃西瓜,而且是一直吃皮,我想我之所以老而不死,也正是由于吃西瓜皮的原因!"

有些猴早等急了,一听老猴也这么说,就跟着嚷起来。"对,吃西瓜吃皮!""吃西瓜吃皮!"猴王一看,认为已经找到了正确的答案,就向前跨进一步开言道:"对!大家说得都对,吃西瓜吃皮!哼,就小毛猴崽子说吃西瓜是吃瓤,那就叫他一个人吃瓤,

---

① 中央人民广播电台少儿节目播出。

咱们大家都吃西瓜皮!"于是西瓜一刀两断,小毛猴吃瓤,大家伙共分西瓜皮。

有个猴吃了两口,就捅了捅旁边的猴说:"哎,我说这可不是滋味啊!"

"咳——老弟,我常吃西瓜,西瓜嘛,就这味……"①

一头学问渊博的猪

一头绝顶聪明的猪,住在一个非常有名的图书馆的院子里,他深信自己由于多年图书馆的生活,已经成了渊博的学者。

有一天,一只八哥来访问。这头猪立即按照惯例,对客人进行自我介绍。

"朋友,相信我吧!"他说,"我在这个图书馆里待的时间很长了,我对这儿的沟渠、粪坑、垃圾堆,都有着深刻的了解,甚至屋后山坡上的墓穴,都叫我拱翻了好几个。谁要是想在这个图书馆里得到知识而不找我,那他算是白跑一趟。"

八哥说:"你所说的都是图书馆外面的事,那里面的东西也了解吗?"

"里面?那我最清楚不过了,无非是一些简单的木架子,上面堆满了各色各样的书。"

"你对那些书也了解吗?"八哥问。

"怎么不了解呢?那是最没意思的了,他们既没有什么香气,也没有什么臭气,我咀嚼过好几本也谈不上有什么味道,干巴巴的连点水分也没有。"

"可是那些人们老在里面待着,据说他们在里面探求知识的宝藏呢!"八哥又说。

---

① 引自《舞台语言基本技巧》上册第260~261页。

"人们？你说他们干什么？他们确实是那样想的，想在书里找点什么东西。我常常看到许多人把那些书翻来翻去，结果什么也没有得到，还是把书扔在架子上又走了。我敢断定他们在里面连糠渣菜叶都没有得到一点，还谈什么宝藏！我从不做那种蠢事，与其花时间去啃书本，还不如到垃圾堆翻几个烂萝卜啃啃。"

"算了吧！我的学者。"八哥说，"一个从垃圾堆里啃烂萝卜的嘴巴，来谈论书本上的事，是不大相宜的，还是去啃你的烂萝卜吧！"①

聪明的小兔子

解说：在大海的旁边有一座高山，山顶上住着狮子，山腰里住着大象，山脚下住着小兔子。小兔子住的地方可好了，有花、有草，还有水，狮子和大象都想占这块地方。

有一天，狮子走下山来了，他张着大嘴对小兔子说起话来。

狮子：小兔子，我只要龇一龇牙就能把你咬成碎末，你信不信呢？

兔子：怎么不信呢，您要吃我当然可以（狮子大笑）。不过，不过，在您吃掉我之前，我想先问您一件事情。

狮子：你问吧。

兔子：您说，谁是野兽当中的大王呢？

狮子：哼，那当然是我了！

兔子：恐怕不是吧。

狮子：怎么?!

兔子：昨天，昨天我碰见大象了，大象说他才是野兽当中的大王呢。

---

① 引自《舞台语言基本技巧》上册第263页。

狮子：什么?! 他真是这样说的么?!

兔子：嗯！

狮子：他想当野兽中的大王，哈哈哈，我非得让他知道我的厉害！小兔子，你给我出出主意，我该怎么教训教训他呀？

兔子：这好办呀，明天您就在家里装病。

狮子：装病？

兔子：嗯，我去把大象领来，等他走近你的身边，你就跳起来一口咬死他！

狮子：好，哈哈哈。

解说：第二天一大早，小兔子就跑到山腰去找大象。

兔子：啊，你好。

大象：啊，你好，小兔子，你来得正好，快，把你住的那块宝地给我让出来！要不然，我就用我的大鼻子抽死你！

兔子：啊，可以，可以，不过……

大象：不过什么？

兔子：我今天来，是向你报告一个好消息的。

大象：什么？好消息？你说吧。

兔子：告诉你，狮子病了。

大象：是吗？

兔子：嗯，病得很厉害，快要死了，你要是在这个时候用大鼻子再抽他两下，准能送了他的命，这样，你不就可以当野兽中的大王了吗？

大象：哈哈哈，太好了！是个好消息，小兔子，快给我带路。

兔子：哎，好吧。

解说：小兔子把大象领到了山顶，大象刚走到狮子的身边，狮子突然跳起来，几口就把大象咬死了。

狮子：哈哈哈，就你这么个蠢东西，还想当野兽中的大王，这回,你知道我的厉害了吧。小兔子,还在这愣着干嘛?快滚吧!我再让你多活两天,等我吃完了大象,再来吃你!

解说:过了几天,小兔子主动跑到山顶,去找狮子。

兔子:大王,你好!

狮子:小兔子,你倒真乖呀,知道我把大象吃完了就自己送上门来了。

兔子:大王,你要吃掉我,是再容易不过的事了,可是,可是我今天在海边见到了一个怪物。

狮子:怪物?

兔子:啊,他说,他才是野兽当中的大王呢。

狮子:啊?!怎么?!又出来一个找死的!小兔子快给我带路,我要去看看他到底是个什么怪物敢来吃我?!哼!

兔子:哎。

解说:小兔子把狮子带到海边一块很高很高的大石头上,他指着映在海水里的狮子的影子说。

兔子:你看,就是他。

狮子:让我看看,他在哪?

兔子:就在海面上,你往下看呢,在那儿。

狮子:啊!还真是个怪物,一头大红毛,嘿,看你长得那难看样,还想当野兽中的大王,我吃了你!

兔子:哎,大王,你看,他也向你龇牙咧嘴呢,他要吃你了!

狮子:吃我?看咱俩谁先吃谁。

解说:狮子大吼一声朝大海里扑去,溅起一片浪花就什么也没有了。从此以后,小兔子幸福地住在山脚下,再也没有谁敢欺负他了。①

---

① 引自《世界著名童话》录音专辑。

猫和老鼠做朋友

解说：有一只猫认识了一只老鼠，这只猫三番五次地说多么地喜欢这只老鼠，愿意跟他做个朋友。老鼠终于相信了猫的话，就同意跟他住到一起共同生活了。

眼看秋天就要过去，冬天就要来了，一天猫对老鼠说——

猫：亲爱的老鼠，我们应当准备些冬天吃的了，要不我们就该挨饿了。可是，亲爱的，我不想让你到处去冒险，因为我怕你让人逮住，所以——

鼠：你心眼真好，谢谢你了！那么，那么我就买一罐猪油吃好吗？

猫：好主意。可是，我们把他放在哪保险呢。

鼠：是呀，放在哪好呢？

猫：再没有比教堂更保险的了，谁也不敢到那儿去偷东西吃，我们不到最重要的时候也不要去动他。

鼠：啊，好极了！好极了！我这就去买油。

解说：老鼠买了油，猫就和他一起把油罐藏在教堂的祭坛下了。可是没过多久，猫就想吃那罐猪油了。

猫：亲爱的老鼠，我告诉你一件事，我的表姐他生了一只小公猫，他要请我去做干爹。对，这只小公猫的毛是白的，他没有一点杂毛，我要抱他去受洗礼，所以，今天得出去一趟。

鼠：好的，上帝保佑你去。如果你吃了好吃的东西请想到我，产妇喝的红葡萄酒我也想喝一点呢。

猫：啊，知道了。

解说：没等老鼠说完，猫一溜烟就钻了出去。可是根本没有到什么表姐家去，他就没有表姐，更没有请他去做干爹。他呀，一直跑到了教堂，悄悄地爬到那罐猪油旁边去了。他伸出舌头朝油罐里舔了几下，一层厚厚的猪油皮儿就全被他舔光了。

猫：啊，太香了！我该找一个地方美美地睡上一觉了。

解说：猫在城市的屋顶上悠闲地散了会儿步，就躺在阳光底下睡开大觉了。梦里头他还不停地舔着自己那几根粘满了猪油的胡子呢。就这样，猫一直在屋顶上躺到了太阳落山才懒洋洋地回到了家里。

鼠：啊，你回来了！你一定快快乐乐地过了一天吧？

猫：过得挺好。

鼠：哎，那孩子叫什么名子呀？

猫：叫、叫"舔了皮儿"。

鼠：啊？"舔了皮儿"？多奇怪的名字呀，哎，你们常用这个名字吗？

猫：这有什么稀奇！比你们的干爹叫什么偷面包好听。

解说：没过多久，猫的嘴又馋起来了。他向老鼠说——

猫：亲爱的，你还得帮我点忙，自己看会儿家，人家又请我去做干爹了。因为，因为那个孩子脖子上有一道白圈，所以我不能推辞。

鼠：好吧。

解说：善良的老鼠又同意了。这次，猫悄悄地从城墙后面爬到了教堂里边，一下子把罐子里的猪油吃了一半。

猫：单独吃东西的味道是再好没有的了，心满意足了，现在可以溜溜达达地回家去了。

鼠：啊，你这么快就回来了！哎，这个孩子叫什么名字呀？

猫：叫，叫"吃一半儿"。

鼠：什么?！"吃一半儿"？哎呀，这个名字我从生下来就没听说过，我敢打赌，连历史书上都没有这个名字。

猫：哼！

解说：不久，猫想起了那罐好吃的东西，嘴里又流出口水来了。

猫：亲爱的老鼠，你看好事成三，又有人请我去做干爹了，那孩子、那孩子，他除了爪子是白的以外，全身都是黑的，没有一根白毛，这可是几年才出现一次，你让我去吧，啊——

鼠：哼，"舔了皮儿"、"吃一半儿"，都是非常奇怪的名字，实在让我想不通，这回呀，不知又要起什么怪名字了。

猫：你坐在家里，穿着这身深灰色的粗布外套。拖着长辫子胡思乱想当然想不通。谁要是白天不出门就会这样的。再见吧！

解说：猫又一转身就跑掉了。老鼠在家里头把房子打扫得干干净净的，把东西收拾得整整齐齐的。可是猫呢，他这次溜到教堂里头，把一罐猪油都给吃光了。

猫：嘿嘿嘿，一罐都吃光了，我才安点心。

解说：贪吃的猫打着饱嗝，挺着圆鼓鼓的肚子，直到半夜才回到家。老鼠一开门，马上就问他这第三个孩子叫什么名字。

鼠：这回，这个孩子叫什么名字啊？

猫：名字嘛，也是你不愿听的，他叫"一扫光"。

鼠：什么?!"一扫光"，这是什么意思呀，真想不通。

解说：糊涂的老鼠还是不明白。他叹了口气，摇了摇头，无可奈何地卷成一团，躺下睡觉了。从此以后，自然再也没有人请猫去作干爹了。

冬天到了，田野里一片白茫茫的，什么吃的东西也找不到了，这时候，老鼠想到了他们藏的那罐猪油。

鼠：啊，亲爱的，起来吧，咱们去拿那罐猪油来吃好吗？那东西，一定很合口味啊。

猫：嗯，是的，一定很合口味。

解说：他们动身上路了。到了教堂里面一看，只见罐子还在原来的地方放着，可是已经空空的了。

鼠：哎呀！我知道了，现在我都明白了！你不是我的好朋友,你去做干爹的时候把什么都偷光了。最先是什么"舔了皮儿",以后又是"吃一半儿",再后来——

猫:你要是再说一个字,我就吃了你!

解说:尽管"一扫光"三个字还没有从可怜的老鼠嘴中蹦出来,猫还是跳过去抓住他一口吞下去吃了,并且,很合口味。①

以上几篇寓言中,《猴吃西瓜》是揭露教条主义和人云亦云的人;《一头学问渊博的猪》是嘲讽愚昧无知、又自作聪明的人;《狐狸艾克》是影射搞形式主义的人;童话《聪明的小兔子》则表现了机智勇敢、以弱胜强、正义战胜邪恶的立意;《猫和老鼠做朋友》又抨击了背信弃义的人,并嘲讽了交友不择的蠢人。实际上,抓准寓意与立意在寓言、童话的理解中并不难,但要抓准,切勿模棱两可、模糊不清;或超越寓意任意拔高。

一般来讲,寓言、童话的立意多自情节、形象中透露出来,由读者自己去领会。但有的却在开头或结尾处予以点指,有的寓言在中间插有议论,言少意重、富于哲理、揭示寓意。比如,寓言《乌鸦与狐狸》的开头一段话:"世人不知受过多少次劝告,说阿谀是卑鄙而有害的,但一切都是徒劳,阿谀的人总是能够钻到空子的。"这,便是在开篇伊始点明了此文的寓意:"爱听恭维话的人难免上当。"随后,用乌鸦与狐狸的形象及内容情节,形象化地展示了这个寓意:狡猾的狐狸为了得到乌鸦嘴中的奶酪竟甜言蜜语、言过其实地赞美乌鸦多么美,嗓音想必似天使般婉转,极力鼓动乌鸦开口唱歌。乌鸦被恭维得飘飘然了,竟真想显露一下自己的才华,谁知刚一开口,嘴中的奶酪便掉下来了,狡猾的狐狸带上奶酪就跑掉了。又如,寓言《木偶探海》在形象地展现了木偶做事浮在表层的事实之后,在寓言的结尾有这样一段话:

---

① 引自《世界著名童话》录音专辑。

"怎么能和一个对一切事情都浮在表面的人说得清楚呢？他以为自己什么都知道了，可是他却不明白，要想真正知道，就得钻进去，只浮在表面上是不行的"。这，也揭示了本文的寓意："人做事切忌浮在表面，深入实际才能认识问题全面、准确"。由此可见，议论在寓言、童话中有举足轻重的重要作用，尤其在寓言中，在朗诵这种起揭寓、点指作用的议论时，表现方法与内心状态是不同于表现形象化主体内容的。原因在于，揭寓的议论是理性的点指，他是以逻辑和理性的光辉启示人、引导人的。而形象化主体内容则是以具体、形象、生动、活泼的感性力量来展示寓意，启迪人、教育人的。因而，对他们的表达处理当然不应相同。对揭寓作用的议论，表达宜于严肃、稳实、语重心长、发人深思，处在开头的议论可以启示性更强，处在结尾的议论应当结论性更强。总之，有揭寓作用的议论，在表达时，不应有带过去的忽略感，语言不可轻飘，应当稳实、从容，以显示这种议论的重要性。而对形象化主体内容的表达，则要叙述清楚、具体，表现形象时，生动、鲜明，成为揭寓议论有力的形象化展示。有揭寓性议论语言呈现文中的，表达时要注意二者的区别与转换，不可一种处理，否则，将议论无力，形象化主体展现不鲜明、不生动。

在朗诵无揭寓性议论语言呈现文中的作品时，从总体上讲，应该显现寓言、童话创作的特点充分展现形象性、生动性、鲜明性以及寓意性。不能板着面孔，叙讲，或以教育者的说教感来朗诵，这样，朗诵会干巴巴的，无情趣可言，因而，也必将失去其感染人、启迪人和教育人的功能，削弱作品的预期效果。当然，更不能忽视或放弃表现形象的本质特征，只追求表现各种形象的外部特征，以求得喜剧的效果。应当心中始终不失朗诵目的，表达贴近具体的形象和内容，生动、鲜明给人以情感渗透与理性启示，最终以内容和形式两方面完美地体现出作品。

二、丰富、合理的想象

寓言、童话，大都是通过具体形象的行为来表现所要说明的问题，因此，对形象的想象就非常重要。我们在想象中，不仅要有作品中所出现的一些形象，如动物、植物等生物或油饼、板凳等无生物的具体外形；更重要的是，还要感受和想象出具体形象的行为、心理、情感、神态相互间的关系，以及语言、声音、形式的特点等内质；同时，还应感受和想象出作品中的时间、地点、环境等相关条件。要看得见、感觉得到这一切，这也是表达的基础。除此以外，很重要的一点，就是将作品中的形象人格化、性格化。有人向中央电视台《动物世界》的解说者赵忠祥讨教：为什么《动物世界》解说得这么好？赵忠祥讲，他将动物哪怕是小虫、小鱼之类的小生物也都当人看待，冠以人的心理，人的行为和关系等，将他们人格化了，这样，就会深入到他们心中，理解他们并关心他们的命运、解说便具有情感性了。这正表明，将各种形象"人格化"的重要性和实际意义。

比如朗诵《猴吃西瓜》这篇寓言，我们就可首先把作品中所涉及的猴王"人格化"、"性格化"。根据作品中的描写，我们可把"猴王"想象为外强中干、官气十足的领导；把"短尾巴猴"想象为简单、教条的形式主义者；把"小毛猴"想象为天真、率直的小青年；把"老猴"想象为迂腐、倚老卖老的老学究；而那些应声附和的"小猴"则可想象为缺乏主见、知识不多的人云亦云者。有了这些具体、鲜明的性格区别，那我们在朗诵这些内容时，就不会感到是在表现猴的语言，一味去模仿猴的声音，而会感到是在表现一个个不同人物的语言。心有所依，便语有所形。这样的表达势必清楚、鲜明、生动，听者也乐于接受。又如《猫和老鼠做朋友》，以往，猫的形象是可爱的，而老鼠的形象多是可憎的，但在这篇童话中，根据内容出发，猫，却狡猾、欺诈，对朋友不忠，不但用谎言一次次欺骗老鼠说有人请他去做"干爹"继而偷吃光了他们共同收藏准备过冬的猪油，而且当老鼠发现了他的卑鄙行为、指责他的背信弃义时，他却一口将可怜的小老鼠吃下去了。而小老鼠，在这篇童话中，却是可怜、糊涂的。他轻信了狡猾的猫，没有丝毫的防备之心，因而，落得了一个可悲的下场。我们在朗诵或演播这个童话时，也要将这两个动物形象"人格化"、"性格化"。把"猫"可以想象为一个甜言蜜语、心怀叵测的"伪君子"。把"老鼠"可以想象为一个善良、柔弱、不敏的人。我们在朗诵或演播这个童话时，尤其在叙述和解说语言中，对"猫"的行为应有一种揭露感，对"小老鼠"的行为，则可有种同情感，不应将嘲讽的意味注入其中，否则会使表达呈现混乱的色彩，不利于揭示其立意。实际上，这种嘲讽的意味是在受众听完整个故事情节之后，自己品味出来的。值得提及的是，在寓言、童话的朗诵、演播中，应当特别注意保持特定形象的稳定性与统一性，即"猫"的语言始终是"猫"，不能某几句话变为"小老鼠"在说，或是"大老虎"在说了。不管是什么情状、色彩的话，都应体现这是猫的性格及表现形式特点，不能变为其他动物或其他性格的猫在说话。否则，受众接收容易发生混乱，也使我们的表达欠准确、完整，影响表达质量。当然，这需要一定的内、外部技术与表达功力做保证。在表达时要具体形象，如"猫"或"老鼠"的内心视象消失了，说出来的话便会走样，不统一了。这需要我们在理解、想象和表达外化阶段，具体形象应始终存在于内心视象中，以不断提示表达者的身份感，确保形象的稳定性和统一性。

如前所提，在寓言、童话朗诵、演播的想象中，除了对具体形象要有准确、鲜活的丰富想象外，对与之相关的时间、地点、环境等因素也应想象合理、具体，方可表达准确、生动。

比如，寓言《猴吃西瓜》根据文中提示"……把所有的猴都召集起来了",我们不妨将此举想象为"开会",并可以进一步想象为是在野外的山头上,(因为猴子是生性好动的动物,他们肯定不会总在山洞里,除非休息。)同时还可以将开会的时间想象为白天。(当然,将开会的时间想象为晚上、将开会的地点想象为山洞里也不是不可以,但其合理性就会相对差一些。)由于想象的不同,表达中的距离感、用声幅度等便不尽相同。如白天在山头上开会,环境开阔,猴们都分散就坐,离得相对远一些,表现猴的语言,就可声音大一些、拉开一些。如想象在山洞里开会,那么,用声就可相对小一些,距离感近一些,因洞内毕竟不如野外宽敞。在处理有些小猴急于吃瓜,跟着嚷"吃西瓜吃皮"时,我们又可以想象在野外山头上开会,声音来自高、低、远、近不同处和不同猴,为了烘托"人云亦云"的影响使"猴王"最后做出自以为正确的决定,我们也可以将"吃西瓜吃皮"的嚷嚷,处理成来自高处,又来自低处或先来自近处,再来自远处,最后,形成众口一辞、有节拍的喊叫"吃西瓜,吃皮!""吃西瓜,吃皮!"以显现小猴的贪婪、无知和起哄、着急的情状和气氛。又如,《乌鸦与狐狸》中,由于狐狸是在树下与乌鸦说话,因而,在表现狐狸的语言时,应有一种抬头向上的形体感觉和距离感渗透在他阿谀奉承的语言、情态中,这就能更准确地表现出狐狸的情状,显得生动。

寓言、童话中,各种形象相互之间的关系也在我们朗诵者的想象范围之内。诚然,各种形象的关系,有些是文中所明确的,但更多的却是需要我们朗诵者、演播者通过文中的线索从人际关系,人之常情来揣摩、合理想象出来。对他的关注和正确与否,直接关系到表达的准确与否。

比如,童话《聪明的小兔子》中,小兔子与大象和狮子的关系都是弱者对强者的关系,有种惧怕感,这就决定了他们不同形象说话的基本语气绝不相同(大象与狮子相近),大象与狮子说话是居高临下，声色俱厉的。而小兔子则是说话谨慎、小心，陪着笑脸的，有种惧怕感。又如，寓言《一头学问渊博的猪》中，猪与八哥的关系，开始时，八哥对猪有种崇拜感，但后来当他了解到猪原来是一个不懂装懂、愚昧无知的家伙后，他便从求教者变为指责者了，他的语言感觉也势必前后有很大差别。

总之，对寓言、童话的想象全面、合理，才会对形象化主体表达的准确起依据作用。

三、夸张、渲染的方法

寓言、童话的创作都具有夸张、渲染的艺术特性。他们往往将动、植物或无生物冠之以人的性格特征与行为，兼顾人与物的特性，却又入情入理。在寓言、童话中，作者大都将人与物等各种形象表现得十分鲜明、典型而又夸张，但又不失生活的本质意义、真实性和可信性。作者运用夸张、渲染的手法来表现形象，目的是求得形象的鲜明、突出。因而，有时也带有很强的喜剧色彩。例如，（那头）愚蠢无知的猪，（那只）想学美名却形而上学的狐狸，（那只）糊涂的小老鼠，（那头）凶猛、简单的狮子，他们各自的形象都显得那么夸张、可笑，然而看完、却又不禁使人惊叹他准确地表现了生活的本质和形象鲜明的特定意义。

夸张的艺术内容，一定用夸张的艺术形式来体现。运用夸张、渲染的手法来表达，是朗诵寓言、童话的一个特点。因此，我们在寓言、童话的朗诵中，要大胆运用这一艺术手法，使我们的表达有声有色、活灵活现，增强作品的艺术情趣与艺术魅力。

比如，童话《聪明的小兔子》中，开头一段解说，就可以用夸张、渲染的语气来介绍：

大海的旁边有一座高山，山顶上住着狮子，山腰里住着大象，山脚下住着小兔子。小兔子住的地方可好了，有花、有草、还有水,狮子和大象都想占这块地方。

我们在表达中就可拉开"山顶上"、"山腰里"和"山脚下"的地理位置对比,也可拉开"狮子"、"大象"和"小兔子"的形象、性格对比。具体处理上可以是这样的感觉和形式:

山顶上↗　　　　山腰里→　　　　山脚下↘
狮子　　　　　　大象　　　　　　小兔子
(凶狠感)　　　(庞然大物感)　　(小巧,灵活,可爱感)

在解说到"山顶上"时,语势和感觉都是极力上扬的;在说到"山腰里"时,语势和感觉都是平拉开的;在说到"山脚下"时,语势和感觉都是极力下行的,并且语音拉长、语调夸张,以加强对比。在说到"狮子"时,想到其食肉、凶猛的特征和作品中的表现,因而,用种惧怕感来表现,反衬他的凶狠;在说"大象"时,想到其个子、体重的特征,可以用种笨重凶横感来表现;在说"小兔子"时,想到其小巧灵活的特征,和胆小、可爱的本性,可用一种亲切、灵活感来表现。内心感觉不一样,使用声音和语言形式上也会有很大的区别。例如,说到"狮子",可用气强声虚的方法来渲染他的凶狠和言者的惧怕感;说到"大象",可用语硬声重,声音拉长来体现其笨重、凶横感;说到"小兔子",可用色明、音短来体现其灵活、好动、可爱的形象。在寓言、童话的表达中,用声和语言形式上比表现其他作品更要夸张和渲染,色彩更加浓烈,声音的物理性对比更加强烈。有了这样的夸张、放大,不同事物的特点就会被明显地凸现,形成鲜明的对比,使受众容易接受并形成深刻印象。

夸张、渲染不同于出洋相、卖噱头,虽然其语言、用声外形对比强烈,变化幅度大,色彩极浓,但在表达时,朗诵者的内心一定具备高度的真实感和信念感,唯有这样,才能产生艺术真实的感染力和表达的高度准确性。有了这种内容与形式的统一,应有的喜剧色彩往往会自然溢出。

比如，童话《猫和老鼠做朋友》中，当猫骗了老鼠又一次偷吃了他们共同收藏的猪油回来以后，老鼠问猫："这个孩子叫什么名字呀？"猫说："叫，叫吃一半儿。"老鼠说："什么?！吃一半儿？哎呀，这个名字我从生下来就没有听说过，我敢打赌，连历史书上都没有这个名字。"事实上，在表达老鼠说这些话时，越渲染他认真的神情和惊讶不解的心态，也就越能表现他的糊涂、好笑。同时，也就反衬出猫的背信弃义的丑恶面目，从而，有利于揭示作品的立意。但在这里，如只在语言外形上夸张了，内心却没有其相应的真实感受，那么，这种表达便失去其应有的艺术效果，变为哗众取宠了。

其实，朗诵好寓言、童话，运用好夸张、渲染的手法并不是轻而易举的事，他要求朗诵者具备一定的内、外部技巧，要将真实、可信与夸张有机地结合在一起，具有高度的准确性。然而，不运用夸张、渲染的艺术手法，对于寓言、童话的朗诵又是万万不能的。对此，我们要求，有夸张、渲染但不失真实；有风趣而不失含蓄，从而创造出既鲜明、生动又真实、可信的语言形象。

四、化神为形，准确造型

朗诵寓言、童话，不可忽视作品的目的，将形象化主体的表现搞成滑稽表演。但如果将形象化主体表现得区别不大、平淡无趣，也同样不适应寓言、童话的创作特点和表现方式。因而，我们在朗诵寓言、童话前，应当对作品中出现的各种各样的形象进行一番设计造型，使其从内到外都有所区别，形象鲜明、生动，受众容易接受从而更好地揭示出主题。

为各种形象造型涉及的因素较多，首先，是对形象的理解要准确，对其性格特征、生理特征、在作品中的行为（是正面还是反面形象），以及与其他形象的关系等都要参考在内。其次,是用声音、气息、咬字以及各种语言技巧参加造型。

下面,我们用几个例子来说明。

比如,《狐狸艾克》中,所涉及的形象比较多,我们可以根据作品中形象的本质与外形特点来进行一番设计,为他们一一造型。我们可以运用声区、语调、语速的不同,咬字长、圆的不同,以及粘字、跳字等不同的语言方式来加以区别。在这个作品中,狐狸是被嘲讽的对象,又根据其狡猾的自然特征,我们可以把他设计成语调华丽的女高音(或男高音),说话粘字、甩腔,还可以再加些鼻音;水牛是被肯定的形象,又是长辈,加之实干的特点,我们可以给他设计成憨厚的男低音;小老鼠辈份小:又长得小巧,所以,我们给他设计成尖音细嗓并咬字小巧、灵活、靠前,与他小小的自然外形相匹配;小白兔和小山羊虽然都各有一句话,但也要有所区分,我们可以根据小山羊的叫声、特点和他在作品中的表观,将他设计成温柔的小高音,并且说话粘字、语速较慢;而小白兔,我们可根据他灵活的体态特点,将他设计成伶俐的小高音,并且语速较快,说话跳字。在《一头学问渊博的猪》中,我们可以根据作品中猪的可笑形象及猪嘴的特点,将其设计成稍有点噘嘴说话,吐字有些含混,发声上鼻子的男低音。当两个形象比较接近时,也要注意抓住其最主要的特点进行造型区分,使人听得清楚、有所区别。比如《聪朗的小兔子》中,狮子与大象这两个形象在作品中所起的作用相同,都是被贬斥的对象,他们都想霸占小兔子的住地、欺负弱者,但最后都被聪明的小兔子给机智地消灭了。可朗诵演播这两个形象也要有所区分,才会让受众听得清楚、分辨得开,更好地接受其内容。为此,我们不妨抓住狮子的凶狠特征造型,将其设计成语调凶狠、咬牙说话的男中音,而对大象则主要抓住他笨重、凶横的特征,将其设计成扩着后声腔、拉长声音说话、共鸣深厚的男低音。

总之，有了一番精心、准确的设计与造型，便可使我们朗诵的语言形象鲜明、生动并有所区别，能很好地为表现内容服务。

第三节　寓言、童话朗诵应注意的问题

一、抓形象核心

诚然，寓言、童话都是以人、动物、植物或无生物作为形象化主体表现作品寓意与立意的。具体形象的生动、鲜明甚或夸张可以给人留下深刻的印象，对表现作品有益。然而，如若忽视抓形象本质，只求外部形象的生动、逼真以获取表层的喜剧效果，则是不可取的。比如，有的人在朗诵寓言《一头学问渊博的猪》时，为了追求声音形式象猪，便除了完全噘着嘴说话以外，还在说话时不时地加上些猪哼哼，以显示其学猪的本领，引起受众的笑声。这无形中冲淡了受众对"猪"这个形象本质核心的接受与思考，削弱了这一形象的塑造意义。应当对猪的外部特征有所兼顾，有些相应的设计和造型，而重在对猪这一形象的本质核心——愚昧、不懂装懂进行充分揭示，用盲目自信的语气和真实的自我感觉来表现。如此处理，便会引起受众对这一形象本质核心的领略与认识，产生对其嘲讽的评判结论，实现其形象塑造的意义。

因而，朗诵寓言、童话，一定要以抓形象本质、核心的东西为主，应尽量做到对其外部特征只能有所兼顾，不可本末倒置。

二、加强形象夸张、对比

寓言、童话的朗诵根据创作种类、风格的不同，在处理上

可有不同，比如，有的作品以叙述为主，有的作品人物语言较多，有的是劝喻，有的是嘲讽，然而，无论何种，语言表达的夸张、对比都要强于其他作品，这是由寓言、童话的创作特点所决定的。

夸张，不单指语言外部形态的放大与强调，还要有高度的真实感与信念感。否则，缺乏说服力和感染力。当然，也不要为了夸张而夸张，要有充分的内心依据与导向。

对此，在寓言、童话的朗诵中，主要是指对不同形象的塑造区别要大。寓言、童话的朗诵，往往是一人除去叙述以外，还要用语言表现几个不同的形象，只有加大其对比，方可区别他们，使人听而辨之。同样道理，对比，也不可只在其外部形态，也要加强内心的对比感，抓住每一形象的不同之处，加以放大与强调，方可内外相贴、形有所依。

总之，在寓言、童话的朗诵中，必须运用夸张、对比的手段，才能对路。同时，要注重形与神的相合。反之，会混同于一般作品的表达或有形无魂，同样朗诵不好寓言与童话。

三、灵活造型

在朗诵寓言、童话的每一篇作品时，都要根据本作品中对某一形象的刻画和他的自然外形特征来考虑造型，不应将一篇作品中某一形象的造型原样搬到别的作品中。因为同一形象，在每一篇作品中所起的作用不尽相同。比如，在这篇作品中，"水牛"是正面形象，而在另一篇作品中，他恐怕就是反面形象。在这篇作品中，"水牛"是长辈，但在另一篇作品中他有可能成为晚辈了。因此，我们的造型与表达也绝不应雷同，要根据作品需要，灵活造型、确切表达，以保证朗诵创作的准确性。

四、注重讲述身份感

寓言、童话的朗诵，各种形象与情节很具吸引力，也很能表现朗诵者的艺术功力。因而，有的朗诵者便在朗诵中表现各种形象时活灵活现、生动诱人，而在叙述时，却语言平平淡淡，不经意，这种处理也是不可取的。

因为，寓言、童话的朗诵毕竟以讲述为主，每一具体形象仅是表现的一个局部，无数局部集合一体的意义，方成作品的全貌。讲述，正是缀连局部的必然和主要所在。因此，讲述者的心态感觉不应弱于具体形象感觉。

此外，注重把握讲述身份感，可使朗诵表达有正确的主次感和整体感，也有助于把握准形象化主体的表达分寸。

第七章

小说的演播

小说演播难度很高，因为他既需要有较高的叙述能力，又需要有丰富的人物语言造型本领，使人听来，既清楚又生动。这究竟需要哪些语言功力？有什么具体要求？本章探讨了这些方面的问题。

第一节 小说的认识

一、小说的概念

"小说是文学的一大样式。他通过完整的故事情节和具体环境的描写,塑造多种多样的人物形象,广泛地、多方面地反映社会生活。"①

二、小说的种类

小说,按其内容广狭、篇幅长短,可分为长篇、中篇、短篇和微型小说。按其创作手法,也可分为古典小说、现代意识流小说与一般小说。

三、小说的特征

(一) 有丰富的人物形象

小说能运用各种手法和通过各种途径塑造各种各样的人物形象,具体地展现各种人物丰富、复杂的内心世界。小说在这方面有很大优势,不同于其他文学样式,他能够从多方面表现人物,细腻刻画人物性格,他除去人物对白、独身之外,还能运用肖像,心理描写、行为刻画及概括交待等方法来塑造人物。

(二) 有完整的故事情节

小说一般有生动、完整的故事情节,能引人入胜。"他能够细致入微地展示人物与人物之间,人物与环境之间,错综复杂,

---

① 引自《辞海》文学分册第17页。

具体微妙的矛盾与冲突"①　他比其他文学体裁的情节更完整、更具体、更丰富、更复杂。

（三）有精细的环境描写

小说大多有精细的环境描写，能够具体地展现作品中人物活动的环境。有了真实、精细的环境描写，才能使作品中的时代、社会风貌得到充分的反映，才能使人物生活在具体的环境中。

总之，小说比起其他文学体裁手段更丰富、表现途径更多，通过叙述和大量的人物语言在具体的情节、环境中全面、细致地塑造人物，充分显示社会生活的各个方面。

第二节　小说的演播

一、把握基调

演播好一篇（部）小说，对于基调的把握毫无疑问是必须和必然的，否则会杂乱无章，不见主旨。由于小说有生动、完整的情节和具体、逼真的人物，所以，极易使人在阅读欣赏中，陷入到局部中去，或对作品，人物有自己的独特见解。这对于一般读者无所谓，因为文学作品本身就具有隐蕴性与多义性，允许读者在阅读欣赏时，驰骋想象，联想，以自己的基点和方式去理解、阐释作品，寻到沟通，引起共鸣，文学的价值也在于此。而作为一名演播者却不尽然，因为小说演播是二度创作，虽然能在这一环节中加进演播者自己的独特感受，但毕竟有限。所以小说演播者应从作品主题、内容出发，着眼全篇，并把准作者的创作动

---

①　引自《文艺小百科》第53页。

机、志趣，才能形成自己的演播基调。也就是说，演播者要以一度创作为基础来探寻、把握演播基调，才是可行的。此外，演播者要从全篇着眼，不为局部所迷惑，形成的演播基调才是正确的。

如前所述，演播一篇作品基调准确与否是演播成功与否的关键所在。对此，已故著名演员金乃千在谈及这个问题时说："……调子错了，格格不入；调子对了，全书皆活。"诚然，小说演播的基调来自对作品的正确理解与把握之上。小说的分析、理解也遵循一般语言表达中对文章的分析、理解原则。所不同的是，小说的分析、理解和对主题、立意的掌握是在一定的内容、情节与人物行为、命运之上，间接揣摩出来的，是从感性入手，再上升为理性，有一个复杂的过程，有一定难度和复杂性。因而，我们对一篇（部）小说主题、立意的把握是在不断地形象感受和思维、情感活动中逐渐积累而形成的。比如，长篇小说《青春之歌》的主题，就是我们精读过作品，了解了作品的情节、内容、时代背景，主人公林道静的人物命运、人生经历与情感历程之后体味出来的：即"一个小资产阶级知识分子，在民族解放的斗争中，只有投身革命才有出路"。这样的理解，必然带来相应的演播基调。当然，由于文艺创作的特性使然，我们要真正理解一篇（部）作品，有时必须反复阅读，细细品味才能从局部与某些表面情节中站出来，看清作品的整体与要旨。

在演播长篇、中篇和短篇小说节选时，也一定要阅读全篇，对作品整体有所了解，才能充分认识和确切把握节选部分与全篇是什么关系，居于全篇的什么位置，在什么意义上有其独立性，主要人物的思想发展到什么阶段，人物性格揭示到什么程度，此外，还要知道主要人物的命运如何，起始如何，走向如何，人物间关系如何？如若仅局限于节选部分，作品的情节，人物的来龙去脉都不清楚，是无法演播好的。

比如，在革命回忆录《我的一家》中，有几段与陶承同志的儿子欧阳立安有关的片断，他很好地勾勒出欧阳立安这个年轻革命者的形象。例如：

我的一家（节选）

一天通信员小刘从门缝中挤了进来，他快活地说："我给你们带来一位稀客！"他后面跟着一个年轻人，不等我看清眉目，就把我的脖子抱住了。"妈妈"！我的天呵！这不是立安吗！稚鹤见是哥哥，马上扑上去，像小斑鸠似的直叫着"哥哥！哥哥！"本纹听见喊声也从楼上跑下来，一边嚷着："哥哥！哥哥！"一边扑上去了。

"他是我带来的，你们想夺走可不行！"小刘一边开着玩笑，一边告辞。"我把他交到你们手里，可不许弄丢了。"

立安穿着一身蓝棉袍，脚下穿一双黑皮鞋，个子高过我一头还多。在灯光下，显得神采奕奕。……"这半年多，你跑到哪去了？找也找不到。"我好容易插上嘴。"我跑得可远！苏联！我到莫斯科开国际青工代表会议去了！""你去了苏联？怎么不跟我说一声？""我是想来，我走到巷口又转回去了。因为这里不是我应该来的地方！我又不愿意让别人来信告诉你这样好的消息。"孩子遵守纪律的精神，他那种天真的想法，都使我感动，我拉他坐在身边，抚着他那一头不驯服的头发问他："回来多久了？""快半个月了！净忙着工作，抽不开身，真急死人了！今天还是孟雄同志硬把我赶出来的！"……我在窗口下搭上铺板，让他去睡；立安不肯去，直央告说：妈妈，挤一挤吧，睡一个床多暖和，说话也方便。""真是孩子气！跑那么远，顽皮劲也没改掉。"我心里好笑。立安参加工作以后，还是第一次"回家"，我们虽在一个城市，久不见面，也都习惯了，但一见面就有说不完的话。一种超于家庭、母子的感情,使我们在最细微的生活中也接近起来。"妈妈,我已经入党了。"孩子悄声说。"那就要用党的标准来要求自己!可是我一眼就看出你还是那么幼稚。""你是说我爱蹦蹦跳跳吗?我想改也改不过来!总觉得什么都挺有意思!"其实,我心里是喜欢孩子那种乐观性格的。斗争尽管艰苦,可是永远精神勃勃,勇往直前,革命正需要这种性格啊!

孩子说,从苏联回来,他担任了共青团江苏省委委员,还兼任上海总工会青工部部长。一提起苏联,孩子的话更多了。"妈妈,你在听我说吗?妈妈,我们在莫斯科开完会,又集中起来学习,还到各地去参观。妈妈,苏联是工农当家,人人有工作,人人有地种,人人有书读,没有人剥削人,更没有外国巡捕站在街头殴打本国人。他们现在还有困难,将来会更好的,我们将中国也建设成苏联那样!""那要到什么时候呢?""反正总有那么一天!"他沉默了一下,好像在计算日子:"顶多十年、八年。""革命胜利,妈妈也该爬也爬不动了!"我有意这样说。"那就进养老院!"他快当地说,好像跟前就掌管着这项职务似的。养老院,在当时只能是一种幸福的憧憬,我们的同志被敌人追捕的东奔西跑,住不起房子,只好在车站排椅上过夜。他们牺牲一切,茹苦含辛,不是希望自己能过幸福的晚年,却是为了争取后代子孙幸福的将来!"妈妈,你听我说。"孩子推了推我,"妈妈,我在莫斯科还给报纸上写过文章呢!"——过了一会儿他又摇摇我的膀子,"妈妈,你睡了?""你说吧,我听着呢。""妈妈没有什么,我喜欢这样叫你。"立安顽皮地说。"真是孩子气!"……

早晨,他要走了。稚鹤拖住袖子不放,立安说:"你好好等着。到了春天,我带你们几个去看桃花。"他站在我的对面,仔细地端详着我,好像忽然发现了什么,吃惊地说:"妈妈你头上有了白头发了!""是吗?可是我觉得比过去还年轻呢?"儿子刚要走开,却又迟疑起来。但终于说:"妈妈,你好好保重自己!

也许我很快就要去苏区开会,恐怕没功夫来看你了。"

这段文字是《我的一家》节选中《回家》一节,他表现了欧阳立安的革命自觉性与天真活泼的性格侧面。

下面再来看看《斗争》一节中是如何勾勒欧阳立安坚定革命者的形象的。

一九三〇是红军大胜利的一年!

可是就在此时,立安和林育南、何孟雄、李求实、龙大道、胡也频、丁玲、冯铿、伍仲文等三十多人,在上海马路远东饭店开会,一齐被捕了。……

当交通员小刘告诉我这个不幸的消息的时候,我头上好像猛然遭到沉重的一击,半晌说不出话来。"只要不引渡就好。"小刘怀着一线希望,显然是在安慰我。"我已经有了准备,天大的不幸也能担得起来!"仇恨给我添了勇气。我对本纹说:"快去通知你二哥,大哥出了事,不要再去他住的地方!"可是晚上,我失眠了。"妈妈,你不舒服吗?"本纹和稚鹤都翻身坐了起来。"没有,你们睡吧。""妈妈,你是担心哥哥……。""小孩子家,不要多话!"我厉声地说,可是我听得出自己泪珠卜搭卜搭落在枕头上的声音。

——我心里焦急,却无法打听消息;工作不允许我暴露自己。我整天手脚不停地忙碌,自己也不知忙的是什么。我不知饿,也不知渴,嘴唇干得流血,也不觉得。……

一天晚上,小刘来说,还有一线希望,组织上正在设法营救。"有用吗?"我摇摇头,"落在敌人手里,还能活着出来?""也许——"小刘还想安慰我。"这是斗争,没有什么也许!"说着,我哽咽了。是呀,要在感情上接受这个裁决是困难的。"陶妈妈,你冷静些!"小刘恳求道,他也很难过。"是的,我得顶住。"我擦干眼泪,"你知道他们在狱中表现怎样?你不要瞒我,有什么说什么!我打不倒的!""表现得很好!——"……

在敌人秘密审讯的时候,儿子受尽酷刑,始终没有一句口供,他只说我叫杨国华,到远东饭店找父亲的一个朋友,没有别的可说。敌人把一个叛徒招到庭上叫他指正。"他叫欧阳立安。"叛徒有气无力地说:"他是上海总工会青工部部长,还是共青团江苏省委委员,一家子都是共产党——"。"无耻!"儿子目光炯炯地斥责着叛徒。"那么你承认自己是欧阳立安,是共产党员了?"法官得意起来,"你还有什么可说?""你要听吗?"儿子轻蔑地说:"那我告诉你:中国革命一定会胜利,国民党迟早要灭亡!不错,我是共产党员!就是筋骨变成灰,也还是百分之百的共产主义者!我为主义,为人民而死,死而无怨!""你年纪轻轻,死了未免太可惜呀。"法官扮起伪善面孔。"我可以开脱你,只要——。""你是枉费心机,什么也休想知道!"儿子坚决而严厉地回答敌人。在这群被捕者中,儿子是最年幼的一个。敌人欺他没有经验,想从他身上打开缺口,但终于失败了。

儿子被押进牢房。因为天气很冷,当时我们的"济难会"买通看守,送进去一批衣服,还送去些钱,晚间在黑暗的牢房里,大家兴致勃勃地讨论这笔钱的应用,有人主张买日用品,有人主张存起来,以备不时之需。可是立安不同意:"咱们这些人是死定了,说不定就是今天,还管什么天气冷不冷?依我说,把衣服、牙刷留给判过刑的难友,钱么?不如买点酒菜,吃个痛快,就是临刑的时候,唱国际歌,喊口号也有精神!"这就是我的儿子。无论什么时候,都忘不了斗争。他的话把难友们逗乐了,大家说:"此话有理,痛痛快快喝他一顿,好打最后一仗!""再叫个理发师来,把头发理一理!"一向不大开口的胡也频同志也说话了。"就义以后,让反动派拍起照来,也可以更威风一点!……"

二月八日深夜，细雨濛濛，接着又大雪纷飞。何孟雄同志没有睡，他安闲倚在惟一的小窗口下，凝视着灰暗的天空，自言自语道："又下雪了。"儿子带着不习惯的铁链子，蹒跚地走过去。"你在赏雪吧？""是呀！"何孟雄同志漫应了一声"麦苗受不住吧？"过了一会儿，立安依着孟雄同志，天真地说："你猜我在想什么呢？我原答应稚鹤，春天带他们去看桃花，现在看不成了。"这也许是此时他最遗憾的事吧？

营救并没有结束，从南京拍来第三封就地处决的电报。

就在那个大雪的深夜里，淞沪警备司令部数重铁门突然打开了——儿子和难友们锁在一条链子上，被押出了牢房。漫天飘着鹅毛大雪，他们光着脚，踏着深雪覆盖的荒地，穿过一座小石桥，来到一条结冰的河边，这里离房舍已经很远了，匪徒们叫他们站下，他们知道做最后一场搏斗的时刻到了，于是一个个举起手镣向身边的敌人砸去，悲壮的"国际歌"夹杂着"共产党万岁"的口号淹没在零乱的枪声里。……

在这段内容中，表现了欧阳立安坚定的革命性和革命乐观主义精神。我们在单独演播其中一节或几节时，都应通读全篇。心中有他这个形象的全貌，明确这一节或几节在全篇中的位置、分量与独立意义，更好地把握和体现其在全篇中的作用。即体现出陶承同志家庭中的每一位成员都是坚定的革命者，尤其表现出欧阳立安——她的大儿子，这位牺牲于敌人监狱的年轻革命者的性格全貌或某一侧面。

又如，长篇小说《青春之歌》中，《启发》一节，他表现了林道静，这个小资产阶级知识分子，第一次从革命者卢嘉川那里受到的启迪，明白了什么是革命和为什么要革命的道理。从而，使她的人生之路发生了转折，走上了真正革命的道路。我们在演播这一节选时，就要注意，此时，主人公林道静还是小资产阶级味很浓的善良、纯真的女性。比如她羞于让人看见自己在干琐碎的家务，同时，她对革命的真正含义还很不理解，她有革命的欲望和可能性，但又不懂革命的艰苦性和真正意义。所以，在演播这一节时，对她的表现就应不同于这之前和在这之后，前者是淡漠、悲凉与麻木，后者是成熟、热情与坚定。因为，在这之后，她经历了革命者卢嘉川的牺牲，林红大姐的牺牲以及自己的被捕、下乡等革命实践活动，在斗争中逐渐成长和成熟起来。目前这一节，正是林道静正式走上革命道路的前期边缘。此时的她刚刚接触到革命，看了一些革命的理论，精神为之一振，正充满了对革命的想往与追求，所以，此时的她，应为热情，冲动的。

总之，欲演播好小说节选。必须通读，了解全篇，并把握好节选部分相对独立意义的基调变奏。

二、选用样式

小说有长篇、中篇、短篇及微型小说之分；也有章回式，现代派等不同创作手法之分；还有回忆录、自传体、刑侦、科幻等不同内容之分；再有讽刺、悲剧，喜剧等不同风格之分，凡此种种，构成了小说丰富的内涵。欲想演播好各式各样的小说，没有足够的艺术修养和艺术功力是无从谈及的。在此，我们重点探讨一下一般小说的演播样式。不涉及古典章回小说和现代派意识流小说的演播。

众所周知，文如其人，每篇（部）小说无论篇幅长短，都有一定的风格类型，也不同程度地体现作者的个人追求和艺术追求。不同内容风格的小说，必然选用不同的演播样式来表现。对演播样式的驾驭与体现，又关系到演播者的演播风格及演播功力。

在众多的小说演播中，我们凭直觉就能听出其各不相同之处，有的抒情味较浓，如牟云演播的《石评梅》；有的活灵活现，京腔京味，如赵琮婕、关山演播的《四世同堂》；有的洋味十足，如王刚演播的《牛虻》；也有的似评书，渲染有韵味，如曹灿演播的《李自成》；还有的似不动声色，淡淡道来，如董行佶演播的一些小说。这些不同的处理，一方面体现了作品本身的内容、风格，另一方面也显示了演播者的演播风格。比如，曹灿的演播风格是说书式，善夸张渲染；董行佶的演播风格是红装素裹式，淡而深；赵琮婕的演播风格是表演式，人物活灵活现。但不是说他们各位只能演播一种类型、风格的小说。董行佶演播的短篇小说《鼓》就带有评书味，情感浓烈；赵琮婕演播的《许茂和他的女儿们》又抒情味较浓；曹灿讲的儿童故事也亲切、自然。这说明，演播者既有着各自的演播风格，即表达优势，但又不为此局限，有风格，又不为风格所囿，掌握各种演播风格和演播样式，对症下药，接什么作品，用什么方式，这便是语言表达者的工作要求。演播小说也是如此。否则会封闭自己的创作天地，形成一种定势，这不利于工作的需要。

文艺作品演播的实践表明，演播好一个作品，只有对基调的正确理解与准确把握还不够，还必须将作品的风格抓住，并以其特有的韵味形成基本语气，融入到演播基调中，体现在声音形式上，形成独特的韵味和恰切的演播样式，才是完美的表达。如若演播样式选用不当，势必影响到演播整体的准确。例如，用演播中国古典小说的说书样式来演播外国小说。（对此，有人做过示范，听来令人捧腹不止。）由此看来，小说的演播样式，来源于小说的时代、地域、内容、创作手法和风格等诸因素。如若我们演播样式的选择有悖于以上因素，后果便不言而喻。

那么，一般的小说演播样式有几种呢？我大致将他们分为两种：即播讲式和表演式，再细分，又可分为：土味与洋味。

播讲式：即演播者站在第一或第三者位置上，以叙说、转述的方式将情节、人物讲得很清楚、自然。人物语言取其神为主。他适合演播回忆录,自传体,人物语言少及抒情性较强的小说。如《我的一家》及鲁迅的一些小说。其优点是自然。

表演式:他的特点是表现人物形神兼备,造型生动,对人物语言的处理,表演成分较大,除了取其神,还尽量合其形(男女声局限除外)。他适合演播人物语言集中,较多又生动的小说。在这种样式中,演播者为了追求与书中人物的相像,往往在演播中揉进其他艺术形式和手段来帮助其生动体现,如说方言、讲外语、唱曲艺、唱歌。特别注重非语言表情声音的运用,如哭、笑及各种气息声等。他的优点是生动。如《时装模特》、《奶奶的爱情》等小说,都可以使用这种样式来播。

时装模特

柳茵茵是滨海医院最漂亮、也最爱打扮的姑娘,她每月那几十块钱工资,几乎全花在衣着上了。同宿舍的周云看不惯,常叫她"时装模特",她不但不恼,反而还挺得意。

但是今天,柳茵茵却买回来一件什么样的"时装"哟!宿舍里,她正面对穿衣镜试穿呢——

这是一件深蓝色的,厚得出奇的棉大衣,穿在柳茵茵身上,是要腰身没腰身,要线条没线条,还一直拖到脚跟,难怪去图书馆借书的周云一推门进来,马上扶着眼镜笑开了。

"云姐,"柳茵茵的神色有些黯淡,"不好看是吗?"

"茵茵,你干嘛买这么一件大衣?"周云放下手里厚厚的一迭书,策略地反问。

"唉,还不是为了——他。"柳茵茵一边试着用针把大衣的下摆别起来一截,一边低声说。

周云知道这个"他"指的是谁,那是阿尔泰山边防队的一个连长,柳茵茵的男朋友。对此人,周云早就下过结论:典型的"以貌取人派"。

"怎么,他居然会反对你穿得漂亮?"周云故作惊讶。

柳茵茵可没听出来,"他——敢!那件出口转内销的卡腰雪呢大衣,不就是他送给我的么?"

"那么这件大衣——"连聪明的周云也猜不透了。

"是,是这么回事——"柳茵茵咬了咬嘴唇,说开了,"我们早就商量好春节办喜事,可他前几天却突然来了封信,说是指导员住院,副连长出差,他实在放心不下他那个连队。他,他想,想推迟……婚期……"

听了这番话,周云对那位"以貌取人派"的印象忽然变了。她正想为他讲几句好话,安慰安慰柳茵茵,柳茵茵却一口气说了下去:

"可我决定,不推迟我们的婚期,他回不来,我去!他信上说过,阿尔泰山的冬天很冷很冷,有时候能冷到零下四十多度,那也吓不倒我。喏,我跑遍全城,才在寄卖商店买到了这件最厚的大衣……"

"茵茵,跟我去一趟!"周云拉住柳茵茵的手就要往外走,见柳茵茵有些困惑,又补充道,"噢,还没告诉你呢,我妹妹分到时装店工作了.,咱们把你这件大衣改改,又能挡住零下四十度,又不失'模特'的风度。"

"真能改好,他看见该多高兴啊……"

一抹红晕泛上柳茵茵的面颊,她显得更漂亮了。①

奶奶的爱情

乌鲁木齐城里,有许多几十年前盖的俄国式建筑,塔吉扬

---

① 北京人民广播电台文学节目播出。

娜奶奶住的公寓楼就是其中的一幢。这一天，72岁的塔吉扬娜奶奶正坐在宽大的窗前翻着一本旧相册，她的22岁的孙女维维噘着嘴回来了。

维维刚与男朋友闹翻，她本想让奶奶给她排解一下"失恋"的烦恼，但一眼就发现了奶奶手中那本旧而庄重的相册，马上凑了过来。塔吉扬娜奶奶并不回避孙女，由着维维从头看起。"咦？这是哪儿？新疆没有这样的火车站！"维维惊奇地问。"那是我的老家，克拉斯诺雅尔斯克的火车站，我原先就在那儿做工。"塔吉扬娜奶奶回答。"哟！这是奶奶年轻的时候吧！穿的一定是苏联的布拉基。呀！腰那么细，胸脯那么高，您那时候可真漂亮……这儿还有个带枪的中国人，噢，是爷爷吧？瞧瞧他这身怪里怪气的衣服！"维维已经忘记了自己的烦恼，完全被这本她从未见过的相册吸引住了。"傻孩子，你爷爷穿的那是抗日义勇军的军服！"塔吉扬娜奶奶带着几分自豪说。"爷爷个子可真矮，没有一点儿风度。奶奶，我看爷爷怎么也配不上您！""你看？你能看出什么来！"塔吉扬娜奶奶抚摸着照片说："看看你爷爷那双眼睛吧，他那双眼睛是会说话的！"维维眨了眨与塔吉扬娜奶奶相近的蓝眼睛："奶奶，我早就想问，您当年怎么会嫁给爷爷的？又不是一个国家的人，太让人觉得奇怪啦。"塔吉扬娜奶奶仰起头，望着窗外飘动的白云，眼眶里涌进了一些亮晶晶的东西。过了好一会儿，她才慢慢地叙述开了："你爷爷，九一八事变那年参加了东北抗日义勇军，和日本鬼子打了三年仗，就随着部队退到了苏联。他们坐火车路过我的老家。我呢，那时候正好在铁路食堂工作。五十年前，就是今天，你爷爷到食堂来吃了我端的饭菜，别的兵都走了，可你爷爷还是呆在那里不肯走。我问他想要什么，他不吭声，光用眼睛盯着我。唉，那是什么样的眼睛呀！我不由得也看着他，我们俩就这么你望我我望你地呆了老半天。最后，他一面比划，一面用刚学会的俄语说：'火车，走！火车，走……'我一口气跑回宿舍，让一起做工的姐妹们帮我收拾了一下，提个小皮箱就跟你爷爷上了他们的闷罐列车，连我的爸爸妈妈也没去见一面……""奶奶，您那会儿知道爷爷要回中国吗？"塔吉扬娜奶奶摇了摇头。"不。""您可真是的，爷爷的底细您一点儿也不清楚，怎么就……""怎么不清楚？我不是说过了吗？你爷爷的眼睛是会说话的，他的眼睛把什么都告诉我了嘛。你呀，我的维罗琪卡，你不懂得爱情。"塔吉扬娜奶奶边说边把相册连同孙女儿一起搂到自己温暖的怀中。①

　　土味，这种演播样式在演播语言中，揉进方言味，让人听得出浓郁的地方味道。比如，京味等。他的语言方言色彩浓。他适合演播地域色彩和民族色彩浓的作品。如《四世同堂》等。他的演播有较浓的地方味道，但并不是要用方言去播，这种味道只体现在演播的基本语气中，或某些有代表性的词语，他的优点是表现地域特点更突出，更鲜明。

　　洋味，这种演播样式是在演播语言中，揉进一些洋味，让人一听便知是个外国作品。他的演播语言特点是语尾往往翘起，语调有些弯曲，上飘，有种独特味道，如《牛虻》等。但是，演播外国小说也不能每句都追求洋味的调子，要从内容出发，使内容与形式完美结合，使人听得清楚，听得有味。洋味也体现在演播的基本语气中。他的优点也是地域特点突出。

　　以上仅就一般小说的演播样式进行了简单的说明，此外，小说演播，还有说书样式，或混合样式，即播讲式加土味或演播式加洋味等等。总之，小说演播的样式，演播者取何样式演播一个作品，主要取决于作品的内容、风格、时代、地域、创作方式诸条件而定，没有什么硬性规定。然而，一个作品的演播成功，演

---

　　① 北京人民广播电台文学节目播出。

播样式的得当与否，确确实实起着非同小可的作用。不可想象用播《李自成》的演播样式去播《牛虻》，也不可想象用播《四世同堂》的演播样式去播《青春之歌》或用播《家》的样式来演播《西线轶事》、《时装模特》等。事实上，每个作品都有其独特的情调、风格和语言特点，这就需要我们演播者多实践，多体会，多学习，多总结，来增强我们的判断能力与演播能力。

小说演播，有时可选用不同样式来播，但选取何种演播样式，也自然与演播者个人的各种修养与艺术功力有着密切关系。比如，王刚如没有一定的外语基础，也就不敢在演播《夜幕下的哈尔滨》和《神秘岛》中选用表演式的演播样式，在表现日本人裕治雄一与裕治一郎叔侄俩单独对话时，用日语处理；而在演播外国小说《神秘岛》时说英语，唱英文歌曲；同时在演播《夜幕下的哈尔滨》中，为了表现好小翠仙向戈明理哭诉一段，漫画这个人物形象，他竟结合其人物身份真枪真刀地唱了几句书中所写的李金顺的"大口落子"，活脱脱地表现出此人的特点，情态逼真吸引人。而已故著名演员董行佶如没有深厚的艺术功力，也不敢选用较平淡的播讲样式来播小说。因为若没有演播者的深刻理解与感受及淡而深的演播功底，是抓不住听众的。听众在此，主要不是听其人物像与不像，而是从淡淡的形式中听出其深蕴的内涵，获得理性的震憾。赵琮婕如不是演谁像谁，也不会把《四世同堂》里的"胖菊子""大赤包"和《芙蓉镇》里的"芙蓉姐"、"五爪辣"、"李国香"等作品里的不同人物表现得活灵活现引人入胜，很好地表现出作品中各种人物的不同风貌与不同命运。从而，更好地揭示了作品的主旨，立意。由此可见，我们要演播好小说必须要加强全面素质修养，尤其是艺术功力。否则，有的人能演播其他体裁的文学作品，却播不了小说，或者能播小说，也仅限于一种风格，样式，这都不适应我们的演播工作需要。

三、驾驭叙述语言

在小说演播中,语言可分为叙述语言和人物语言两大类。小说中的叙述语言有很大作用,他可以介绍人物、事件、情节;描写时代背景、自然环境;还可以帮助塑造人物形象,表现人物的行为、内心活动、回忆与幻想等极其丰富的内容。可以说,叙述语言几乎无所不能,是小说演播中的主要成分。

叙述语言一般大体分为三类:

第一类,是描写环境的。(他包括时代背景、社会状况和自然环境、作品中的环境描写,不论是社会环境还是自然环境,都与作者反映社会生活和塑造人物形象有着密切的关系。比如中篇小说《西线轶事》片断:

西线轶事(节选)

九四一部队基地指挥所,设了伤员和烈士遗体转送处。烈士遗体要在这里登记,清洗过了,换过新军服,然后上汽车送回国。转送处人员不多,主要是九四一部队文艺宣传队的女同志担任这项工作。总机距离这儿不远,女电话兵们下了机也常来帮助照料伤员,清洗烈士遗体。

这天,陶珂,路曼,小肖几个人又到转送处来了。见刚抬下来一位烈士,他的担架上放着一个军用水壶。水壶背带是断过的,打了一个电话兵们所熟悉的丁字结。路曼和小肖一惊。烈士的脸几乎整个缠着绷带,无法辨认。跟担架的一个小战士,失神地站在旁边。

"这个水壶,是他的吗?"路曼问小战士,见他点点头,又问,"他是不是当步话机员的?"

"怎么,你认识我们步话机员?"小战士反问说。

路曼和小肖抚弄着水壶背带,好久不言语。随后她们向小战士问起这位烈士姓名。

"他叫刘毛妹!"小战士回答说。听到这个名字,站在后面的陶珂禁不住倒吸一口气,几乎叫出声来。大家连忙让开,陶珂扑上去,凑近脸去看,极力要在这张缠满了绷带的面孔上,辨认出她所熟悉的某些特征来。

陶珂和刘毛妹从小住一个院,相互看着长大的。在户口本上,刘毛妹登记的并不是这样一个十足女性的名字。因为生得白净,头发卷卷的,又是那么文静,活活像个小姑娘,院里的人都喜欢喊他"毛妹",喊来喊去成了正式的名字了。

陶珂同幼年的朋友一直没有联系,入伍到了新兵团,意外地遇到了刘毛妹。第一次见面,部队在集合,只匆匆地握了个手。小时候他们多少次脊背贴着脊背比过个儿,始终不差上下。现在毛妹一下长到了一米八二。小陶觉得,刘毛妹除变得人高马大以外,其余什么也没有变。和他握手,涨红了脸,还像个怯生生的女孩子,随后又有几次见面,小陶才感觉到,同她一起长大的这个年轻人变得完全陌生了。那一对眼睛,朦朦胧胧的,失去了原有的明澈光亮。当孩子的时候,衣服总是整整齐齐的,现在倒很不讲军风纪,常常是解开两个钮扣,用军帽扇着风。抽的是五角以上一包的烟,一连串地吐着烟圈儿。无论说起什么事情,他都是那样冷漠,言语间带出一种半真半假的讥讽嘲弄的味道。不像小时候,对任何事情都有着强烈的兴趣,有着十足的热情。谈起小时的同学,某人某人现在搞什么工作,刘毛妹说:"无所谓,我的看法是干什么都行。因为什么都不干好像是不行。"

小陶问他:"既然这样,你何必一定要到部队上来呢?"

"既然你可以来,为什么我不能来呢?"

他们谈起了争取入团,入党的事情,刘毛妹感叹地说:"一年团,二年党,三年复员进工厂。在知青点上的人和那些没有着落的社会青年看来,这当然是很够羡慕的了。其实又有多大的意思,没劲!"

小陶几次试着给她幼年的朋友一些劝告,她说:"我看见一篇文章上讲,'不能因为第一次飞翔遭到了乌云风暴,从此就怀疑有蓝天彩霞'。你就是这样,因为不相信有蓝天彩霞,干脆剪掉了自己的翅膀。毛妹!别太悲观,我们需要振作起精神来。"

"我也在报上看过一篇文章,上面说:请正视现实,不必以海市蜃楼里的绿洲,覆盖地上的沙漠。"刘毛妹逼视着小陶。——小陶扭头走了。从此他们没有机会再见面,也没有通过信。

陶珂竟能忍住了眼泪,默默地听那个跟担架的小战士讲述刘毛妹牺牲的经过……沉默了好大一阵,小战士又接上说:"我们步话机员这个兵,不是这次到前方来,恐怕人们是不容易真正了解他,只在平时看,他就是他那么一个人。要讲聪明,人可真是够聪明的。在报话机训练班,别人都发愁密语背不会,白天黑夜地背。他呢,从来不怎么用心去背,到了密语考核,一二名里总少不了他。"

"出发之前,别人都忙着订杀敌立功计划,写决心书,他不写说没时间。可是他花了那么多时间,写了一封信,不许人看。牺牲以后,在他身上找出来了,是写给他妈妈的。""信呢?给我看看好吗?"陶珂伸出手要,小战士从衣袋里取出信来,说连里特别交待他要保存好,一定要交给烈士的母亲。信是步话机员原来包好的,怕湿了雨水,包了两层塑料纸。陶珂捧着字迹潦草的信,急切地读下去。

亲爱的妈妈:

我以前很少写信,现在想好好写封信给妈妈,可是时间紧张,我只能抓空子陆陆续续写一点。一过红河,恐怕就一个字也不能写了。前年入伍，我是有过犹豫的。听人说，批准我入伍有照顾的因素在内。我一想到自己在享受照顾，心里很不舒服，这是爸爸用他的惨死替我换来的呀！不过我还是到部队来了。我当时也没有想到在我服役期间可以捞到仗打，只是觉得在知青户太闷人了，想换个环境，新鲜新鲜。现在马上要开赴前线，我才清楚意识到我是一个革命军人了。这次出去，比起你和爸爸经历过的几次战争，算不了什么，但是我总算参加了战争。

前些年，"四人帮"任意歪曲宣传党史和军史，已经出了不少文章批驳他们。我想，无论从正确的或是错误的观点去看，有一个事实总没有疑问。那就是除去自然死亡之外，先烈们是在两种情况下牺牲了自己的生命。一种是倒在同敌人厮杀的战场上，一种是倒在内部阴谋的残害中，看来这是一条规律，古今中外都是如此。爸爸是在第二种情况下离开了我们，我这次则有条件占据第一种情况，我的好妈妈，如果这样，您一定不要难过，不必像哭爸爸那样为我流泪。您的泪水早已流尽了，再为我哭，眼睛里流出来的一定是血。妈妈！您可能觉得我写这些，口气不小，似乎一定可以做出什么引人注目的事情。不是这样，在火线上，这很难讲，也许我的心脏正巧碰上一颗流弹，一秒钟之内一切都结束了，随便一个小小的任务也来不及去完成。这就是战争，在意想不到的任何情况下，都可能有人付出最大的代价。即使这样，我也觉得心安了。

亲爱的妈妈，就写这些了，我并不打算寄出，如果您收到了这封信，那一定是战友们替我收拣遗物时找出来的。

代问弟弟好，已经没有时间了，就不另外写信给他了。

祝妈妈愉快，再见了！我多么希望能像外国电影里那样，跪下来吻别您啊！生我养我的母亲。

您的儿子毛妹
于登车出发前

刘毛妹留给母亲的信,陶珂看了两遍。信的内容对她不成为主要的了。主要的一点是信中竟没有一句话提到她。这对她是一个难以接受的沉重的打击。小陶终于忍不住伤心落泪了。不过她很快就镇定下来,宣传队的两个女同志为步话机员刘毛妹清洗遗体,她们默默地退后,让小陶上前去。小陶用纱布蘸着清水,先擦洗刘毛妹的脸。她不时停下来,注视着死者的眼睛,她觉得刘毛妹是怨恨她,闭着眼睛,不愿意看她。

步话机员的军服、绷带、鞋袜,没有一处是洁净的。泥水和着血,凝结在肉体上,没法子脱下来,小陶用剪刀完全剪碎了。花了很长时间,轻轻地一块块把衣服鞋袜撕下来。她不让别人动手,似乎是怕别人手脚毛糙,触痛了步话机员。清洗过遗体之后,数过了伤口,大大小小挂花四十四处,这数字,正好是烈士的年龄乘以二。

……

《西线轶事》节选的开头一段叙述,介绍了主人公陶珂见到儿时伙伴刘毛妹遗体的时代背景与自然环境。那是1979年,中越自卫反击战期间,在越南境内我军某基地指挥所伤员和烈士遗体转送处。播这类叙述语言,要求介绍清楚,语速不可太快,要从渲染环境的整体气氛着想来设计这些段落的具体基调,与此段落的内容、情节和情感相适应。应在缓缓的语流中,将人们带入应有的环境、气氛中去,以便更好地展开后面的具体情节和内容。对特殊的环境,气氛应注意加以渲染,造成应有的氛围感。

第二类,是塑造人物形象的。他包括两部分:一部分是对人物进行初步的概貌介绍,是在对人物具体、细致地刻画之前,在人物没有进入到复杂、激烈的矛盾冲突之前,对人物的身世、外貌、人际关系等进行的简单介绍,以便听众对人物有一个大体的印象,为人物以后的行为有个铺垫。在播这类叙述语言时,应注意要将人物及称呼特别强调出来,加深听者的印象。

比如,微型小说《时装模特》中开头一段的叙述就是对人物的概貌介绍:

柳茵茵是滨海医院最漂亮、也最爱打扮的姑娘。她每月那几十块钱工资,几乎全花在衣着上了,同宿舍的周云看不惯,常叫她"时装模特",她不但不恼,反而还挺得意。

像这样的叙述就应把"柳茵茵"和"时装模特"的称呼强调出来,以醒人耳目,尤其是"时装模特"的称呼,因为他与主题有着密不可分的联系。又如《西线轶事》中对刘毛妹的介绍:

在户口本上,刘毛妹登记的并不是这样一个十足女性的名字。因为生得白净头发卷卷的,又是那么文静,活活像个小姑娘,院里的人都喜欢喊她"毛妹",喊来喊去成了正式的名字了。

同样道理在这里也要将"刘毛妹"这个名字的来龙去脉介绍清楚,以解开人们对此的疑虑。

这种人物的概貌介绍,有时不仅是叙述,中间还会穿插一些人物语言或对话。这时,演播者在演播时,也应以叙述的基本语气为主去表现人物语言,可用取其神似的转述语气来处理。因为此时,听众的注意力主要集中在对人物的身世、外貌、经历等诸方面的介绍上。如若演播者刻意去追求人物语言的生动、形象,便会很大程度地跳出叙述语言的基本语气,有损叙述的连贯、完整,干扰听众对人物总体印象的形成。但也不能让人物语言与叙述语言毫无区别。

塑造人物形象的叙述语言的另一部分,是直接表现人物行为的。比如,人物在做什么,怎么做的,人物是以怎样的心情和态度在说话,人物与对手的交流中双方的心境、关系,情况如何,以及对人物行为意义的认识与评价等。在播这类叙述语言时,应注意三点,即清楚、渲染与点指。叙述人物行为的语言又可分为二种情况:第一种,是人物对话前的叙述。在此,一定要向听众介绍清楚,此时,人物的关系如何,为什么要有下面的对话,以及又为什么是这样一种情态分寸等。

比如,《西线轶事》中,陶珂与刘毛妹在部队里见面前的叙述,就讲明了二人关系的来龙去脉,也为下面即将开始的对话提供了表达的情态与分寸把握的尺度。

陶珂同幼年的朋友一直没有联系,入伍到了新兵团,意外地遇到了刘毛妹。第一次见面,部队在集合,只匆匆握了个手。小时候他们多少次脊背贴着脊背比过个儿,始终不差上下。现在毛妹一下窜到了一米八二。小陶觉得,刘毛妹除了变得人高马大以外,其余什么也没有变。和他握手,涨红了脸,还像个怯生生的女孩子。随后,又有几次见面,小陶才感觉到,同她一起长大的这个年轻人变得完全陌生了。那一对眼睛,朦朦胧胧的,失去了原有的明澈光亮。当孩子的时候,衣服总是整整齐齐的,现在倒很不讲军风纪:常常是解开两个钮扣,用军帽扇着风。抽的是五角以上一包的烟,一连串地吐着烟圈儿。无论说起什么事情,他都是那样冷漠,言语间带出一种半真半假的讥讽嘲弄的味道。不像小时候,对任何事情都有着强烈的兴趣,有着十足的热情。

这段叙述点明了刘毛妹的变化与现状,为他与陶珂对话时的情状作了很好的铺垫。我们在播这段叙述时,就应播得很清楚,既有层次、对比,也有情感、态度,这些都应从叙述的语言中自然带出。

第二种,是人物对话中的叙述。他主要是揭示、渲染人物对话时的情状、心态和动作等,以烘托人物对话时的气氛。播这类叙述时,应将双方人物对话中的反应、运思及动作做些渲染,给人较鲜明的感觉。

比如《青春之歌》中,卢嘉川启发林道静的那一长段对话中,就穿插了不少揭示、渲染二人交流的情态、反应及动作的叙述语,这种语言一般不会太长,但却大量存在,并很零散地分布在人物语言中。这就要求演播者既要表现好人物语言,塑造好人物形象,也要让这种叙述语同人物语言有机融合,帮助塑造好人物形象。例如:

①<u>卢嘉川坐在椅子上,用手轻轻地拍着桌子,好像在替道静激烈的语言打着拍子。他摇着头,刚刚可以觉察到的调皮的微笑又浮现在他活泼的脸色中。</u>

"小林,咱们先讨论个问题——你该把饭锅搅一搅,不然要糊了。你过去和家庭斗争,不满黑暗的社会,现在又想很快去革命,上战场,究竟都是为了什么?"

②<u>道静突然被窘住了。她咬着嘴唇沉思着,忘了搅锅,大米饭真的有了糊味。卢嘉川站起身来把锅端到火炉的一边烤着,她还在沉思中,一点也不知道。半晌,她才迷惘地看着卢嘉川说:</u>"我,我没很好地考虑过这个。……但是我相信,我不是为自己。——我讨厌那种自私自利的人。"

"但是你这些想法和做法,恐怕还是为了你个人吧?"

③<u>道静蓦地站起身来:</u>"你说我是个人主义者?"

"不,不是这个意思。"

④<u>卢嘉川的神气变得很严峻,他的眼睛炯炯地盯着道静。</u>"我问你,你过去东奔西跑,看不上这,瞧不起那,痛苦地沉闷,是为了谁?为劳苦大众呢,还是为你自己?现在你又要去当红军,参加共产党做英雄,……你想想,你的动机是为了拯

救人民于水火呢？还是为满足你的幻想——英雄似的幻想，为逃避你现在平凡的生活？"

⑤道静愣住了。过了一会儿，她又忍不住笑了。卢嘉川的话多么犀利地道破了她心中的秘密啊！她不由得害羞起来，歪着脑袋半天才说："卢兄，你说得很好，过去我只想当个好人——不欺侮人，也不受人欺侮。也许这就叫做独善其身吧？确实，我很少想到旁人。但是我有一点不明白：我常常省下自己的零用钱，给洋车夫，给乞丐，我喜欢帮助穷人，你能说这也是为个人？……"

在这段引文中，表现了林道静与卢嘉川的思想交流，以及卢嘉川这位成熟的革命者是如何对症下药，深入浅出地启发、引导林道静真正认识革命，认识自己的。

这段引文中的第一处叙述揭示了卢嘉川听到林道静要上前线，投身革命的激烈言辞时的沉着、无奈，也表现出他的成熟。在播这段叙述时，应抓住镇定、轻松的气氛，不必太兴师动众，过于沉重，好为下面对症下药的谈话和轻松自然的气氛做个铺垫。某种程度上，更应突出其轻松、自然的情状，以表现其做思想工作的得心应手；引文中的第二处叙述，揭示出林道静对卢嘉川的话的思考与迷惑。播这段叙述时，就应渲染林道静的思考情状与不解心情，有机地引出下面人物语言的不解情态；引文中的第三处叙述，虽然仅是一句话，但他对揭示人物此时的心态至关重要。因此，我们在播这句叙述时，要尽力渲染其人物的动作以披露其内心得到的刺激与震动感；引文中的第四处叙述，表现了卢嘉川看到林道静极为不解和不满的举动后，他的反应。应播得严肃、郑重，以恰切地引出下面一节重要的启发之语；引文中的第五处叙述，则道出了林道静听了卢嘉川的启发后的思维及转变过程。叙述时要有层次，态度也应由冷变热，揭示出林道静内心的运思过程与初步转变。

通过以上较为详尽的分析,我们是否可以得到这样的结论:人物之间对话中的叙述,对于揭示人物接收——判断——反应对方语言的心理过程及与之相关的情状、动作和说话方式起到重要作用。他可以使人物形态,表情内心等更鲜明、生动。从某种程度上讲,这类叙述语言直接帮助塑造人物形象。所以,我们在播这类叙述语言时,一定不能忽视,要抓住其应有的色彩感觉予以表现。不仅应表现谁在说或谁在做什么,更重要的是应显示出谁怎么说,怎么做和为什么做。

第三类,是交待情节的。好的小说,每每有吸引人听下去的故事情节,小说也总具有情节的开始、发展、高潮,结束这样一条或明或暗的情节脉络线,有头有尾,连贯自然,又波澜起伏。小说中的叙述,有不少是交待情节发展、变化的。这就要求演播者先要弄清此段叙述在作品中是起什么作用的,是起、承,还是转、合。找准其与上下文或人物语言的衔接点和情感、态度的分寸与变化,点指清楚,转换有机、自然,承接顺畅。根据作品的不同写法和情节的需要,选用恰切的手段、技巧予以表达。

比如,微型小说《傻黄》:

傻黄

又是买柠檬黄色喇叭裙的!"趋时"时装店的店主阿德暗暗叫苦:柠檬黄色喇叭裙已被姑娘们抢购得脱了销,该怎么打发面前这二位呢?告诉她们卖完了?笑话!上了门的生意岂能放过去!

阿德挠了挠头,忽然心生一计,将一条橄榄绿色喇叭裙捧了出来,他一边以行家才能有的动作将裙子展开,一边说:"小姐们怕不知道吧,那柠檬黄已经不吃香啦,没听见满街上都

'傻黄'、'傻黄'的叫着吗?"

"有这样的事?"

"这是真的?"

两位姑娘顿时傻了眼,她们紧张地小声商量了一阵,其中一位便问:"那,现在该穿什么颜色好呢?"

"橄榄绿!"阿德坚决地说,"这是眼下最时髦的世界流行色。今年是国际和平年,而橄榄绿象征着和平。记得宣传画上的和平鸽吧?和平鸽嘴里总是衔着一根橄榄枝的……"阿德鼓起如簧之舌,把手中那条"橄榄绿"吹了个天花乱坠。

姑娘们动了心,一人买了一条橄榄绿色的喇叭裙,心里极大满足地离开了"趋时"时装店。

阿德心中好不得意,"嘿嘿,傻黄!"他自己也感到即兴想出来的这个新名词儿怪可笑的,竟至笑出了声。第二天,阿德跑了一天,忍痛多掏了一成价钱,才倒进来二百条柠檬黄色喇叭裙。可说也来怪,接连两天,来买的人却寥寥无几。阿德心中好生诧异,姑娘们是怎么的了?难道黄色真"傻"得不吃香啦?阿德越想越沉不住气,索性踱出店门到街上去看看行情。

只见满街尽是橄榄绿——橄榄绿色的喇叭裙,橄榄绿色的旗袍裙,橄榄绿色的筒裙……简直是一片"橄榄绿"的海洋。偶有一两位姑娘身穿"柠檬黄"走过来,就会有穿着"橄榄绿"的姑娘指点道:"瞧哎——傻黄,她怎么还穿傻黄呢,真是冒傻气儿!"

"我的老天哪,傻黄!'阿德一拍脑门子差点儿晕过去。①

《傻黄》的开头一段叙述,就以"悬念导入"方式提出了情节的发端。提出了柠檬黄色喇叭裙脱销,而精明的店主"阿

---

① 北京人民广播电台文学节目播出。

德"又不甘心放走到手的买卖的矛盾，他是情节发展的导火索。叙述时，应带出一种悬念感，以吸引听众的注意力。不应平铺直叙地说。当精明的阿德心生一计，将自己店里有的"橄榄绿"色喇叭裙吹得天花乱坠，又将黄色喇叭裙贬为过时的"傻黄"之后，做成了这桩买卖。

在这个场面之后，又是由叙述语言交待了情节的发展与变化。接下来一段的叙述又承上启下推进情节，交待了故事情节的发展。但与此同时，又提出了新的悬念。在叙述时，应抓住前后两种不同的情绪、色彩，进行点指、渲染，前边是自鸣得意，后边则主要是心生疑虑，中间的转换要明显，用停歇和语气两种手段来共同发挥作用。其实，这段叙述共分三个小层次：1、自鸣得意；2、进货；3、心生疑虑。我们在叙述时，既要有相应的小层次感，也要过渡有机，转换鲜明，语言生动有推进感，这样才能给人以情节发展的过程和情节推进感。

情节的结束是在最后两段的叙述中完成的。"'我的老天哪，傻黄！'阿德一拍脑门子差点儿晕过去。"这段结尾的叙述解开了听众的疑点，并感觉到作者运思的巧妙及"聪明反被聪明误"的题旨。为了实现作者的创作初衷，更好地揭示主题、完成情节，我们在叙述这段内容时，要结合此小说的讽刺、幽默风格。在表达上，语气讽刺的意味要充分，稍有夸张。重音强调尽量渲染，给人留下鲜明的印象，以得到更强烈的启示，增强小说的抨击力。播交待情节发展变化的这类叙述语言，特别要注意节奏的运用，利用虚实、强弱、高低、快慢、明暗等对比变化来加强情节的发展、转折与变化，以免播得平板。而这种种变化是随小说情节的发展、变化、产生不同的表现形式。在叙述语言中，快慢变化是最常用的，但也要调整适度。慢，不能散、拖，要有重点。快，也不能无限制，要使人听得清楚，听得舒服，感觉适当。此外，还应特别注意转折时衔接部分的处理。衔接的方式，可以是低收高起,也可以是强收弱接,暗收明接,还可能是快收慢起或平收突起等各种不同的方式。让听众感觉出变化,原则是,在符合内容与情感的前提下。

在小说中,有不少是表现时空转换的叙述。有时是从现在进入回忆或从回忆回到现实中来。这时,演播者就要特别注意虚实结合与转换。就一般情况而言,回忆部分应当播得虚一些,因为他是一种回忆,是过去的事情,应给人一种遥距感,回忆转换的间隔可以长一点,根据回忆内容的不同情感、氛围,有的用声可以虚一点,暗一点。比如:"那是一九三〇年白色恐怖,阴云密布的日子……"在叙述这段回忆时,在"那是"的前边,上文完了处,可有较长时间的停歇,待"那是"用较虚的声音说出之后,还可将"是"的尾音拖长些,以把听众慢慢带入到那特定的年代中去,也显出回忆的性质。转回到现实中来,也要有间隔,要让听众回到另一种规定情境中来,可改用较实的用声去播现实的内容,以示区别。当然,如若现实的内容与情感色彩是暗的、沉的,而回忆中的内容与情感色彩是轻快、明朗的,可采用慢的、暗的语言表现现实,而用快的、明的语言表现回忆,但在二者的转换处,也必须要有较长的停歇,以示不同时空的转换。总之,欲表现现实与回忆的不同时空感,有一个基本原则必须遵循,即二者时空间转换处必须有较长时间的停歇,在用声上必须有对比变化。

叙述语言的感觉,也应遵循一条基本原则。即播叙述语言的感觉,不应是"客观的旁观者",(除个别创作需要而外),而应为"热情的知情人"、讲述者,也应是一个有具体身份和心灵的人物。叙述语言的用声,应用演播者的中声部,即最舒服的自如声区中部,语言应自然、有情、流畅、平稳。(与人物语言相对而言)。除此之外,叙述语言应当区分不同风格、内容的作品,应有其相应的基本语气。

要播好叙述语言,还有一项工作不容忽视,即为了使语言上口,又听得清楚,在不伤原意的前提下,可对说明性提示语做些修改。可以增减、换位处理。比如,为了播得顺畅、上口,可将"谁谁说"之类的提示说明语,提到人物语言之前来说。例如,长篇小说《家》中,瑞珏关心梅表姐的一段话:"'你在吃药吗?我看这种病应该早些医治,要医断根才好。'瑞珏十分关心地说。"我们为了播得顺畅,上口就可将"瑞珏十分关心地说"的说明语提到她的话前面。又如,"梅接连地咳了几声嗽。"像这样的话也可改为"梅接连地咳嗽了几声。"这样,可以使听众听得更清楚,也通俗、易懂。再如,《青春之歌》中"卢嘉川说着笑了,林道静也跟着笑了。她的情绪随着他的话像小船随着波浪一样忽高忽低。"这段话中,有两个他,一是指林道静,二是指卢嘉川,如看小说可知第一个是女的,她指林道静,而第二个是男的,他指卢嘉川,可演播时听众不容易明白,播者也不易说明白。因而,我们可以将第一个她,改为林道静,将第二个他改为卢嘉川。总之,在演播小说时,对其中的个别地方为了适合听觉习惯做些小的修改是完全必要和允许的。他也是演播成功的方面之一。

四、表现人物语言

小说要反映社会生活,就不能不描写人物和其所处的环境,人物在小说中往往占有重要地位。他是作品描写的重要对象,又是主题的主要体现者。小说中的人物,不同于散文或其他记叙文中的人物,他要求有鲜明、集中的性格特征和个性色彩,他要求每个人物都有自己的独特风貌。人物语言是显示人物性格特征的重要窗口。所以,要演播好小说,必须演播好人物语言。

(一)从作品出发,确立人物基调

寻找,确立人物基调,在处理人物语言上是第一步,也是最重要的一步。要区别不同人物,就要善于捕捉人物全貌的"主旋律"即人物基调。不同的人物有不同的性格、经历、形象与内质,自然具有不同的人物基调。寻找人物基调,首先应立足于作品,从"直接"与"间接"两个途径中着眼。"直接"是指作品中直接描写的人物特征,他包括人物的外貌与内质,客观经历与主观心理过程等方面。"间接"是指作品中通过他人之口所传达出的与该人物有关的一切信息。其次,要以现实生活与以往经验做参照物相对应,以活画出一个个具体,可信的人物。有了以上的准备过程,我们就可以大致抓住每个人物的基调、特征,为表现他们而打下很好的基础。

比如,微型小说《观后感》:

观 后 感

晚上,我刚刚翻开《医用英语》,华宁迈着潇洒的步子来了。他是歌舞团的舞蹈演员。我们相知,相好,不知不觉已有半年多了。

原来又是约我去看电影,可他最近选择的影片,不是什么什么"案",就是怎么怎么"恋",越来越不合我的口味,我真有点懒得去了。

"今天的片子,你肯定有兴趣,观后感一定不坏。那是音乐片,展现了奥地利一位大作曲家的一生。影片编导把他的生平和作品揉在一块了。对他的曲子不感兴趣……那是缺乏文化修养的表现。"

终于拗不过他,我和他一起来到电影院。

开演了。华宁看了不一会儿便满口称赞影片的编、导、演都不同凡响,对出自那位大作曲家本人手笔的音乐,华宁更是推崇备至。他挺内行地说:"这样的音乐才真正能够给人以美的享受,才能叫人陶醉在里面。"呵,他已经给陶醉了。

"啧啧,老是没完没了的音乐,真没劲。"前排的一位观众不耐烦地咕哝了一声。近旁的一男一女大概也有同感,他俩小声嘀咕了一阵之后,干脆起身退场了。

华宁斜视了这几个未被打动的观众一眼:颇有些愤世嫉俗地说:"哼,这号人根本不配看真正高雅的片子,他们呀,压根儿就没有艺术细胞!"

我起初并不喜欢这部影片,但很快就被大作曲家的才华彻底征服,沉浸在他为我们创造的无比美妙的境界中。身边的华宁也没有再作声,噢,这不奇怪,他不是早就陶醉了么?

影片放映完了,场灯亮了,我缓缓站起身,耳畔仿佛还有余音在缭绕。

我迫切地想向华宁发表点儿观后感,却发现他没有和我一起站起来,我转眼一看,天呐!华宁歪着漂亮的头,紧闭着那双富有魅力的眼睛,靠在皮椅背上睡得正香呢!①

在这篇微型小说中,华宁这个人物,小说中说他步子潇洒,又是舞蹈演员,他有着漂亮的头和富有魅力的眼睛。这些是对他外形的描写,也为我们把握这个人物提供了一些线索。小说中又引了他的三段话:"今天的片子,你肯定有兴趣,观后感一定不坏。那是音乐片,展现了奥地利一位大作曲家的一生。影片编导把他的生平和作品揉在一块儿了。对他的曲子不感兴趣……那是缺乏文化修养的表现。""这样的音乐才真正能够给人以美的享受,才能叫人陶醉在里面。""哼,这号人根本不配看真正高雅的片子,他们呀,压根儿就没有艺术细胞!"这三段人物语言似乎透出了他懂艺术,并热衷于艺术。但小说的结尾却说:"当电影结束

---

① 北京人民广播电台文学节目播出。

时,只见他靠在皮椅上睡得正香呢!"这是作者的点睛之笔,他点出了华宁这个人物貌似高雅、懂艺术,实则却内心浅薄。这样一来,小说用不多的笔墨就为我们勾勒出了一个外表潇洒、漂亮而内心却肤浅、虚荣又冒充高雅这样一个表里不一的人物形象。所以,在这篇小说中,华宁这个人物的基调应当是华而不实、轻飘、外露的。了解了具体人物,把握了人物基调,就为外化其语言形象打下了良好的基础,有了表达、表现的尺度。

在寻找、把握人物形象和基调方面,著名小说演播者赵琮婕的体会能给予我们很强的启示。她说:"既然小说主要是写人,演播者也要着力于人物的塑造。小说原作为播讲者提供了人物,详尽地描绘了人物。但是只有当播讲人自己清楚地看见这个人物,吃透了这个人物,听众才能够从演播者的声音表现当中,栩栩如生地瞅见这个人物。

《四世同堂》写的是北京一个小胡同里的居民。这部小说,由天津电台的关山同志和我合着播讲的。所以,我就侧重琢磨书里的女性。这里写了安分守己的主妇,写了女汉奸、女光棍,有爱国的女艺人,还有自甘堕落的小姐,有贫苦的老寡妇,有热心的邻里大妈。

在播讲《四世同堂》的时候,我有很长一段时间没有找到"胖菊子"的形象。小说是这么描写她的:'啤酒桶','一块肉','满眼都糊满了脂肪'。糊满了脂肪……黏、黏、黏糊糊的声音能够模仿,但是没有把握到人物,语言仅仅停留在舌头的肌肉上面,那不是活的,那是虚假做状,不能够感染听众。我就想啊,想啊……终于,我想起来了两个人:一位是我小时候住家的邻居大妈,这位大妈胖得连手指头都是滚圆,滚圆,油汪汪的。她总是半躺在椅子里不动弹,那肉啊,把眼睛都挤细了,嘴巴也都被压扁了。我们从未听过她大声说话,没见她睁大眼睛瞅过人。后来,她就那样没声没息地死了。另一位,是一位胖大嫂:横草不拿,竖草不动，是丈夫的心肝儿、宝贝儿。天刚亮，她就哼哼着对丈夫发号施令：'捅炉子啊''把袜子拿来啊''买豆汁去呀！'等到丈夫把事情都做完了，她还没爬起来呢，哼哼卿卿地：'你倒是把我给扶起来呀。'这两位眼前一站，我心里有了。

《芙蓉镇》里的李国香是个大难点，这个人物如何塑造呢？又怎么体现呢？她人是臭的，模样儿还不算不俊。作者形容她'黑白分明的眼睛，两个逗人的浅酒窝，说起话来和悦、清晰'。作者的描写，决定了不能在声音上丑化她，刻画这个人物在于掌握她的内心。我想起动乱的年代，那形形色色丑的、污秽的、愚蠢的、道德低下的、卑微的……见过，我都见过。这些人当中，有的是道貌岸然的，有的相貌还挺好看，有的声音相当好听。但是，他们的思想，他们的灵魂呢……渐渐地，李国香这个人物对我来说变得具体了。"

从以上赵琮婕同志的演播体会中，我们是否看到了具体化、活化小说中人物的过程与内涵，即每个人物在演播者心中成形，都要经过由作品文字提供，结合现实社会生活与以往的记忆储存，再加进自己的感受与经验积累糅合而成。人物成形，必有其主旋律，这就是人物基调。

小说中人物的基调，在短篇小说或微型小说中，一般变化不大，而在中、长篇小说中，却多有不同程度的变化。这是因为，小说篇幅长情节必复杂，表现人物必完整。因此，人物的成长与变化必然带来人物基调上不同程度地改变，我们的演播也应随之有变化。文艺作品中的基调形成情况比较复杂。对于人物的表现则更复杂些。

比如，长篇小说《青春之歌》中的女主人公林道静，她的人物基调，就不是始终如一的。从作品内容出发，在她没有走上革命道路之前，是单纯、柔弱地。待她走上革命道路之后，则逐渐变为成熟、坚定地了。外国小说《牛虻》中的男主人公

"牛虻"的人物基调情况也是如此。

又如,中篇小说《西线轶事》中刘毛妹的人物基调给人感觉是灰暗、懒散地。但他的遗书却不能这样表现,他体现了人物深沉的内心世界与骤然地成熟。战争教育了人,也铸造了一代人,他激活了动荡年代坎坷前行的一代人的正直与奋进感。事实证明,在演播人物、情节复杂的作品中,抓不住人物基调不行,而没有随人物的不同阶段和作品的情节发展、变化而产生的基调变化,也是不可取的。因为,只有基调的主旋律而无其相应地变奏,则难以丰富、准确、完整地表现出一个真实的人。唯有全面、具体地把握了人物基调,方知什么样的人在何种阶段、环境、人际关系中会怎样说具体的一句话。如刘毛妹入伍后与陶珂的一段对话及他的遗书。

总之,从作品内容出发,熟悉人物全貌,又有自己的真切感受和人物形象的具体,便可抓准人物的主旋律及基调的变化。

(二)设计造型,外化语言形象

著名演播者张筠英曾说:"演播小说中的人物语言应当做到两个统一:即语言内在实质与外在体现方式上的统一;视觉形象与听觉形象的统一。在这两个统一中,语言内在实质与视觉形象为基础,必须从语言内在实质出发去寻找外在的体现方式,必须从视觉形象出发去寻找听觉形象。因此,我们对人物基调确立之后,就要进行人物的语言造型,将其转变为一定的听觉形象。"这话说得很精当,他点出了寻找、外化人物语言的途径与关系。

在小说演播中,人物的基调各不相同,人物的性别、年龄、语言习惯等也不尽相同。在此,要做两方面工作来落实:一是,根据人物的不同基调和不同条件来设计其语言声音造型。二是,用不同的吐字发声手段来区分不同人物的语言声音造型并表现出来。

首先，人物的语言声音造型是以生活当中的典型原则为基础的。一般来讲，年轻人的声音较高，并且清亮，咬字较紧。而老年人声音较低，并且沙哑，气散，咬字较松。（当然，生活中也有二者相反的情况，只听声音不易分辨出究竟是年轻人还是老人。）通常，性格粗犷的男性，发声易靠后，气足，出字较硬；性格温柔的女性，声音气息较柔，咬字较软等。不同的语言声音造型手段主要有以下几个方面。

1. 共鸣腔的运用不同：有高、中、低之分。主要有鼻腔共鸣，咽腔共鸣，口腔共鸣和胸腔共鸣。

2. 咬字方法不同：有前咬，后咬，松咬，紧咬，竖咬，横咬等，使得字形有长形，圆形，扁形等等不同形状和饱满与否之分。

3. 气息运用不同：有提气、松气、托气、撒气、颤气以及气息的强弱，深浅长短等不同气势和气状。

4. 语调不同：有直线形，弯曲形等。

5. 运用特殊造型手段：有加鼻音色彩的，有用气泡音的，有上牙或下牙前突说话的，有裹唇，咬舌，结巴说话的，有撑后声腔说话的等等。

以上这些发声、咬字、用气等不同方法与多种组合，再加上不同的语气就可以表现不同人物的语言基调和语言习惯，成为相应的语言造型，托出完整的听觉形象。

比如，《奶奶的爱情》这篇微型小说中，奶奶的语言声音造型，应当以胸腔共鸣为主，字咬得较松，松气说话，还可加上点气泡音来帮助体现老年人说话的特点。而孙女的语言声音造型，则用口鼻咽腔发声为主，咬字较靠前，字咬的小巧，声音甜润，让人一听就知道，这是一个年轻、漂亮的姑娘在说话。

又如，在《青春之歌》中，卢嘉川和余永泽同是年龄相仿的男青年，区分他们就主要应从人物的气质和语调来把握。卢嘉川热情、坦荡、正直、沉稳；余永泽自私、狭隘、夫子气足。他们的精神气质相差甚远。因此，卢嘉川的语言应是音色淳正，语调直形，透出人物的坦率大度和成熟。而余永泽说话语调应多弯曲，还有些拖腔，略带点鼻音色彩，以表现他的为人与夫子气。

一般短篇小说和微型小说中，（长篇小说节选也在内）人物较少，我们设计人物语言声音造型较为容易。如演播篇幅较长、人物较多的作品时，就应先将作品中的人物按年龄、性别、人物色彩等各种条件分门别类进行统筹设计，有的可以用声区不同来区分；有的可以用咬字不同来区别；有的可以用语调，语速不同来区分；还有的可以加上特殊语言造型手段来区别，或是用几种方法、手段的不同搭配组合来实现区别不同人物的目的。

小说中的叙述语言，一般即使是第一人称的叙述语言也不用语言声音造型，要用演播者自己的自如声区中部和正常的吐字发声状态来演播。如果作品中的某一人物的语言声音造型与叙述语言所需声音条件相同时，那就应注意在身份、感觉上加以区分和把握，或在二者的衔接处，选用虚实、快慢、高低等不同手段方式过渡一下。总之，设计、体现人物语言，不能只注意其外在条件和语言形式，而应把主要精力放在体现人物内在精神实质上。

（三）处理好人物的对白与独白

小说中的人物语言，分为对白与独白。在小说演播中，对白是最难处理好的。原因有两个：其一，他需要演播者一个人站在不同位置上，表现两个或几个不同人物的性格化语言的直接交流，这就需要演播者在演播时快速转换。其二，演播小说中的人物对白时，不仅要转换双方的语言声音造型和基调，更要兼顾人物关系、语言目的、情感状态、形体动作等不同感觉。从内到外，进行全方位的快速转换，才能胜任人物对白的演播。

从理论上讲，应当抓住身份感内部技术，同时，还应具备表演功力。

比如，《青春之歌》中，"启发"这一片段，表现的是林道静怎样在卢嘉川的启发、诱导下逐渐认识到了自己的问题，对革命有了进一步认识。因此，在表现林道静与卢嘉川的这番对话中，就不仅要快速地由林道静的语言感觉与造型转变为卢嘉川的语言感觉与造型，在人物基调上加以调整，还应紧紧抓住两个人的不同心理发展、变化线，理出各自的语言动作，即语言目的。在这一片断中，卢嘉川的心理过程是：发现——启发。即发觉林道静对革命的模糊认识和小资产阶级情调，从而，一步一步引导她正视自己，真正认识革命。林道静在这一片断中的心理发展变化线索是：不解——顿悟。即对卢嘉川的尖锐批评不解，感到委屈，后经对方有理有据的剖析、启发、诱导，明白了自己的问题所在。我们在体现双方这番思想、语言交流过程时，要清楚他们各自不同阶段的心理感觉和外化方式。在语言的处理上，要有接收——思索——反应的心理过程和语言形式，对每句话，都要准确、细腻、有感地体现出来。使人既能听出是谁在说话，也能听清他为什么说和怎样说的。

仍以，《青春之歌》中，卢嘉川启发林道静的那个片断为例：

①"小林，咱们先讨论个问题——你该把饭锅搅一搅，不然要糊了。你过去和家庭斗争，不满黑暗的社会，现在又想很快去革命、上战场，究竟都是为了什么呢？"②道静突然被窘住了。她咬着嘴唇沉思着，忘了搅锅，大米饭真的有了糊味。卢嘉川站起身把锅端到火炉的一边烤着，她还沉在思索中，一点不知道。半晌她才迷惘地看着卢嘉川说：③"我，我没很好地考虑过这个。④……但是我相信我不是为自己。⑤——我讨厌那种自私自利的人。"⑥"但是你这些想法和作法，恐怕还是为了你个人

吧?"⑦道静蓦地站起身来,⑧"你说我是个人主义者?""⑨不,不是这个意思。"⑩卢嘉川的神气变得很严峻,他的眼睛炯炯地盯着道静。⑪"我问你,你过去东奔西跑,看不上这,瞧不起那,痛苦沉闷,是为了谁?为劳苦大众呢,还是你自己?现在你又要去当红军,参加共产党做英雄,……你想想,你的动机是为了拯救人民于水火呢?还是为满足你的幻想——英雄似的幻想,为逃避你现在平凡的生活?"⑫道静愣住了,过了一会儿,她又忍不住笑了,卢嘉川的话多么犀利地道破了她心中的秘密啊!她不由得害羞起来,歪着脑袋半天才说:⑬"卢兄:你说得很好。过去我只想当个好人——不欺侮人,也不受人欺侮。也许这就叫做独善其身吧?确实,我很少想到旁人。但是,我有一点还明白:"我常常省下自己的零用钱,给洋车夫,给乞丐,我喜欢帮助穷人,你能说,这也是为个人?……"

在演播这个片断中,要有三个不同人物的身份感不断转换:即叙述人、卢嘉川与林道静。①开始时,是卢嘉川的人物感觉。他听了刚才林道静那一番冲动而幼稚的话后,已经意识到了非得好好与这个单纯的女孩子谈谈不可,但他不是用直接批评的方式,而是用正面启发的方式来谈的。因此他的话态度温和;②下面的叙述语言,就要从卢嘉川的人物基调和语言声音造型及心态上转为讲述者、知情人的身份感说出;③而紧接着林道静的话,又要求我们迅速转为她的身份感觉、心态与她的语言声音造型,用沉缓地语速、迟疑地态度说出第一句话,以表现她的难于出口,毫无准备的情状;④第二句,语速慢,思索着说,以表现她的不解之感;⑤第三句,则表现她的为人坦诚,需用稍快的语速,鄙视地态度说出;⑥此话出口后,我们又必须马上从语言声音造型和心态上,转变为卢嘉川的,而且是他听了林道静那不解的话后的反应。下面一句卢嘉川的话,虽然态度仍温和,但有较尖锐的点指感;⑦后面的一句叙述语,是林道静听了这话后的反应说明,又要求我们快速由卢嘉川的感觉变为叙述人的感觉,适当说出后;⑧再转为林道静的人物感觉,用激动不满的态度、情绪快速、有力度地说出;⑨然后,再次转为卢嘉川的人物感觉;⑩中间插有叙述语言时,又要迅速转换;⑪这段卢嘉川的话,要用真诚、启发的语气耐心地讲出;⑫这段话后,不要紧接下面的叙述语,以表现林道静接收、思索对方语言内容的过程,而我们却又要马上转换回自己讲述人的身份位置,慢开口,缓说出,以适应其内容和人物交流的需要;⑬所以,紧接着的林道静的话,前半部也要缓出口,但是语调甜美柔和,以体现出她顿悟、不好意思和心服口服的内心感觉。后半部,要用真挚的态度提出自己的最后一点不解。这之后,卢嘉川针对林道静的问题进一步启发、诱导,最终使林道静彻底领悟了其中的道理。打个通俗比喻:小说演播有些像一个人说单口相声,自讲,自演,自问,自答。靠的是内外部技术的结合与娴熟。小说演播创作中,不但要将故事情节讲清楚,还要表现不同人物的心理过程与交流方式。因此,人称心理转换要快。这就要加强自我心理刺激和形象感。

从以上这个片断的演播分析中,我们是否领悟到小说演播中人物对白的难度、复杂性与技术性?实践证明,唯有对作品理解、感受准确、具体和演播技巧娴熟,才能胜任人物对白的演播。

要想演播好小说中的人物语言,需要兼顾几个条件:

1. 人物关系

在表达交流中,什么人对什么人讲话,根据其身份、地位及其关系的不同,讲话的态度分寸必然不同。比如,林道静与卢嘉川和余永泽的人物关系不同,情感色彩也不相同,因而,她对他们说话的态度、分寸也不会相同。

2. 语言环境

语言环境，指说话的自然环境与社会环境而言，包括具体时间、地点环境、氛围等，应有不同的语言分寸与体现方式。比如，林道静向卢嘉川请求让她上前线的一段话，在解放区与在白区（敌占区）的社会环境不同，讲这番话的感觉、分寸就不相同。这段话是林道静在白区自己家中讲的。所以，她再激动也不可能太大声说，以免危险。另外，同一段话，在室内讲与野外讲，用声幅度与感觉也不相同。前者可收一点，后者可放开些。

3. 不同情状

不同情状，指作品中人物说话时所有的不同情感色彩、心境神态及形体状态。比如，同一段话高兴地说就与生气地说不同；平静地说就与激动地说不同；走着、跑着说就与站着、坐着、静止地说不同。语言的气息、声音和节奏都不相同。

4. 不同时代、地域

小说所表现的内容有古今中外不同时代和地域。因而，演播其中的人物语言也要有所不同，才能让人感到是那个时代和地域的人在说话，给人以真实、生动感。比如，演播《家》中梅表姐的话，就要兼顾那个时代的人物风貌、特征。语言不宜太快，表达感情不宜外露，应慢而柔；而演播《时装模特》中现代女性周云的话时，便与其不同，依其性格可快言快语，明朗、外露，因为她是80年代的女青年，二者时代氛围不同；演播外国小说与中国小说中的人物语言感觉也不相同，所以，才有某人不擅长演播外国小说一讲。关键在于二者味道不同。

独白，是小说演播中，人物语言的另一种表现形式。他表现人物的内心活动或书信内容。比如《青春之歌》中卢嘉川对林道静提出要上前线的想法之后的内心活动："这个女孩子把革命想得多么简单容易呀！"以及《西线轶事》中刘毛妹烈士的遗书等，这些都是小说中人物的内心独白。在处理上，他区别于纯粹的叙述语言的语气,应处理为人物的感觉,带有人物的语言基调特征。在表现人物独白时,一般用声可虚些,语言可慢些。此外,人物独白也应注意规定情境,让人听出是在什么环境和情境中的内心活动。

第三节 小说演播应注意的问题

一、区分、把握作品与人物基调

在小说演播中,往往会出现这样一个问题,即演播者将不是用第一人称创作的小说演播成作品中某一人物的基调。这是不妥的。比如,某位女演播者在演播世界名著《复活》时,将演播基调处理成书中女主人公玛丝洛娃的了,就不妥当,听起来很别扭,也不对。或是某位男演播者将其演播基调处理成书中男主人公聂赫留朵夫的了,那也不行。原因在于,演播者是全书整个作品的驾驭者与表现者,他既要叙述情节又要表现人物。若将演播基调混同于人物基调,便缩小了其表现范围,无法驾驭全书的表达。同时,也反映出演播者的文学修养欠缺,演播理论不清的问题。况且,作品基调与人物基调根本是两个概念。

因此,我们在演播小说时,千万要注意分清作品基调与人物基调,不可以后者取代前者。(用第一人称创作的小说除外)

二、忌叙述语言与人物语言脱节

有的小说演播者为了让人听出叙述语言与人物语言的区别,在演播过程中,一到播叙述语言就用中速,较客观,平淡的方式来处理。而一到播人物语言就处理得活灵活现,情浓意切。

这就使得叙述语言与人物语言截然分开了，显得不有机、生硬，无法完美演播好一部（篇）小说。虽然叙述语言与人物语言是应有所区别的，但也不是叙述语言就冷、淡、平，人物语言才热、活、变。其实，叙述语言本身也应随所叙述的内容而有所变化，也有快慢、高低、刚柔、明暗等不同节奏与情感色彩的变化。难道叙述到小说《家》中，那美丽、善良的丫环鸣凤，为了反抗恶势力保住自己的清白将要投湖的痛苦凄凉的心情时，演播者能不为之动容吗？难道叙述到《青春之歌》林道静领悟到了卢嘉川的真诚帮助时，演播者不由衷地高兴吗？所以，小说演播中的叙述语言不应与人物语言生硬划开，而应有机交融，保持其自身的相应变化。

三、人物语言不可求形大于神

由于小说演播中，演播者既是叙述者，又是人物语言的表达者，要一人演一台戏。这就决定了演播者进入人物是有一定限度的，不能全方位扮演。因为完全扮演每一个人物也不可能。事实上，再有技巧的演播者也不可能男播出女声，女播出男声。以前有人做过这种尝试，但以失败而告终。既然不可能，也就谈不上完全的扮演。但为了将小说中的人物性格、关系、行为、语言表达得生动、吸引人，更好地揭示出作品的主题、目的，因而在演播人物语言时，要力求形神兼备，对语言形式有一定追求，尽量从人物心理和感觉上抓住人物、区分人物和表现人物。切不可求形大于神，那样绝对塑造不出鲜明丰满的人物形象，也违反了我们的创作原则。

四、用非语言表情声音

小说演播中，为了求得生动的效果，在人物语言中可加上非语言表情声音：如哭、笑、咳嗽、气颤声等，以求得人物情状的逼真。有时，为了渲染环境、气氛可加上一些相应的象声词，如跑步声、风声、雨声、枪声、甚至打耳光声等。有了这些非语言表情声音与各种相应的象声词声，可使我们的演播更生动，更能引人入胜，有种听电影的视觉感。此外，小说演播中，还可以加进唱歌、说唱曲艺、讲外语等其他表现手段。如没有以上这些辅助手段的参加，便会使演播干巴巴的，缺少生气。但也应注意使用的合理，恰到好处，以免喧宾夺主、杂乱、肤浅。此外，还应注意不同类型、演播方式的小说，使用这些手段的情况也不相同。

综上所述，小说演播难度较高，他既需要有较高的叙述本领，又要求有较强的人物造型和表演能力，需要有丰富的表达技巧与多方面的基本功和素养。

第八章

广播剧的演播

广播剧是许多人都喜爱的一种广播文艺形式,他是具有广播特点的剧。那么,他由什么要素组成?演播者如何根据广播形式和文艺作品演播对人物的创作要求适当演播好一个具体人物?本章对这些问题进行了探讨。

第一节 广播剧的认识

一、广播剧的概念

"广播剧是戏剧形式的一种,适应广播的特点,用对白、音乐、音响效果等艺术手段创造听觉形象,展开剧情,刻画人物。有时穿插必要的解说词,帮助听众了解剧中情境的人物的活动。"① 因此,有人称广播剧为"听的剧"或"播音剧"及立体声广播剧。

二、广播剧的种类

从剧的长短与技术制作的角度出发,可以将广播剧分为:单本广播剧、连续广播剧、系列广播剧和微型广播剧。

三、广播剧的特征

(一)是看不见的剧

广播剧虽然无法看到,但他也是戏剧,也同样具有戏剧创作的主要元素与材料。如表演语言、音乐、音响效果,也同样具有人物、结构、情节等,并有编剧、导演、演员及其他工作人员参加创作。所不同的是,他只以声音表现剧情,并用无线电波实现传递。在创作中,更适合广播的特点,转场一般多于普通戏剧的场幕,却少于电影。

---

① 引自《辞海》艺术分册第75页。

（二）是声音的综合艺术

广播剧不能用灯光、布景、道具、化妆和演员的行体动作及面部表情来投入创作帮助体现。他只能用声音一种手段来进行创作，因此，声音是广播剧创作的惟一手段。在广播剧中，语言是具有一定意义和情感的声音符号；音乐，具有多种功能；音响效果，更不是一般戏剧中的"配角"，他发挥着不可忽视的重要作用。在广播剧中，声音具有较大的表现力与艺术性。

（三）是想象的艺术

广播剧中的声音具有极强的表现力，他可以为人物造型，表现人物的心理、行动、情感以及时空环境等，来塑造人物、揭示剧情。然而，这一切对于听者来说，都必须通过想象、联想才得以获知。除此之外，广播剧的创作全过程从编剧、导演、表演（只有语言）到制作都以想象为创作核心。可以说，没有想象便没有广播剧的存在。

第二节　广播剧的三要素

广播剧的三要素是语言、音乐、音响效果。（注：也有人认为广播剧的三要素为：剧本、演员和听众。这一观点本人认为值得商榷。）一般来讲，一部广播剧都具备这三个要素。但由于表现内容与创作手法的差异，对这三种要素的使用会有所侧重，甚或只用其中的两个要素进行创作，表现剧情。比如，有的广播剧只有语言和音响效果两个要素。更有甚者，有人竟用音响效果一个要素讲述了一个短小的故事，表现一个逃犯逃跑复仇，自首的情节。他是用人的跑步声、喘气声、警车声、水声、拨电话声等一系列音响来表现内容的。但这毕竟是极个别的创作尝试，表现内容有很大的局限性。所以，一般来讲，广播剧都具备三个创作要素。但根据表现内容、风格、创作手法的不同，所使用的三要素比例有所不同。

比如，一般音乐广播剧对音乐的依赖性较强，像《二泉映月》、《刘天华》等，他以音乐来帮助表现主人公的音乐创作道路及人生历程。

又如，一般刑侦广播剧对语言和音响效果的依赖要强于音乐。因为剧中对案情的分析等没有语言是根本说不清、表现不出来的。音响效果也能更大程度地表现案发的时空和人物的活动。如从音响中可听出是清晨还是夜晚，是什么地方的钟响，案发现场是海边，还是火车站附近，及人物进行搏斗的场面或作案的脚步声等。

但无论何种情况和创作，语言在广播剧中都是最主要的元素。下面让我们来看一下广播剧的三要素在广播剧中所起的作用，以更好地调整我们的演播意识，把握自己的演播创作。

一、语言

语言是广播剧表现剧情，体现人物的主要元素，是一部广播剧的主体。广播剧由于只有声音一个表现手段，因而更离不开语言。广播剧中的语言分为两大类，一是解说语言，二是人物语言（对白与独白）。我们先来看看解说语言。

（一）解说语言

1. 解说的作用

广播剧中的解说，他既不同于小说中的叙述、电影录音剪辑的解说，也不同于话剧等各种戏剧的解说，他有其自身的特征。解说是广播剧创作、表现的一种手段，适合广播的特征，他可以配合剧情增强其表现力。但广播剧的解说毕竟仅起配合作用，处于从属地位。也有的广播剧根本就没有解说的参与，所有的人物形象与剧情内容都是由演员用表演语言（以及音乐、音响效果）来体现的。

广播剧的解说主要作用有三个：介绍背景、推进剧情、展现人物。

解说的第一项任务是介绍背景。

广播剧对背景、环境等剧的氛围表现，没有电影、戏剧那种多手段表现的优势。如电影可以依靠画面形象来表现，画面内容可以使观众对影片的时代背景、地域环境、人物形象、事件发生、人的反应，抑或人在做什么、怎么做的等等一切都一目了然。戏剧也可以通过布景、道具、服装、化妆、舞台人物行为等来表现。唯有广播剧，不通过语言介绍往往使人难以明了剧的背景。

例如，儿童广播剧《古墓遇险》开头的解说：

在非洲的埃及，有许多大金字塔，离这些金字塔不远的地方有一座奇怪的古墓。说他奇怪，是因为凡是进过古墓的人，出来没多久就会死去。为什么呢？谁也不知道。所以，大家都管他叫吃人古墓。

这一天，有个名叫吉卡的男孩子在古墓附近出售纪念品，他看见游客里有一个中国小女孩，就朝她走去。①

在这段解说中，就给听众介绍出这个"古墓遇险"的故事发生在什么地方、故事的背景以及人物和他在做什么。如果没有这样的介绍，听众仅通过人物语言是很难有十分清楚的了解的。

解说的第二项任务是推进剧情。

---

① 中央人民广播电台少儿节目播出。

广播剧剧情的发展、变化，往往由解说来帮助表现。因为这些内容用人物语言有时不能或不易表现，但他对剧情的推进却有很大作用。

例如，连续广播剧《弘一法师》中的一段解说：

三十九岁的李叔同，放下了从小喜爱的艺术，放下了孜孜追求的教育事业，放下了天津的妻子、幼儿，也放下了十二年相亲相爱的异国情侣樱子。他散尽资财，独自带着薄被单衫来到大慈山虎跑寺，拜了悟和尚为师，正式剃度当了苦行僧，取法名演音，字弘一，从此他僧衣芒鞋、晨钟暮鼓，过着清苦的佛门生活。

艺术界震惊，教育界惋惜，妻儿们无奈，叔同知道唯有樱子是决不会轻易放弃他的，他就是樱子的整个生命，整个世界，樱子对他有超乎寻常的情爱，李叔同没有勇气自己面对樱子，他请好友夏丏尊和学生丰子恺一起到上海转告樱子。①

从以上这段解说中，我们看到了中国近代大艺术家、大教育家李叔同一生的转折点，同时，他也是剧情发展、变化的一个点。李叔同出生于一个盐商家庭，青年时代赴日留学，学习艺术（音乐和绘画）。他热爱祖国、追求进步，后带异国情侣返回祖国从事教育事业并卓有成绩。他是中国最早介绍西洋绘画、音乐和话剧进入国内的人物，他演过话剧《茶花女》中的女主人公玛格丽特，并是著名的《送别》一歌的词作者。"长亭外，古道边，芳草碧连天……"一直流传至今。据说李叔同的前半生吃、喝、玩、乐，尽情享乐，后半生却突转空门，而且极认真地去做一名苦行僧，直到他安详地归去这究竟是为什么？至今让人不得

---

① 中央人民广播电台广播剧节目播出。

其解,也许是他对人的最高精神境界的追求吧?《弘一法师》这部广播剧就较完整地表现了这位传奇人物的一生。剧中人物经历的变化引来剧情的发展变化,因而,解说就在这每一个变化的点上发挥着重要的作用,推进着剧情。

解说的第三项任务是展现人物。

广播剧中塑造人物主要由人物语言来实现,但很多时候,解说也能帮助表现人物的外形、内心和行为。

例如,连续广播剧《啊,昆仑山》中的一段解说:

> 琪琪送走黄沙之后,一种无名的惶恐、不安混着思念,使她六神无主。夜深了,琪琪坐在桌旁,摊开信纸。她要给妈妈写信,给徐雅彬写信,给向西行写信,可是她给谁也写不下去。①

这段解说,就表现了鲍琪琪这个新一代昆仑山人,此时的内心活动和激烈斗争。《啊,昆仑山》这部剧根据部队作家李斌奎的小说改编。他热情讴歌了老一辈昆仑山军人为祖国的无私奉献,同时,更多地表现出新一代昆仑山军人的成长。剧中女主人公鲍琪琪,她从内地军护学校毕业被分配到昆仑山这艰苦荒凉的地方工作,她是不情愿的。但当她真正与昆仑山的军人相处一段,看到他们艰苦的工作、生活情况和乐观向上的精神境界,尤其是她开始爱上向西行这位可敬的昆仑军人之后,她的内心和思想感情发生了很大变化。所以,此时,她要为是回上海还是继续留下来而发生苦苦的内心争斗。当然,在昆仑军人精神的感召下,她最终还是留下了,并且逐渐成长起来。

通过以上的例子,我们看到,广播剧的解说的确有其自身的特征,他的功用多于其他艺术形式的解说。他不但有说明性,

---

① 中央人民广播电台广播剧节目播出。

更有参与性与表现力,他往往是广播剧创作的一部分,是创作者总体构思中的一环。解说除了以上三个主要作用外,还有描绘景物,抒发情感及阐明观点等具体作用。

2. 解说的种类

广播剧解说的种类,结合解说的身份位置来看,大体分为两类:一是第三人称的"介绍型",二是第一人称的"自述型"。

"介绍型"的解说,在广播剧中运用的比较多。在这类解说中,解说者往往是知情者,但却不是剧中的人物(有的也不妨将其看作剧作者本人),比如广播连续剧《弘一法师》、《啊,昆仑山》中的解说正是如此。

"自述型"的解说,在广播剧中也不乏见。在这类解说中,解说者可能是剧中的主人公或是剧中的某一人物,甚或是剧作者本人。比如,广播剧《爱不能言》中的解说,就是剧中女主人公"陆晓芳"自己的自述:

我又一次背井离乡来到异域他方。在地球的那一面,那块生我养我的土地上埋葬着我的生母、养父和一位终生爱我、却又不肯做我丈夫的人。若不是这种残酷的情感折磨,他也许不会英年早殇。——哦,他给予我的是怎样的无法表达、不能诉说的爱呀![①]

这类"自述型"解说,一般更能接近人物与听众的心理,听来亲切、自然,更能打动人。但却不如"介绍型"解说视角多,灵活自如。

除此之外,根据创作需要,有的解说偶尔还会以第二人称的角度出现,渗透进主要人称解说角度中。例如《啊,昆仑山》

---

① 中央人民广播电台广播剧节目播出。

结尾一段解说:

> 昆仑山啊,你将是千古证人?你看见了吗?在这洁白的世界里,那鲜红鲜红的昆仑之火,在风雪中燃烧。新的一代昆仑山人在短短的时间里,长高了,长大了,成熟了!他们经住了恶劣环境的考验,经住了艰苦生活的磨炼。啊,昆仑山啊!你仿佛有股神奇的力量,你使人们的灵魂净化,你使人生的价值得到升华![②]

如前所举,《啊,昆仑山》的解说整体是"介绍型"的,但在这结尾处用了第二人称"你"的角度来抒发解说者的浓烈情感,听来,更使人酣畅淋漓。

3. 解说的方式

广播剧的解说主要有两种方式:一种是"介入式",另一种是"客观式"。

"介入式"解说,是解说介入到剧中人物的思想情感中去,与剧中人物同悲同喜,与剧中情绪气氛相契相合。除去第一人称"自述型"的解说外,第三人称的"介绍型"解说也大多属于这一类。

这类解说,要特别注意有现场感和带戏出入,与剧中人物的思想感情融为一体,情感色彩较浓。

"客观式"解说,是解说不与剧中人物的思想情感,情绪气氛亦步亦趋,始终冷静地讲述,我行我素。"介绍型"与"自述型"解说都有用此方式解说的,他不似"介入式"解说与剧中人物、情节紧紧融为一体,而有些距离,如广播剧《居里夫人》的解说。

这类解说,要特别注重清楚与介绍性。情感不必过多介入戏和人物情绪中,有其自身的独立作用。

无论用何种解说方式，都应依剧作写法、风格而适当选择和表达。解说语言的表达，也有叙述、描绘、抒情和议论，要依不同内容、需要而适当表达与转换，不能一种方式到底。

此外，在"介入式"解说中，应处理好与上、下剧的衔接，气氛、节奏、情感要融洽。不要让人感觉解说是硬贴上去的。因此，解说者在开口前，必须了解前后的剧情并调整好内心感觉。这样方可把准解说开口与结束时自己语言的色彩、分寸和节奏，与剧情和人物语言有机和谐。因此，解说者也应懂戏，最好也跟演员一起排戏，这样才能解说得好。

（二）人物语言

1. 人物语言的作用

广播剧的剧情发展、矛盾冲突、人物性格、人物关系等都要由人物语言来体现。因而广播剧中的人物语言具有性格化、戏剧性及提示性。

性格化的语言，能使人物鲜活；戏剧性的语言，能使人听来有戏；提示性的语言，又能使人听得清楚。

比如，连续广播剧《家庭教师》中的一段对话：

（于杯走开，姚云鹏走过来。）

姚云鹏：干嘛不理我！
文　辉：我忙着呢。
姚云鹏：嗬，真是个人物了！跟你一起的那个家伙是谁？他就是你请的家庭教师吧！他挺有一套呀，一下可就让你成绩提高了……
文　辉：你要是没别的事，我就走了。
姚云鹏：别……帮我问问那家伙，看他愿不愿意教我……
文辉：别开玩笑了！
姚云鹏：我没心思跟你开玩笑。都他妈怨你，老师把你的事到处吹,我爸也知道你请家庭教师的事了,非让我也请一个……

文　辉:这不可能……

姚云鹏:别把你当人你就不知道姓什么了!喏,这两本书送给你吧,算是对你的报酬。

文　辉:我说不行就不行……

(姚云鹏已走开。)①

从这段对话中,我们是否已了解到这两个中学生之间的关系与矛盾,以及姚云鹏的性格特征。同时,这段人物语言又很有"戏"。以前一个霸气、一个柔弱,现在"霸气的"有求于对方,而"柔弱的"在家庭教师的鼓励、帮助下,渐渐地增长了自我意识,不甘受气,不买他的账。"霸气的"只得恩威并施,不甘又无奈,这就有戏了。有性格、有戏的语言就不会平淡无味,会抓住听众的心,引起他们的兴趣,使他们听得清楚、有味。

如果说人物语言的性格化、戏剧性,别的戏剧也不例外的话,那么,人物语言的提示性却是广播剧中所独有的。即在人物语言中体现出人物的动作、场面、人物形象、具体事物,以言绘形。比如,"你搂得我都喘不过气来了!"这句话在广播剧中由人物说出,会使人清楚地感觉到剧中另一人物的热情和他紧紧搂住说话者的动作,既生动又形象。而放在电影或舞台的表演中,被搂者只要说:"我都喘不过气来了!"或"你轻点嘛。"就可以了。因为对方搂她的动作观众已经看见了,再用语言讲出这搂人的动作,实则画蛇添足,而在广播剧中讲出却是极为必要的。再如,"你看她高兴得直流泪"或"那条藕荷色裙子多漂亮啊!"这类叙述性语言都起提示性作用。因为广播剧是以听觉形象变为视觉形象的,听众通过语言的提示可以自动转化为视觉形象,更

---

① 中央人民广播电台广播剧节目播出。

好地了解剧中的场面、动作、形象等,进而受到感染。

除此之外,广播剧中的人物语言还能充分、有力地显现人物的内心,表现交流情绪。

披露人物内心活动,是广播剧人物语言的又一重要作用,他利用话筒并以独白、旁白的形式来体现。听来使人感到生动、自然。

表现交流情绪的语言,是广播剧人物语言的一个特点。

所谓交流情绪的语言,就是指对方在说话时,你作为交流对象要有自己的情绪反应并以语言显现。比如,"是啊"、"那后来呢"、"太坏了"等等。这些简短的语言,在舞台剧和电影中大多是被省去的,因为在舞台和银幕上(电视剧也同理)这些话中的意思观众通过人物的动作、表情便可知晓,如点头、拍手、甚至斜视的眼神。但在广播剧中却无能为力,只能用一定的语言来表现出你的态度、情绪,同时,还可使听众明白你一直在场上,对手是在与你交流呢。如果剧中的交流对手讲了半天话,你只用动作、表情表达自己的情绪、态度,听众看不见便会以为你不在场呢。所以说,表现交流情绪的语言是广播剧人物语言的一个特点。值得注意的是,这一类语言除去剧作中提供的以外,有不少是演员结合内容与情绪气氛自己加上去的,以示自己的存在及自己的态度、情绪。

2. 人物语言的种类

广播剧中的人物语言一般分为两大类,即对白与独白、旁白。

对白,即剧中两个或两个以上人物间的语言交流。对白是广播剧中人物语言的主体。

独白,即剧中一个人物独处时内心活动的表露,他是剧中人物内心思维活动的过程。

比如,广播剧《法尼娜·法尼尼》中的一段:

法:"我的上帝,这是多么不寻常的经历啊,我爱米西芮里,可又把他们的组织告发了,要不是为了这个,他也不会自投监狱,他能饶恕我吗?可也是我救下了他的性命呀!

他要能和我一起离开意大利有多好,我对米西芮里确是犯了不可饶恕的罪孽,可是这一切,也是由于过分爱他的缘故呀!"①

在这段独白中,充分揭示了法尼娜·法尼尼这个骄傲的贵族女性内心痛苦、激烈地争斗与企盼。对刻画这个人物有极强的表现力。

旁白,即剧中人物在现场对他人行为进行评价的内心活动语言。他的交流对象有时指向对方,有时又指向受众。

比如,连续广播剧《啊,昆仑山》中,有一段是鲍琪琪搭向西行的车上昆仑山,由于晕车吐了,而此刻,向西行又想起了自己以前因病去医院,由于失控不小心吐到了鲍琪琪的身上她当时对自己的恶劣态度。于是他有了这样一段心理活动:

向:"吐吧,吐两口你也尝尝是什么滋味啦!看你以后还敢不敢说我们是一群喝汽油爬达坂的野人了。"②

人物的独白和旁白,即人物现场思维活动的外化,在广播剧中运用的比其他戏剧形式要多。因为利用话筒,人物可以轻声细腻地表露自己的内心,听众也会觉得亲切、自然、有生活气息,具有很强的表现力和感染力。因而,剧作者在广播剧的创作中,常常选用这一角度来表现人物,以丰富表现角度,充

---

① 中央人民广播电台广播剧节目播出。
② 中央人民广播电台广播剧节目播出。

分发挥广播剧的创作手段优势。

二、音乐

(一) 音乐的作用

音乐，很具表现性，他最擅于表达和激发人的情感。在广播剧中，适当使用音乐，能增强艺术感染力。广播剧中的音乐具有多种功能，具体为以下几种：

1. 描绘环境、景物

广播剧不同于舞台剧或影视片能借助于布置或实景，造成符合剧情需要的具体环境和背景氛围，将观众带入到特定的环境氛围中去。因而，他往往利用音乐（有时配以音响效果）来表现剧中的背景氛围、地域环境以及特定的时间、空间，使听众对剧中人物活动的环境清楚、可感。

比如，广播剧《弘一法师》中，李叔同投身佛门之后，樱子来到虎跑寺找他，此时的音乐是佛门性质的，（加上木鱼的敲击声）人们不由地想到寺庙的环境。又如，恐怖的音乐，可以使我们想到谋杀或阴森可怕的监狱。

另外，一些童话、科幻内容的超现实环境和物品，如宇宙星空、海底龙宫或怪兽、高科技武器等等，用特定的音乐形象也可予以展现，使听众对他们有所感知。

2. 烘托渲染情感

用音乐烘托情绪气氛，渲染人物内心的激情，配合语言增强其感染力，这是音乐在广播剧中的重要作用。广播剧中往往在人物或喜或悲的情感高潮或剧的高潮处，配以色彩很强的音乐以烘托渲染这种情感，形成震撼人心的力量。

比如，广播剧《啊，昆仑山》的结尾一段，当鲍琪琪随战友们在漫天风雪中找到了向西行和黄沙，看到眼前这两个紧紧抱在一起的雪人时，她哭喊着："向西、向西！黄沙！向西，向西啊，我是琪琪,向西,你看,大家来接你们来了!"① 此时的音乐悲痛色彩强烈,再伴以人物强烈悲痛的哭诉,引起人们极大的共鸣。不言而喻,在这里,音乐起到了很好的烘托渲染作用,使这段戏具有极强的表现力与感染力。在这里,如果仅靠人物语言是难以奏效的。

3. 推动情节发展变化

广播剧中有时用音乐显现剧情的发展、变化。这种音乐渗透融合于戏剧结构之中,成为推动情节发展、变化的有机一环。

比如,广播剧《红岩》中"接头"一段戏,当"白公馆"监狱党组织的齐晓轩、成岗正在监狱地下室中接头,商讨如何与外边的地下党取得联系进行越狱,正发愁找不到合适的联络人时,上面传来了放风的报警信号,有人吟诵:"花间一壶酒,……对酒成三人。"随即一种紧张、恐怖的音乐响起,预示着华子良的到来。这一音乐推动了剧情的发展,表现了华子良的闯入以及齐、成对来人的戒备。但当一番审查之后,他们三人的手终于握在一起了,此时,是一段激动人心、情感性很强的音乐,他既透出了战友相见的激情,又似告诉人们,监狱党组织发愁与外边党组织联系的问题解决了。从而,推动了情节的发展。

4. 代替语言抒情

用音乐、歌曲代替语言抒发剧中人物的特定情感,这是音乐在广播剧中的又一功用,他可以强化和丰富表现人物内心。

比如,广播剧《丹凤朝阳》中,女主角顾文凤随"美专"的学生一起跟周老师去太湖写生,她的心情异常兴奋,是唱着一首欢快优美的歌曲回家的。此处,加上这首歌曲,就将女主人公此时极度喜悦的心境表现得淋漓尽致,这要比语言抒发更有感染力,同时,也丰富了表现形式。

---

① 中央人民广播电台广播剧节目播出。

5. 衔接转场

广播剧的转场，指剧中人物活动的时空变化，比如夜晚到天明，从室内到列车上。广播剧的转场要比电影少，但却比话剧多，衔接转场的方式也不同，用音乐衔接转场是其中之一。由于音乐是广播剧创作三元素之一，用音乐衔接转场，一方面可以使转场形式多样，另一方面，可使创作三元素有机融合于整体结构中，使音乐元素发挥其独特功能。

比如，广播剧《丹凤朝阳》中，顾文凤去太湖写生，姐姐送她上路一场戏，当顾文凤一边答应着远处招呼她的同学向前跑去，一边又回过头来对姐姐喊："我一定把太湖的美景都画出来，姐姐，再见！"姐姐却神色黯然地自语道："再见。"[1]（因姐姐已被恶霸逼得不想留在人世了，她知道自己再也见不到妹妹了。）这之后，响起了清脆婉转的笛声，接着竖琴拨动起一串优美的水声，乐队随之而起。这优美的音乐立即把听众带到那风景如画的太湖边。这里，音乐起到了很好的转场作用。

（二）音乐的种类

广播剧中音乐的种类从大的方面可分为两种，即有声源音乐和无声源音乐。

有声源音乐是指剧中环境范围内的发声体即收音机、电视机、广播喇叭、电唱机、录音机等所传出的音乐、歌声，以及剧中人或剧场内演出者所唱的歌或演奏的乐声。当然，剧中人唱的歌或演奏的乐声大都是由其他专业歌唱演员或演奏员来演唱或演奏，以增强艺术魅力，收到更好的效果。比如，广播剧《丹凤朝阳》中顾文凤回家时所唱的那首欢快优美的歌曲就不是演播者自己所唱，而是由一位有名的歌唱演员配唱的。但有时，剧中人物的歌是演播者自己所唱，比如，连续广播剧《弘一法师》中李叔

---

[1] 中央人民广播电台广播剧节目播出。

同填词的那首《送别》歌，就是由樱子的演播者自己所唱。这样，往往可以使演播声音和谐、自然，效果真实可信。有时，为了发挥唱和说的各自优势，导演会让歌唱演员也来到录音现场，就着演播者的语言和表演情绪来同时录唱，效果很好，也会给人浑然一体的真实感。有的器乐声也是如此处理。

又如，连续广播剧《家庭教师》中，有一段戏是姐姐文珏因为空虚无聊在家打开录音机伴着疯狂的舞曲跳着舞，弟弟文辉回来了，他看不惯，就将录音机关上了，姐姐还想跳便又按响了录音机，弟弟不相让，再一次关上了录音机。毫无疑问，这开、关录音机时，音乐就会时起，时断。这就使人们感到剧中的音乐声来自何处并为什么时起时断了。

有声源音乐在广播剧中并不少见，有人称其为"写实性音乐"。这类音乐与剧情联系紧密，是不可或缺的成分，运用得自然，可增强广播剧的真实感。

广播剧中的音乐，大多还是无声源音乐。他不是完全写实地再现生活中的声音，而是以音乐来表现剧的创作者对剧的主题思想和人物的评价、态度以及剧情的艺术体现；用音乐来描绘环境、烘托渲染气氛，情感、表现人物内心活动等等，有人称这类音乐为"写意性音乐"。"写意性音乐"是广播剧音乐中的主体。

广播剧中音乐的种类具体又可分为以下几种：

1. 头尾音乐和歌曲

广播剧大多都有头尾音乐，他的作用大体有两个：
一是引出全剧的风格、基调，二是给人以开始与结束感。
比如，连续广播剧《啊，昆仑山》的头尾音乐是用新疆少数民族乐器冬不拉和手鼓奏出的赞颂和怀念性质的音乐，又伴以深沉的人声哼唱，此剧的地域特点、音乐风格及剧的基调便鲜明地体现出来了。

又如，立体声广播剧《桃花扇》的开头是一女声悲悠的哼唱，偶有轻疏的弦乐拨音，再伴以淙淙的流水声，不由地将人们带入到那悠远的过去，并使人感到一种悲剧的氛围。结尾是男、女声哀怨的歌声，乐声悠远轻止，似告诉人们此故事已掩卷结束了。音乐头尾呼应，剧的风格、基调显著，给人以全剧完整、和谐之感。

2. 主题音乐

主题音乐大多贯穿全剧，根据情节发展多次出现，其旋律帮助展示、表现剧的主题，给人留下深刻的印象。

比如，广播剧《月夜》就是用众所周知的小提琴协奏曲《梁山伯与祝英台》作为主题曲，无论是剧中有声源处人物拉出的小提琴独奏，还是无声源的音乐，在剧中几次出现，推进了剧情发展，也揭示了剧的主题。

3. 抒情性音乐

抒情性音乐在广播剧中运用得也比较多，他除了替剧中人物抒发内心情感外，还为剧中的解说、书信烘托渲染情绪，产生相应的意境。

比如，广播剧《千古流芳彭元帅》的结尾解说，告诉了人们彭元帅去逝的消息并颂扬了这位不朽的革命家。伴随着这段解说的是大家熟知的哀乐，这就造成了一种沉痛缅怀的意境。

又如，广播剧《西线轶事》中刘毛妹的遗书一段，随着刘毛妹的演播者说这封遗书，音乐的旋律伴着遗书的内容在展现、渲染，给人很强的启示力与感染力。

4. 介绍性音乐

介绍性音乐是对场景和时空变化进行描绘与展现，使听众对此有所感知，帮助人们进入具体情境。这类音乐多是描绘性的，对场景、环境的景和氛围给予介绍、展现，引人入境。

总之，音乐在广播剧中有着多种功用，并发挥着自身的优势。他帮助语言描绘环境、烘托渲染气氛、体现形象；抒发情感并融合于剧的情节结构中发挥其作用。由于音乐具有很强的表现力、感染力，所以绝大多数广播剧都不同程度地结合剧情需要，运用音乐这一有力的艺术手段。

三、音响效果

音响，这一概念有广义与狭义之分，广义泛指声音。（因此，有人将广播剧的三要素：语言、音乐、音响效果都看成是音响。）狭义指除语言、音乐之外的一切声音。（我们这里就取其狭义概念，这样可以更有利于分清各种声音元素的不同功用，利于探究。）

（一）音响效果的作用

音响效果，在广播剧中的作用尤为重要，因为人们欲将广播剧中的听觉形象转化为视觉形象，只有语言和音乐是不充分的，有了音响效果便可给人多种感受和具体形象。音响效果可以给人以现场感、时代感、地域感、时间感、空间方位距离感、人的动作感、人的多种情绪感、人的性格感，人与人之间的关系感以及象征感等。具体讲，音响效果的作用可分为以下几种：

1. 交待剧中的时间、地点

在广播剧中，有时只用音响效果便可告诉听众剧中的时间、地点，甚至空间位置如何，增强听众的现场感。

比如，蛐蛐的叫声便告诉人们这是夜晚，而鸡鸣又告诉人们这是清晨。当然，这是表现农村的典型环境。如表现城市的清晨和夜晚又可以有不同于此的效果声，如广播中的中央台"早报摘"声、晨练声、鸟鸣、车流声等或市井叫卖声、电视声等。此外，列车的行进声可以让人感觉在旅途中，远处的汽笛声可以使人感到附近有火车道或海港等等。凡此种种声景，都是由人们熟悉的日常生活中的音响所构成。这种音响声景就会使听众了解到剧中事情发生的环境、时间和地点，有身临其境、亲眼所见之感。

2. 表现人的形象、动作、情绪、性格和关系

在广播剧中，有时用音响效果也可表现人物的形象、动作、情绪状态、性格和人物间的关系如何。

比如，在正常情况下，同是脚步声，音响效果声重的，表现人物是个人高马大的男同志；声音轻的是一位娇小的女同志；步履蹒跚的是位老人或病人；脚步轻碎的是个小孩等等，他表现出剧中人物的不同形象。又如，啪啪的拍球声，告诉观众剧中人物在打球；哐哐的锤击声，又告诉听众剧中人在干活；扑嗵一声，又使听众明白剧中人摔倒了。这些表现了剧中人物的不同动作。再如，同样是敲门声，剧中人紧张、害怕时，会敲得急而快；剧中人性格豪爽会敲得重；剧中人对屋内的人敬畏，会敲得轻而慢，这些不同的音响效果状态又可表现出剧中人物的性格、情绪和人物间的关系如何。

3. 替代解说、转换场景

运用音响效果实现转场，也如运用音乐实现转场一样，可以使转场方式自然、多样。

比如，连续广播剧《家庭教师》，此剧既无解说也无音乐（只有少量有声源音响音乐），所以，他的转换场景几乎都是由音响效果来实现的。例如，有一段剧的结尾是文辉的父母夜晚躺在床上交谈，下一段剧是在文辉上课的教室中，于是音响效果在这里起了主要作用。上一场景是在家里的床上，于是有床上翻动的效果声，之后，此声渐隐，传来下课的铃声和教室里的喧闹声、桌椅书本的响动声，因此，自然而然地把听众由家里带到了学校，既自然又生动。

除此之外，音响效果还能揭示出不同时代背景、地域环境的风貌以及不同场景的背景、氛围情况，甚至带有某种象征

意味。

总之，音响效果能给人以真实感、现场感和视觉感，这些正是广播剧创作的重要支撑。

（二）音响效果的种类

在广播剧中，各种各样的音响效果声所起的作用有所不同，但归纳起来，主要有两大类，即客观音响与主观音响。

1. 客观音响

客观音响，也可以称为自然音响、现实音响，他具有写实性，是指剧中人物所处的自然与社会环境中及自身行动中所带来的实有音响。

比如，自然界的海浪、刮风、下雨、雷鸣、鸟叫声，人的脚步声、开关门声、身上的饰物声、人的起身坐下声、打斗声以及生活中的钟表声、街景声等。这种客观写实音响能够真实地营造剧中环境和表现人物行为。这是音响效果中的主体。

2. 主观音响

主观音响，也可称为幻化音响，他具有写意性，是指剧中现实环境中原本没有的，由人物心理、情绪所致产生的非现实音响。这种音响可分为两类，一类是剧中人物原经历过的现实音响的再现、泛起。另一类是剧中人物从未经历过的想象音响。

比如，某个人非常喜爱他的鸽子，每次放飞时，都伴有清脆的鸽哨声。但是后来他的鸽子再也没有回来，他的耳边现响起鸽哨的声音，显然这鸽哨的音响代表剧中人对他的鸽子的思念与深情。又如，一个人贪污了一笔钱，要查账了，他的耳边现响起镣铐的声音，这一音响很好地揭示了此人极度恐慌的心理与情绪。二者中，前者是人物曾经历过的音响，是记忆的泛起，后者是剧中人没经历过的音响，是心理情绪所致的想象、联想。

主观幻化音响还包括此时人物内心想起的某人以往说过的话。或是已故的人，或是曾相爱过的人，或是其他亲朋好友，或是仇人。不过这种话一般要经过混响处理，带有回声，他区别于剧中人物语言，以音响效果的形式存在。这种音响效果在广播剧中也经常出现，他是人物此时思维活动的一部分，往往对其思考结果起着决定性作用。

此外，广播剧中，根据内容、风格的需要，有时还会出现一种描绘、象征性的音响效果。例如，利用音乐或某一乐器声模拟一种怪诞的音响效果，来表现某种机器的声音，或是超现实的某种声响等。

当然，广播剧导演对音响效果的处理是多种多样的、艺术化的、生活化的。有的为了追求生活化，导演在处理上不仅采用背景音响，也用前景音响，使剧中的声景有层次，有纵深感、方位感和距离感，形成立体的空间感，使人物活动的环境真实、自然，符合生活的自然状态。而有的为了追求艺术化，导演在处理上采用强调凸现性的主观幻化音响或描绘性的变形音响、象征音响，例如，加快转速的人的传言音响声或同一句话的音响不断重复等，前者给人流言之快、之广的印象，后者却揭示烦躁不安的心绪。

总之，音响效果是广播剧导演手中的一张王牌，他犹如电影镜头，把听众带到导演想让其看见和感受的地方。他最具视觉性和现场感。

第三节　广播剧的演播

广播剧演播也是一项表演工作。他虽不同于舞台与荧屏上的表演，但二者对台词的要求却是相同的，即台词应该是角色、人物化的，而非演员本体性的。因而，其语言具有个性化、明了性和感染性，是表演性的语言。但是，广播剧的语言对精确度与表现力的要求更高，这是由于他只有语言这唯一的表现领域，不能以表情、动作相助。广播剧的演播虽然看不见演播者的表情、动作，却也遵循一般表演的创作原则，有其相应的表情和模拟动作，有其自身的独特性。为此，应做到以下诸方面：

一、化为人物

（一）性格、气质定位形成人物基调

广播剧的演播与其他表演一样，首先要阅读剧本，做案头工作，（不是只看有自己台词的部分）应了解全剧、理出人物关系和自己这一人物的面貌，从而很好地把握。演播一个人物（哪怕戏不多），首先要使其性格、气质定位，形成人物基调，这样，才能从根本上把握住人物个性。

把握性格是创造人物的基石。性格，是人在对人、对事的态度和行为方式上所表现出来的心理特点。也就是说，所谓性格，就是一个人的思想、行动的特点。性格可以显现人的独特性，形成个性。个性表现着一个人的特殊性，如人的外貌、气质、习惯、动作等方面。演员创造角色，永远应创造出"这一个"，才有生命力。寻找人物的性格特点，应从剧本提供给我们的各种线索信息中去寻找，活化人物的外貌、内心、行为、习惯、兴趣、经历等方面，分析出人物的个性，抓住了人物的个性便抓住了人物的灵魂，有了灵魂，人物的一言一行，一举一动才能有神，有神才能生动鲜活，真所谓"取其灵魂而得其神"。人都有自然属性与社会属性，有其共性的一面，更重要的是人还有其独特的一面，而这，才使大千世界、芸芸众生中的每一个生灵都各具神态，由此，形成了一幕幕各不相同的人生戏剧。面对相同的机运，不

同的人往往会有不同的反应，不同的运作，有的成功，有的失败，形成了不同的命运，这正如莎士比亚的至理名言："性格即命运"。因此，性格是决定一个人怎么想、怎么说、怎么做的关键所在。我们抓住了剧本中提供给我们的这些条件和线索（从本人或其他人物的台词中获得）便会顺藤摸瓜向人物的性格靠拢，当然，还要以自己的人生经验和社会阅历为参照值，来共同标定。这就是说，我们寻找、把握人物性格，不仅应从剧本台词提供给我们的一切（哪怕是一个语气词也是一个依据，也不应轻易放过）去体味，还应以人生经验和社会阅历等方面去补充、去对应方可奏效。抓取人物性格，在表演艺术中尤为重要，他决定表演者、演播者用什么方式、技巧去表达、去体现人物，这不是单纯用技能可以解决的问题。

剧本中同一句台词，不同性格、气质的人往往会有不同的处理。除了性格，人的气质也不容忽视。气质，是源于心理而表现于内外部的综合体现。气质创造是人的性格创造的一部分和深入。在表演和演播中，我们抓住了人物的性格和气质，便可抓住人物的基调，因而，所表现的人物必定有一种相对稳定、统一的行为、语言和思维方式，演播技巧便会围绕这一轨迹而运作。不会造成几句台词处理成性格倔强的，几句台词又处理成温柔的；几句台词处理成性格文静的，几句台词又处理成泼辣的；或是几句台词处理成气质潇洒的，几句台词又处理成萎懦的。总之，不会据台词本身的表层意思和色彩来表达，而是给出是什么人面对这种种不同意思与色彩的台词的独特处理。

比如，广播剧《红丝带》中秋实与雪妮的一段对话，就反映出抓住人物性格、气质和基调的重要性。

从台词中，我们已能感觉到秋实是位性格开朗、幽默的人，因而，他的思维、行动、语言也都表现出这一特点来。所以，他会想出用"分手"来试探对方真情的把戏，会用幽默加诚恳的语言来宽慰对方。但如果我们没有很好地把握秋实的人物性格、气质与基调，只根据台词表面提供给我们的东西来处理，便会出现性格、气质不统一的现象。例如，将秋实的话："你很清楚我不是那种人，要不然我也不会等到三十六！"处理成一个毛头小伙的赌气语言。在这里，应是一位成熟男子的诚恳心声，他要宽慰对方，说服对方。又如，秋实的另一句话："独——（开心地笑了）我也是个独身主义者，不过现在两个独身主义加在一起，不正好吗，负负得正！"这句话典型地表现出秋实这一人物的性格、气质和人物基调，但如果把握不准，处理过飘或一本正经，也会使这个人物走了样。此外，雪妮这个人物，也有着典型的性格特征，从剧的台词中我们了解到，她从小父母离异，父亲再婚，她无意中闯进了父亲的婚礼，新娘头上的红丝带强烈地刺激了她，这促成了她内在、封闭的性格。但同时她又是一个文静、温柔的女性，因此她的台词是以此为基调的。如果我们脱离了这点，仅从台词表面之意与色彩着眼，也会使这个人物走了样。比如，雪妮说："结婚前都很好，日后抛弃妻子的有的是！"如果脱离了人物基调，有可能将这句台词处理成性格泼辣者的发泄之语。而一经演播者的相应处理就会使人听出应有的味来，这就是演播者创造的结果。演播者的润色和处理阐释了剧本、创造了人物，也丰实了台词，使死的文字变为活的形象，又不是概念化、类型化的人物，而是活生生、独特的"这一个"，以他特有的性格魅力抓住听众的心。

连续广播剧《啊，昆仑山》中的一个人物——昆仑汽车兵黄沙，就是这样一个极富性格魅力的成功形象。从剧本的台词中我们了解到，他是个农村兵，为人正直、开朗、乐观，又似有些玩世不恭，他文化不高，却以一个西部军人所特有的气质给我们留下了深刻的印象。我们通过剧情和台词，从他的一系列行为表现中可以清楚地看到他性格的核心及多侧面。

下面，我们就原文来谈一谈连续广播剧《啊，昆仑山》中黄沙这一人物。

片断一《上山》

（急促的脚步声。）

姜宁：琪琪，琪琪！

鲍琪琪：你别管我，这样整人就是不行！

姜宁：我求求你，别去找吴院长了！

鲍琪琪：哼！吴老头子，他干嘛老盯着我，他就是看我不顺眼！去年欢迎会上你没见！第一天就跟我过不去。这回就是他点名叫我上山的，还说"鲍琪琪这个人一定要去"。去就去呗，上昆仑山有什么了不起？可现在又要换我！一会这，一会那，这么摆布人呀，不行！

姜宁：你听我说，别去找领导闹。你知道吗！唐教导员都发脾气了。

鲍琪琪：我知道，吴院长要换我，唐济民不但不替我说话，反而还说什么"对鲍琪琪这种特殊兵就得弄到山上治一治"。你听听，这是什么话！凭什么治我！我是劳改犯？反革命？我非找他们不可！

姜宁：快别说了，琪琪。

（几个士兵吵吵嚷嚷的从远处走来）

黄沙：哦，姜护士，鲍护士，来点瓜籽吧？

姜宁：谢谢，不吃。

黄沙：鲍护士吃点吧？五香的。鲍护士，吃吧，没关系，咱们不是病友吗！噢，对了，九十二团驾驶兵黄沙向你告别。我今天出院了。拜拜了！

众士兵：噢！古都呗！……

五香豆，吃吧，五香豆……

鲍琪琪：瘪三样！

众士兵：（笑）瘪三样……小瘪三……

鲍琪琪：鬼地方，我简直呆不下去了，不行！我要找吴院长去。

姜宁：琪琪，你……

鲍琪琪：我要上山！一定要上山！

姜宁：那你要冷静、态度要放好点，好好跟吴院长说。啊！

鲍琪琪：我知道，你放心好了。你快去值班吧。

片断二《了解》

解说：向西行这个名字使鲍琪琪感到欣慰、鼓舞，又有一种说不清楚的吸引力。一个多月来，这个名字一直在她的心中游弋着。甚至当她翻阅她的日记时，读到她对向西行那些充满敬佩和感激的词句，那口气热情得连她都脸红。向西行，是向西行！琪琪的心呼呼地狂跳起来。

（脚步声、门声、喘气声。）

黄沙：你好，鲍小姐！

鲍琪琪：哦，黄沙，是你呀。就你一个人？什么呀，你个猴子！

黄沙：咋？一个人不是人？

鲍琪琪：什么呀！来，快坐嘛！站着干什么？

黄沙：行啦，咱这屁股上尽是油，可不敢乱坐，你这么干净的床咱更不敢坐，哎，这块石头正好。

鲍琪琪：别出洋相了，就坐床上嘛！

黄沙：好，好，这儿有个小凳，行了！

（凳子声。拿糖盒声。）

鲍琪琪：来，吃糖。我们这儿可没烟招待哟！

黄沙：行啦。有你鲍护士这个热情劲，咱就够了。刚才，我在你们站门口转悠来转悠去，进门时心里还直发毛，心想万一见了面你问我一句："你是谁呀！找我干什么！"哎，我这脸非装在这口袋里扛出去不可。

鲍琪琪：瞧你说的，你们才是那样的人呢！

黄沙：现在一看还行，一个多月还没忘记咱们哥儿们！哎哎，嘴上走火了，还真没忘记咱们革命同志。

鲍琪琪：（笑声）油条！

黄沙：哎，到底还是一块翻过冰达坂的战友嘛！

鲍琪琪：哎，你们住在哪儿？

黄沙：兵站呀！

鲍琪琪：哼！你们这些人啊，还有脸说人家？住在兵站也不来看我们！

黄沙：咱这人可是讲义气的，我是真想来，可指导员不准请假呀！

鲍琪琪：行啦，再别提你们指导员啦，提起他来，我可就气大了！哼，送我们上山那天晚上，满口答应把车停到兵站就来，我做了饭等啊等，等到两点多也没个人影，害得我们全宿舍的人都陪着不能睡觉，还吃了几天剩饭。

黄沙：嗨，你要早说我来帮你们吃呀！

鲍琪琪：滚吧你。第二天一早到兵站找你们。站长说你们晚上加了油，根本就没在站上住。

黄沙：哟，这是哪辈子的事，你还记着呢！

鲍琪琪：当然记着，你说说，你们这事办的气人不气人？光会骗人！回去告诉你们指导员，我记他向西行一辈子！

黄沙：那好哇！能记一辈子这说明你鲍护士老想着我们指导员。

鲍琪琪：狗嘴里吐不出象牙！不跟你说啦！

黄沙:哎哎,别生气!说老实话,你别看我们指导员整天嘻嘻哈哈的,可他的心里像猫抓一样,难过着呢!

鲍琪琪:什么事?

黄沙:他叫你们这样的年轻女军官可坑苦了!老实说,他见了你们这样的人就有气,所以他才不会到你们这儿来呢!哼,那事要摊上我,我也不会来的!

鲍琪琪:怪了,什么事嘛?我们又没得罪他?

黄沙:我不是说你,真的,真不是说你。我说的是那个没良心的张瑞瑞!

鲍琪琪:哦,对了。你在山下答应我的,上山后一定给我讲张瑞瑞的事。快说,到底是怎么回事!

黄沙:嗨,反正就是男女之间那种事,爱情!那个混账女人,可不是玩意儿了!

鲍琪琪:别那么恶劣好不好?人家不爱他是人家的自由,凭什么骂人呢!哼(佯装地)我看你们指导员也没什么可爱的!

黄沙:什么,我们指导员不可爱?告诉你,像你们这样的能找上我们指导员,那可是你们的福气,你们就偷着笑吧!

鲍琪琪:呃,恶心!他好,能让人家给蹬了!

黄沙:蹬?哼!她张瑞瑞——,我不说就是了!

鲍琪琪:不说就别说,谁爱听你们那些臭事!来,喝水。

黄沙:哎哟!哟……

鲍琪琪:怎么了?

黄沙:哟……没什么。

鲍琪琪:你嘴流血了!哟,嘴唇怎么裂成这样了!来,我给你涂点药。你别动,我来给你擦。

黄沙:没事。我们谁都这样,指导员比我还厉害呢!

鲍琪琪:真的!

黄沙:咱们分手以后,我们一直在热水海子蹲着。那鬼地方，不管谁到那儿都有反应，还特别厉害。前几天工兵三团一个姓乔的新兵正干着活就不行了，赶紧给你们打电话。

鲍琪琪：我们李医生他们上去了呀！

黄沙：扯淡！他们到了上面已经两天过去了。

鲍琪琪：那有什么办法？我们又没有车！哎，那个战士怎么样了！

黄沙：还能怎么样？死啦！

鲍琪琪：死了！

黄沙：死了，才十九岁啊！上去就坐我的车，一套军装没穿破，今儿又坐我的车进了陵园了，棺材也挺好的，又换了一套新军装，……当兵的嘛，还要个啥！说实在的，我要哪天伸腿了，只要你鲍护士到那去看咱一眼，咱到阎王爷那再开车保证不会闹情绪。

鲍琪琪：别瞎扯！

黄沙：要说正经的你肯定又不爱听。你们为啥就不能到前面去巡回医疗？就都坐在这儿等我们来请！哎，眼睁睁地看着上面的战士一个个地死，你们能坐得住？

鲍琪琪：我们也正组织巡回医疗呢！

（汽车喇叭声、人声"喂，驾驶员呢？"）

黄沙：哎，来了！我走了。

鲍琪琪：你们千万要注意身体啊！

黄沙：没事，我死不了！指导员怎么样我可不敢保证。哎，最好你能参加巡回医疗来我们那看看他，他就在热水海子那儿等你呢！

鲍琪琪：去就去，你个坏包！

黄沙：哎，你可千万别告诉他我来，他不让来你们这。

（汽车喇叭声。人声："黄沙！黄沙！"）

黄沙：来了！来了！我还没死呢！走了，鲍护士。呗呗！

片断三《交锋》

吴英明：起床！快，来车队了！
寒天梅：快，一定又是危险病人？
（急促的脚步声）
鲍琪琪：哟，黄沙！
黄沙：鲍护士，我们指导员——
黄沙：你看！
鲍琪琪：啊！向西行！快点，快抬进来，那是我的铺，你磨蹭什么呀！
（忙乱的放人声）
吴英明：琪琪，快去拿氧气瓶。
鲍琪琪：哎！
（跑步声）
黄沙：吴院长，病这么重，为什么不把他送到山下去！
吴英明：如果严重的话，不用你讲，我们也会把他送下去的。
黄沙：哦，人都成了这个样子还不严重，要怎么样才算严重呢！
众战士：（甲）难道指导员死到山上才算严重吗?!
　　　　（乙）死了你们也不会发善心的！
（脚步声走进来）
鲍琪琪：吴院长，氧气瓶。
吴英明：天梅，你给输氧。琪琪，你准备注射。
黄沙：吴院长，你就准备用这玩意儿应付一下就了事啦，是吗！
吴英明：我说过，你们指导员是一般的高山昏迷，不要紧的，你放心好啦！

黄沙：不要紧的，你看看人成了什么样子了！

鲍琪琪：吴院长，还是送下山去吧！

吴英明：我说过了，给氧、注射，休息一会儿他还可以开车！你们听见了没有？

黄沙：你还要他开车！开个蛋！我们是人，不是毛驴子！我们指导员已经几天都没眨眼了，昨天在野马沟差点翻了车，在水里泡了十几个小时，推着车往前走，昆仑山上推汽车是什么滋味，你知道不知道！这个小战士冻得哇哇直哭，我们指导员解开衣服用自己的身子抱着他才暖过来！好我的吴院长啊，人都是爹娘养的，如今俺指导员已经成了这个样子，你还想叫他开车，你有没有良心！

小战士：（哭泣声）首长，你就让指导员下山吧，我给你们拉过冬炭，拉过菜，现在，你叫我——叫我给你们干什么都行啊！

鲍琪琪：吴院长，你……

黄沙：走，鲍护士，你跟我们走，咱们送指导员去。

吴英明：不许去！

众战士（甲）为什么不许去？！

　　　　（乙）你们这些当医生的还有没有一点人性？

吴英明：往后去！你们想干什么？

众战士：（甲）好狗日的，耍野蛮了

　　　　（乙）打死这个老王八蛋！

鲍琪琪：小心氧气瓶！

众战士：打！打！

蹇天梅：住手！小黄。你打吧，打吧！我知道你们苦，你们有气，有火。骂也好，打也行，反正都是自己的同志，没有啥！可你们看看吴院长，好好看看——看看他的脸肿成什么样子了！五十二岁，头发都白了，他还上山哪！他上了整整一辈子昆仑山！他的血压现在到了二百二，他还不让我给其他人说，照样在和你们年轻人一样，拼命干。从早到晚，天没亮就爬起来处理病号，到现在连口水都没顾上喝。你们要有气就打我吧。我不会怨你们的，你们打吧，打两下你们心里也许会好受些。打吧！打吧！

（黄沙的哭声。战士的哭声。）

吴英明：别哭了，小黄。都别哭了！昆仑山上当兵的过的日子我心里都明白。可是，既然穿上这身军装，就什么都别说了！小伙子，这就叫军人！军人哪！好啦，把眼泪擦了，你们去吧！

黄沙：是。吴院长，请你们多费心。……

（众："多费心"。）

吴英明：指导员交给我了，你们尽管放心！

片断四《牺牲》

（汽车行进声。几声喇叭长鸣。远处几声喇叭呼应着。）

（突然，另一辆汽车拼命地超越过去。）

（紧急刹车声。开车门声。脚步声。）

向西行：黄沙，你吃错药了！发什么疯？明知道发动机支架是凑和的，你还超车！看看！弄成这样还怎么修？

（发动机盖声）

黄沙：你喊个屁！这本来就没法修嘛！

向西行：你怎么知道没法修！要是能碰上辆过往的车——

黄沙：碰见个鬼！连鬼都碰不到了！别说这条路，就是这个昆仑山，也只有咱们这样的孙子辈的才来呢！是人都不到这来．来这儿的都不是人！

向西行：那你也不是人？

黄沙：我也不是人！

向西行：你是个搅屎棍！

黄沙：搅屎棍就搅屎棍，只要我不死，就搅他个翻天覆地！妈的——

（修车声）

黄沙：哎呀我说别费神了，我都弄过多少回了。哎，破木头板，烂铁丝能当支架用，还要汽车制造厂干啥！我说，趁早把车甩在这儿，你快点跑，到班魔掌叫辆车接来！

（发动机盖声）

向西行：好吧。来，把车上的罐头卸下来，往我车上装，能装多少装多少！

黄沙：来，你在车上递，我来扛。

（解绳子声。搬动箱子声）

黄沙：这熊天！下，下！真见他妈的鬼啦！

向西行：伙计，今年这个关口可真不得了哇，什么都往前赶。

黄沙：跑吧！只要能喘气，就得开着车跑，除非累死了才算数。妈的，假如进棺材时蹬个腿儿，还得拽起来开车？

向西行：给，少罗唆！只要你还能骂人，说明你小子还有点精神。

黄沙：对！咱就是属龟孙子的！

（搬动箱子声）

黄沙：再来一箱。

向西行：行了，别逞能！

黄沙：来吧！（唱）"咱这全身都是劲儿呀……"

（搬动箱子声）

（脚步声。连人带箱子摔倒声。）

向西行：（大笑）不逞能了吧！真是个搅屎棍！

黄沙：正好，咱昨晚在热水海子连口水都没喝上，水壶也早空了,干馒头也咽不下去,这散了箱的吃起来倒方便,省得撬箱子。先给一人来一筒!

　　向西行:少废话,快捡起来往车上装。你小子老毛病又犯了!

　　黄沙:我猜着你准是这两句话。实际呀,我是想给鲍护士留两筒。她可最爱吃桃子罐头。哎,指导员,留两筒吧,等到了班公湖你悄悄地往她手里一塞,别的话你也别说,她准高兴,心想,哟,小向可真是有情有义!

　　向西行:少废话,接箱子!

　　黄沙:哎指导员,我发现鲍护士最近真的有点变了。嗯——"我从你们的身上,看到军人的责任,生活的含义,也找到了自己的位置。正由于我懂得了一个昆仑军人所付的代价,我才决心永远和你在一起。小向,你成熟——热情、坚强、能使我充实、满足,感到真正的幸福……啊,亲爱的向西。"叭!吻你。

　　向西行:你,你混蛋,什么时候偷看的?

　　黄沙:如何?一字不差吧?这后边是我加的。

　　向西行:你少扯淡。眼看要过达坂了,天这个样子,你就不着急!

　　黄沙:着急,孙子都有了!哪能现在还在谈情说爱呢!

　　向西行:看着,雪又大了!你快戴上帽子,感冒了可不是好玩的,稀稀拉拉!

　　黄沙:妈的,怪不得我觉得头皮发凉,耳朵发麻,这头顶上盖着一层雪呀!

　　(黄沙打了个喷嚏。)

　　(汽车吃力地爬着。)

　　解说:大雪像个白色的精灵,没完没了地下着。天黑了,向西行只能凭着印象寻找道路。

　　(汽车原地轰隆声。打滑声。终于不动了。)

向西行：哎哟，我的老先生！这一夜才拱了十几公里呀！

黄沙：（呕吐了几口）！……

向西行：好，歇口气，伙计，够劲吧！

黄沙：没事儿，咱见得多了！唉，我的药呢！

向西行：我说，赶明儿咱们一起休假上北京，给你换个狗胃吧！

黄沙：行，换个狗胃，屎都吃！妈的，要是有口水吃个药就好了！

（咳嗽几声）这干咽可真够受的。

向西行：给你来筒桃子罐头怎么样？

黄沙：嗯——咽了！你想让我犯纪律呀，才不上你的当呢！

向西行：别客气，来筒吧，不会给你处分的。跟指导员一起偷吃可保险啦。那桃子既甜又带点酸，可开胃了！

黄沙：反正我把药已经咽了，不稀罕！咱来根烟抽，赛过活神仙。

向西行：给我也卷一根吧。

黄沙：哎，指导员，你应该好好培养鲍护士，让她跟我学学如何卷好莫合烟。等你们结了婚，你开车时，两个指头一伸，她这么一卷，再吸两口，然后往你嘴里一塞，来个间接接吻，那才有味儿呀！

向西行：你小子又活过来了，烂胃又好了吧？

（汽车发动机声，又轰了几下油门声。）

向西行：快，把雪捏成块，塞到水箱里去。

黄沙：不行呀，水箱温度不够，已经开始上冻了。

（风声。车发动声。）

向西行：快在这儿暖一暖。来，哎呀比冰棍还凉。

黄沙：快啊，我的手指头不能动了！

向西行：妈的，真冷呀！不管怎么说，咱们也要把菜送上去。

　　黄沙：你来发动，我去捏雪。

　　向西行：别逞能了，你难受的样子以为我没看见？我再捏几块。

　　（风声，车发动声，发动声突然停止。）

　　向西行：不要停！不要停！怎么搞的吗？你说话呀！——小黄、小黄！你难受得厉害吗？你说话呀！

　　黄沙：有点反应，没，没关系。来！

　　（车又发动了，发动机盖声）

　　向西行：不行了，水箱上半截全冻住了。

　　黄沙：妈的，拼啦！你上来，咱们冲下去！拼完水箱的水拉倒，说不定还能冲下达坂呢！

　　（汽车启动声。行进声。）

　　向西行：向左打向左——再向右——

　　（汽车轰鸣着，颠簸着前进。）

　　黄沙：妈的，老子就不信——来吧！

　　向西行：向右打——好，好！

　　黄沙：冲啊！冲啊——

　　……

　　向西行：（喘着粗气）——黄沙——黄沙——

　　（人的爬行声。）

　　向西行：黄沙——黄沙——黄沙！

　　黄沙：啊——

　　向西行：你——你——你怎么——跑到这儿来啦，你！

　　向西行：黄沙，你别——别动！

　　黄沙：来，来——指导员扶我起来，指导员，我没有劲了，妈的，这时候要有个拍电影的多好，这镜头多好啊。指导员啊，我这还有个桃子罐头！你吃了吧！要不就带给鲍护士吧。

黄沙：你别，别那样看着我。这可不是偷的，是，是发的。你没看商标颜色都不一样吗！

向西行：对，对。是发的。你——

黄沙：我想探家的时候带给我爷爷吃。他老人家牙不好，别的什么都——都咬不动——

向西行：小黄，一切都会过去的。等咱们俩探家的时候，我也去看看他老人家。

黄沙：好，好，指导员——

向西行：小黄？小黄！

黄沙：指导员，你见到鲍护士，可别——别忘了替我问好啊——

向西行：好，小黄，我们很快就能见到她，会见到她的，你要坚持住呀！小黄！小黄！

向西行：黄沙！黄沙！黄沙！你怎么了？啊！黄沙——

小魏：（风声）：黄沙，黄一沙（由远而近）

鲍琪琪：向西行，向西——行。来，小魏，把枪给我。（放枪声）

（枪响）吴院长，你听！

小魏：（众）找到了，找到了，向西行找到了！

鲍琪琪：向西，向西找到了！吴院长向西找到了！（混众喊声）"

（哭声。音乐强起。）

（压混响）……①

从以上片断中。我们是否已看到了黄沙的性格内核和多侧面。

---

① 中央人民广播电台广播剧节目播出。

比如，他开始出场的第一次亮相，请鲍琪琪吃五香豆时的随便。以及后来的一些段落中，他的玩笑和怪话（卷莫合烟和背情书等台词）。即使在他生命垂危之际，也仍忘不了表现自己生性乐观的一面（如拍电影的台词）。他的性格内核表现得很充分。例如他的率直，对指导员向西行的信服与维护，他信服向西行这样的干部，为了向西行他与吴院长吵架；在生死攸关时刻他不让向西行再管他，让其独自先走；以及他对用他的汽车拉上山的新兵牺牲的感叹和他促医务人员上山巡回医疗的激情等等。这诸多情节与台词活脱脱地刻划出了一个西部军人的内心世界及他性格的主旋律与变奏，使我们感到他那么真实可信，而又平凡伟大。他好似是我们生活中似曾相识的一个，但又的的确确是"这一个"具体人物。他的行为、言语谈不上概念上的完美与崇高，但却以他独特的真实魅力，使人信服，让人感动。他以他的个性方式来说话、做事。

例如，他开口闭口带国骂"他妈的"，说话较粗，又多从非正面角度说出。如："你喊个屁！这本来就没法修嘛！……碰见个鬼！连鬼都碰不到了！别说这条路，就是这个昆仑山，也只有咱们这样的孙子辈的才来呢。""好的，是人都不到这来，来这儿的都不是人！"又如："跑吧！只要能喘气，就得开着车跑，除非累死了才算数。妈的，假如进棺材时蹬个腿儿，还得拽起来开车！"可他一会儿又阴云散去，马上开起玩笑来了，让向西行给鲍护士留桃子罐头和谈他偷看人家情书之事。

总之，他的一切言行，使人们能感觉到他的出身、地位、性格、文化水平、思想情感，以及职业和地域特点等。这是作者、编剧一度创作的成功，使这个人物独具魅力，非概念化，让人感到亲切可信，极富光彩。而演播者如若抓不准这个人物的性格、气质、基调和个性，理解处理不当，便会破坏其应有的艺术魅力。

一般好的剧本提供演播者的大多是"性格化的语言",演播者就要在分析理解剧本、合理想象人物的基础上演播出"语言的性格化。"这需要演播者的多方面素质、知识与技能方可胜任,为了演播好,成功塑造出一个有血有肉的性格化人物,需要注意以下几点:

1. 人物塑造要有个性特征与性格核心。
2. 人物性格应具有多侧面,但不失其核心。
3. 人物性格定位之后,还应气质定位,方可形成准确的人物基调。
4. 抓住了人物性格、气质,应让此人化为某种特定形象,始终活动于自己的脑海中。
5. 对人物性格、气质的想象、形成要合情合理,以剧作为依据,不能以几句话为准,要着眼于全剧。
6. 对每一句台词,都要追究是什么性格、个性和气质的人在说,以选取应有的表达方式。
7. 人物一开口说话,就应把住其基调,就是这个人物。
8. 即便是性格特征不明显的语言,演播时,也要将其做性格化的处理来表现。

以上这些,都是初学演播广播剧的人应当特别注意的。

(二) 时代感、地域感

广播剧的演播,是自然、生活化的艺术语言。因此,他除了自然、生活化以外,还需要有一定的艺术性,需要有一定的语言造型,这不是演播者本人日常生活语言可以替代的。

广播剧的语言造型内涵是多方面的,有年龄、职业、性格、气质方面,也有时代、地域方面的,这多种因素都准确,方可塑造好一个人物。因此,在广播剧演播中,演播者不仅应当注重人物的性格、气质、年龄、职业等方面,还应当参考自己所演播的人物所处的时代背景、地域、环境如何,找准相应的感觉，因他制约着人物语言的对味与否，并直接产生人物语言的节律与风格。例如，《杜十娘》的台词处理就应慢而有韵味，因她是一个古典女性，她的语言应带有那个时代的特征，不同于现代女性的表达。即使是两个性别和性格完全相同的人物，由于两人所处时代、地域不同，也要在语言造型中有所区别。这样，才能使人物语言对味，增强其可信性。同性别的人物，古典的与现代的语言味道不同，外国的与中国的语言味道也不相同。要仔细体味和表现出其区别。否则，会使演播不对味，影响到演播效果。这一点，在影视和戏剧中，观众可从人物的化妆、服饰造型及背景、道具等方面帮助了解，而在广播剧的演播中，却只有语言造型这一个途径体现。因此，应更加重视把握。

（三）人物关系适当

人物关系，是广播剧演播中需要把握和表现的又一个重要因素。在广播剧演播中，只知道自己这个人物的全貌还不行，还必须理清自己与周围人物之间的关系，方可准确交流。这需要演播者不仅了解自己这一人物的身份、地位、年龄、形象、思想与情感等诸方面，同时，也要了解交流对象的这些情况，才能形成适当、正确地交流。

人物关系，是由人物的年龄、地位、亲疏心理等因素构成。人物关系不同，交流样式也不同。一般而言，人物关系由本人和对象的身份、地位构成一定的关系，是客观性的。但客观的人物关系也可受主观的亲疏等情感所影响，改变其应有的交流样式。也就是说，人物关系有两层涵义，他既受客观关系的制约，又有主观情感的影响，人物关系是很复杂的。演播者如果分析理解不透剧本的内容，对人物关系就抓不住，也抓不准，因而，也不可能很好地把握。在广播剧中，人物关系是通过一定的语言、行为，甚至语气、语调表现出来的。例如，著名广播剧导演蔡淑文讲的她执导的广播剧《秋瑾》中的一个例子，就很说明问题。在剧中，有一段剧情是这样的：一天，秋瑾正在家里教丫环秀荣写字、念诗，她的丈夫回来了，大门、二门都传呼："老爷回来了！"秋瑾却不去接迎。她的丈夫王廷君到二门不走了，不高兴地问："人呢？"丫环秀荣在里面说"小姐，老爷回来了。"言外之意是我要不要去迎？而秋瑾却不失身份，声音很轻地说："不要去管他，你接着写。"从这一段内容中，我们可以看出三点：一是，丈夫是大家族出身，摆谱；二是秋瑾与丫环的关系很好；三是秋瑾与丈夫的关系冷淡。这三点没有几句话便全交待清楚了，也表现出来了。通常人们都知道，夫妻关系是亲密、温情的。而秋瑾与其丈夫的关系却是疏远与冷漠的。这自然违反了一般生活规律，具有其特殊性。事实上，秋瑾与丈夫的不合主要是二人的认识不同，秋瑾是新女性，她认为："天下兴亡，匹夫有责"，而她丈夫却认为不是"匹妇有责"，于是二人争吵后分手了，秋瑾去了日本，走上了革命的道路。

一般来讲，演播中对人物关系的把握与交流是以现实生活为基础，演播者要想具有这种分析、把握和表现人物关系的能力，需要深入生活、体察生活并懂得人的心理，增加社会知识和生活常识，以此作为评判和表现人物之间相互关系的依据，使其合情合理。比如，广播剧《爱不能言》中的一段处理，就十分清楚地表明了这一点。此剧讲的是一对无任何血缘关系的兄妹之间的情感故事。(他们的父母是再婚夫妻，后又相继去逝了。)妹妹陆晓芳爱着哥哥，哥哥也很爱她，但惧怕世俗的压力不敢接受这真诚的情感，又找了个女朋友琼，两人关系还不错。但晓芳要夺回她的爱，她私自约了琼，于是就有了以下这一段：

陆晓芳：……琼姐，我想了好久，才下决心找你。
琼：什么事叫你这么为难？
陆晓芳：我哥哥是个好哥哥，你也是个好姐姐，就因为你是好姐姐，我才要跟你说……

琼：有话直说吧。

陆晓芳：我哥哥有个女朋友，从小就认识，俩人感情很好，因为一点儿小事俩人闹了意见——我知道他们吹不了——他们不会吹的。别人不了解情况又把你介绍给我哥哥，哥哥知道你是个好姑娘，也喜欢你，他也矛盾，旧情舍不下，又不忍心伤害你。

琼：（冷笑）被人耍弄，就不痛苦么？

陆晓芳：你别，别误会，我哥哥是很认真的……

琼：别说了，替我祝福他！①

在此，我们对陆晓芳这个人物的对与否暂不予评价，有言道：爱情是没有理可讲的。我们仅从人物关系的角度来看看琼的表现。从琼不多的台词中我们可以了解她是个自尊、正直的女性，否则，她虽然自己受到伤害也不会放过晓芳的哥哥，她的反应便不是这样，而会不依不饶的要算账。此时，她听了晓芳的一席话，肯定是像被挨了当头一棒，既有对晓芳哥哥的不满与理解，更有自尊心受到伤害的痛苦，所以她说出那样的话来。开始，演播琼的演员将琼的伤痛表现的较重，导演便提示：她没那么悲痛，因她与男朋友相识还不久，感情到不了那么深呢。于是演播琼的演员调整了一下伤感的程度，才得到导演的肯定。在这里，导演就是借用生活中的人之常情来把握演员的演播。当然，我们不能排除例外，但毕竟应以生活中的规律为依据进行人物间的交流，选择正确的交流方式予以表达。

此外，在剧中，有时同一个人物与其他人物的关系发生了变化，那么与之交流的方式、态度、分寸等自然应有相应的变化。例如，《弘一法师》一剧中的樱子对李叔同这同一对象的交

---

① 中央人民广播电台广播剧节目播出。

流就不相同：起初他们是异国同学，所以樱子对李叔同的交流态度是谦恭，敬佩地称呼对方为"李君"；而后，当他们成为情人时，樱子对李叔同的交流态度是温情、爱慕地并直呼其为"叔同"，关系更进了一层。同样道理，广播剧《杜十娘》中的杜十娘，开始与李甲是一对恋人，她称李甲为"公子"，语言间充满了柔情与爱意。但当她看透了对方的嘴脸之后，在怒沉百宝箱时，却讥讽地称对方为"李公子"，足见其与对方的关系已发生了变化，成为仇人了。

总之，在广播剧演播中，人物关系直接决定着人物语言的态度、分寸与说话方式。演播者应当注意以下几点：

1. 在吃透剧本，了解自己所演播的人物的全貌，应参考其与周围人物关系。

2. 交流对手换了，应调整、转变自己的心态、语言方式与分寸。

3. 同一对象，与自己的关系有了变化，也要相应改变与其交流的方式与分寸。

4. 多体察生活，以生活中的人物关系为基础来把握、处理剧中人物关系。

5. 注意抓住不同的人处理人物关系的特殊性，不能一概而论。

6. 从一般人物语言中可听出具体内容，准确地表现出人物关系。

（四）抓住规定情境

规定情境是戏剧的一个专用名词，即剧本提供给演播者人物活动的现实环境和情况。即什么时间、地点、自然环境与社会环境，什么事件与人物关系。具体讲，是白天还是夜晚，是家中还是战场，是亲朋还是敌人等等。规定情境制约着人物语言的处理，往往同一句话，在不同的规定情境下会有不同的处理。规定情境在广播剧中尤为重要,因为人们看不见场景和人物的情状,也感觉不到现场环境和气氛,在影视中这些可以用镜头展现,话剧等戏剧中可以用灯光、布景、演员表演甚至演员的服饰、道具等体现出来。例如,人们一看到舞台和影视片中有身着绿军衣,臂戴红卫兵袖章的青年及到处贴的大字报和斗人场面,便知这是"文化大革命"中的一场批斗会。而广播剧只有用语言与音响效果来体现,尤其是语言感觉更为重要。比如,为了表现文化大革命这一特定时期,就只能用当时特有的骂人语言和凶横的喊叫方式说话并配以语录歌和特有的口号声以及摔东西声来表现当时的造反派正在开的批斗会。广播剧的演播者若丢掉了规定情境或规定情境表现得不准确,都会出现表达不合理的情况。为此,应做到以下三点:

1. 准备中分析、想象规定情境要合理。
2. 演播中始终沉浸于规定情境之中。
3. 想象规定情境要具体。

演播者在广播剧演播前做案头工作时,就应将每场剧和每句话的规定情境大致理出,剧本中不明确的,要通过台词提示合理想象出来,(初学者可以在剧本上标出文字,以便演播时提示自己快速转换感觉),以便进入规定情境之中,把握自己的表达处理。

比如,广播剧《红岩》中"接头"片断的规定情境是监狱地下室内,因此,演播者说话就不能大声,如没接上头之前,成岗欲掐死突然闯来的华子良和后来接上头之后他们的兴奋情绪,再激动也得压住音量,这样表达才符合当时的规定情境。又如,广播剧《家庭教师》中,有一段是姐姐文珏和家庭教师于杯二人夜晚在街头漫步交流,这时的语言感觉应为边走边说,并与走动的脚步节律相协调,使人一听便明了二人是慢慢走动着交谈,而不是死坐在椅子上或原地不动地交谈。不应成为静态的语言感觉加脚步音响的拼凑,那就不真实了。重视规定情境,就是要增强听众和演播者的真实感与现场感。再如,《家庭教师》中的另一段,是球场上的文辉正与同学踢球呢,由于一个调皮的同学说怪话,二人争吵起来。这时,他们的语言必是连呼带喘的、断断续续的,因他们刚在球场上来回激烈地奔跑完,所以,应当是这个说话状态。对规定情境的想象要有生活基础,例如,在汽车里说话要有颠簸感;骑自行车说话,要有蹬车感;在工厂车间里讲话声音要大,因机器声很响;那么,在医院或夜晚说话就应声小,因病人需要安静或夜深人静不宜大声说话以免影响别人;公安人员在追捕罪犯时说话,语言会果断、严厉等等。

　　有些初学者在演播广播剧时,刚开始还能进入规定情境,但说着说着就脱离这一环境了。演播者若想表达得真实、生动、可信,必须在演播中时时提醒自己所处的环境、氛围及人物关系等。不能只顾一点不及其余(广播剧的导演常常要提示、监督演员的这一问题,因无其他外部手段的帮助,演员极易脱离自己应有的规定情境)。

　　如前所举《红岩》中"接头"一例,如果开始时,演播者还注意自己是在监狱地下室的秘密环境中交流,但说着说着忘了这一点,光顾着人物关系变化,事件的进展,与台词内容色彩的改变而兴奋、激动起来,以至于声音越来越大,这就失去了应有的规定情境。因此,广播剧演播者在创作时,应时时把握自己正处在什么规定情境之中,始终沉浸在其中,不脱离真实的现场感。

　　在广播剧演播中,规定情境想得越具体,越容易把握演播的感觉和处理。比如,有一段剧的内容是父母二人交流家庭事务,那么演播者就应根据台词内容想好这个交流是在白天呢,还是在晚上?是在屋里呢,还是在野外?是坐在沙发上谈呢,还是躺在床上睡觉时谈的?是在友好气氛中谈的,还是正相反等。看哪种更合理,更符合剧情的需要。这谈话的规定情境想得越细致,演播者处理就越清楚、生动、逼真。若是晚上躺在床上谈的,那说话的感觉便不同于站着或坐着，应松着气说话，有躺下的形体感觉。也许说着，说着，意见有分歧了，便有一个人坐了起来，争了几句，又躺下来继续谈。也许说着说着困意袭来，打个哈欠，人物语言含混不清起来，语速也慢了下来，声音更小了，最后，终于鼾声代替了说话声。有了这么合理、细致的规定情境的想象，演播者处理起台词来就会合情合理，有层次，听众也听得明白，有味道。

总之，规定情境在广播剧演播中尤为重视，他直接制约着演播者语言表达处理的具体化和方式。如表达用声幅度与音色等。同时，也可体现出一定的现场感，使人听来真实、生动。

（五）体现动作性

动作性，亦称行动性，也是戏剧中的专有名词。什么是行动性呢？剧中"人物为了达到一定的目的所采取的行动，反映在形体上的叫做形体行动，反映在语言上的就叫做语言行动。语言行动和形体行动都是根据人物的心理所产生的，并受其支配。所以，也可以说语言行动和形体行动是人物心理行动的外在表现。"① 举个简单的小例子来说明一下，比如张某的弟弟被王某打了，于是张某就怀恨在心想报复王某。正好张某碰上了王某，于是他冲上去连踢带打，嘴里还不断地说："让你也尝尝这滋味，看你还敢不敢再打人了！"那么，想报复，是张某的心理动作；打人，是其形体动作；说的话，就是其语言动作。一般情况下，这三点是紧密联系在一起的。不过，日常生活中，人们想做什么、为什么做和怎么去做都是很清楚、很自然的。而在剧中却要费一番心思去追究了，因为这些都是编剧注入给人物的心理与思维，不费一番心思去分析和研究是难以准确把握的。因此，吃透剧本，找准人物的心理与思维是找准语言动作性的关键。

---

① 引自《舞台语言基本技巧》下册，第514、515页。

语言动作性，对于广播剧演播有着特殊的意义。由于广播剧是看不见的剧，所以，人物的一切心理动作和形体动作都要由语言体现出来，这对语言的要求就很高。他要求广播剧的演播者除了要有很强的分析剧本台词的能力，同时，又要有很强的语言表现力，并有表演基础，有些初学者对广播剧演播有种不正确的看法，以为演播广播剧容易得很，不挑演播者的形象，又不要表情和形体动作，台词拿来，站在话筒前，你一句，我一句，他一句地对词，再有点语言基础和表演常识，该哭就哭，当笑则笑，就可以胜任了。这是一种十分肤浅的认识，可以说是不懂广播剧。殊不知，演播广播剧，虽不挑形象又看不见人物表情和形体动作，但也需要表演，也需要面部表情和模拟的形体动作与语言相配合，用语言表现一定的动作与情感。不是广播剧的演播不需要表演，而是有其特殊性和侧重点。如前所述，广播剧的创作和演出方式都有其自身的特点。但有一点是相同的，即创作和表演的动作性一个也不少。广播台词中的每一句话，哪怕是一个打呼或应酬的话，甚至一个语气词都有其目的性，都不是剧作者随随便便写上去的。他或是反映出特定的人物关系；或是表现人物的形体动作；或是推动剧情发展……可以说，在剧本中出现的每一句话或每一个字；都有着自身存在的价值，都要仔细认真挖掘出其真正的内涵或特性，予以准确、鲜明地表达。

广播剧演播与影视、戏剧的表演一样，都要探究每一句台词甚或每一个字的真正意义，从全剧着眼，从人物的行动目的入手，弄清人物想干什么以达到自己的目的，为什么干和怎么干的。

演播者明白了这些，再来看剧本中为其设置的台词，哪怕是一句很平常、很平淡的话，都会心领神会，理解其意，并知道用什么样的方式来表现。反之，若不明用意，就只会跟着台词表层之意走，七零八落，没有统一目的性，也就更谈不上正确处理台词了。其实，剧本中的台词往往比较散，有的从表面上根本看不出其间的逻辑和作用，但只要有了宗旨，就可以化零散为完整，化平常为神奇了。例如前面提及的广播剧《秋瑾》中的一例，秋瑾的丈夫王廷君从外面回来了，大门、二门也都通报了"老爷回来了。"却不见内人出来迎接，王站住不走了说："人呢？"这二个字实在平常，但你不知王说这话的心理动作，语言目的及他的为人和与秋瑾的关系如何等条件，这话就不好处理，是满含热望的等待之语？还是疑虑不解之意？甚或是幽默逗趣而为？如果一切全明了，便会以少爷派头加不满的语气说出这二个字来。而仅这两个平常之字、普通之语便使其神韵即出，让人一目了然、一听即明。甚至有时一个"噢"或"啊"等虚词，缺少目的性，也会无从定形，发出模糊混乱的信息，使人听不清真正意思，以至于不得要领，甚至造成误会。

要想使语言的目的性强，意思表达清楚，需要有正确的潜台词做支撑和依据，再用准确的重音和语气等语言技巧显现出来。例如，广播剧《悠悠一片情》中，女歌手岳影面对冷淡她的年轻画家冷平说："不是每个女孩子都喜欢献殷勤，比如我。"这段话中的重音在"每个"和"我"上则显示出说话人的清高本性以及想告诉对方自己的为人之目的。又如，岳影的另一句台词："这么说是你与众不同了？"这话的意思不难看出是讽刺对方的。在表达时，为了显示其感情色彩，应在"你"字上语调呈现曲线形上行再甩出，并延长出字时值，以充分显露这个"你"字的潜在意蕴。

再如，广播剧《红岩》中，《接头》一段：

成岗、齐晓轩、华子良
成：华子良，你来干什么？！（压低声音）
华：慢一点，我有重要事情找老齐。（镇定自若）
成：你找老齐？！我先掐死你！！（愤怒之极）

齐：成岗，等一等！（忙制止）
华子良，你是什么人？（疑问）
华：共产党员。
齐：为什么到这里来？
华：党需要我现在发挥作用。
齐：你找谁？
华：特支书记齐晓轩。
齐：谁告诉你的？
华：罗世文同志。
齐：什么时候？

华：1946年10月18日，罗世文、车耀先同志牺牲的那一天，我陪杀场的时候。1931年以前，我在川北山区根据地做党委书记，省党委书记罗世文同志是我的上级。可是在敌人面前，我只是个嫌疑分子。在去刑场的路上，罗世文同志估计到敌人押我去只是陪杀场，为的是再考察一下我到底是不是共产党员。因此，罗世文同志指示我伪装疯癫，长期隐蔽，欺瞒敌人，枪声一响，我就变成了"疯子"。

齐：那你为什么一直到现在才来联系？（严肃地）

华：省委书记给了我特殊任务，不到必要的时刻不准和任何人发生关系。

齐：如果我不在了，你怎么办？（追问）
华：你牺牲以后我找继任书记老袁同志。
齐：噢（悟）你的任务？

华：让敌人相信我精神失常，然后，第一，与地下党建立联系。第二，完成越狱任务。

齐：你的联络口号？（惊喜）
华：让我们迎接这个伟大的日子吧！（激动）
齐：同志！（热情地紧握对方的手）

华:同志!(眼含泪花)

齐:华子良同志!

华:老齐同志!

齐:你来的太好了!太好了!好多年来你不停地练习跑步,你一直在做越狱的准备。

成:华子良同志!

华:成岗!

成:你真是忍辱负重卧薪尝胆哪,华子良同志,让你受屈了。

华:都是一样的,没有什么,我晓得你和老袁几年来一直注意着我,可是直到现在我才有了同地下党建立联系的条件。①

……

在这个片断中,齐晓轩追问华子良的台词。他的每一句问话都目的性极强,问得很准,才能与对手搭上扣,使剧情逐步推进。反之,就给不上劲。比如,"你找谁?""谁告诉你的?""如果我不在了,你怎么办?""你的任务?"等,一环扣一环,环环相套。

还如,广播剧《丹凤朝阳》中的一段女主人公顾文凤去国民党的监狱看望自己的恋人"周老师"时,对方劝她:"你放心吧。"她回答:"嗯,我放心。"实际上,这句话潜台词应为:"你放心吧"。是安慰对方之意。如处理成自己真正放心之感,就不准确了。一是目的不对,缺乏生活经验。在那种人物关系,那种情境中,应为何种感觉。二是也许本人理解对了,但语气表达得不够准确,这也不行,也表达不清。所以,语言基本功是体现语言目的的保障。

广播剧演播,还应用语言声音表现形象性和生动性。在广

---

① 中央人民广播电台广播剧节目播出。

播剧演播中，同时担负着表现人物心理与形体动作的双重任务。由于广播剧看不见，因而人物的形体动作就要由语言和音响效果共同反映出来。在语言中，这主要是由语言的气息、节奏变化及语言幅度等来体现。比如，广播剧《啊，昆仑山》中，有一段是向西行和黄沙在路上车坏了，往下卸箱子。黄沙身上已经背了一箱了，但他让向西行再加上一箱。这时，他说："再来一箱"这句话时，就不能很轻松地说出，而应有点憋着气说，以表现他身上背了较重的东西，使人闻其声，如见其形。又如，广播剧《家庭教师》中，有一段是姐姐文珏一边随着音乐跳迪斯科一边与弟弟文辉说话。她这时的语言就不能气息平稳，说得很流畅，而应急促、中断，有种喘不过气的感觉，让人一听便知是边跳舞边说的。演播者若想表现这种逼真状态、自己也应有一种相应的形体动作感，让语言节律和上这种感觉，以增强人物语言的真实性、生动性和视觉感，不让人感觉假。使听众既听得明白，又身临其境，一切似在眼前。这种演播才完全到位。

笔者曾经听过上海译制厂的配音演员们演播的一个外国广播剧。其中有一段情节，一个女间谍被对手抓住并被绑起双手，经过一番交涉又被松开双手。著名配音演员丁建华将这个女间谍被绑与被松的全过程，运用气息的提与紧、憋与松等不同状态将其表现得淋漓尽致、栩栩如生、历历在目。这种效果的产生，是演员运用想象与联想引发起自己真实、具体的形象感与肌体感，通过有效的语言外部技巧，调动听众的想象与联想的结果。他是以人们的生活和肌体记忆为前提的。被绑起双手当然疼，人的说话气息自然是提的、紧的。而被松开后，自然是去掉痛感，人再说话，气息自然是松的。这种变化也间接折射出对手的动作过程。因而，我们听后，如见其形。

总之，广播剧演播体现动作性，应注意以下几点：

1. 首先要找准人物的心理动作即语言目的。
2. 不放过剧中的每一句话和每一个字,细细品味、揣摩,找出内涵与真正用意。
3. 注重想象、联想作用,有丰富的各种感官记忆和生活积累。
4. 用语言技巧体现出人物心理动作和形体动作双重感觉和意义。

(六) 寻找正确的语言节奏

节奏,对于艺术表现至关重要。对于表现艺术更是灵魂核心。一个人物有了节奏,犹如有了精气神,就具有活力。反之,就像假人、死人,无生气。在广播剧演播中,人物的节奏和戏的节奏主要通过语言体现出来。人物语言节奏,重在变化与准确。

人物语言节奏的形成有着多方面的因素,首先,是人物内心情感的变化;其次,是人物的基调、性格、职业特点;再次,是剧的风格、基调、时代、地域特点或剧中的规定情境。

比如,通常,一个人在悲痛时,语言大多是缓慢、低沉的;在高兴时说话,大多是欢快、明朗的;一个性格开朗的人,语言大多是轻快、明朗的;而一个性格忧郁的人,语言大多是迟缓、色暗的;一个从事体力劳动的人说话往往音高声大;而一个知识分子,讲话一般是声低语轻;(这是因工作环境和工作性质不同,逐渐养成的习惯)而通常首长的语言多慢而持重,犯人的语言多虚而慌乱。又如,一般悲剧,受其风格、基调制约,人物语言明亮的少,暗色的多,而喜剧则正相反,人物语言往往以轻快、明朗为主;再如,演播一位日本少女或中国古代女性,语言就不能太快、太硬,应柔而缓,而演播一位西方女性或当代中国女青年,语言则可以快语声朗为主;还有,规定情境不同,也左右着人物语言的节奏。在紧急情况下,语言必然快、紧,而在闲适的气氛中,语言必然较轻慢,以上这些方面,都是就一般规律而言。在此，我们不难看出人物语言节奏内涵的多种因素，但在这诸多因素中，以人物内心情感变化，为人物语言节奏变化的主要因素和依据。性格再开朗的人，遇到悲哀的事，也会言缓声暗的，性格再忧郁的人，遇到高兴的事，也会语快声明于平常的。因此，要寻到人物语言的正确节奏，首先以人物心理与情感变化为主，其次再参考此人的性格、基调、职业、剧的时代、地域、风格、基调以及规定情境等其他因素，这样形成的语言节奏，才会比较准确。

在广播剧演播中，人物语言最忌平、只是一个劲儿、缺变化，这种表达，反映不出一个人的精神、内心情感运动及形体动作，这个人物就缺乏活力，语言也缺少感染力。人物语言需要节奏、需要变化，但也不能为变而变，而是有依据地变，这个依据，就是人物的心理动作及形体动作，演播者心里有了明确的语言目的，就会为达到此目的而寻找适当的语言节奏和表现方式，这中间，必然有语言内容和语言形式两方面，这语言形式就包括语言节奏。一般而言，理解了所说的内容，有了明确的目的性，便可自然而然地产生出正确的内心节奏，但要形于外，还要化为一定的语言节奏。这语言节奏都要有意为之。比如，把握语言节奏的快慢、高低、强弱、明暗等因素的对比，推进与转换来促进和体现人物心理动作和情感的外化。这种体现人物内心的节奏，不仅表现在人物语言本身，也反映在人物间语言交流时，双方接话的快慢、高低、虚实等方面，以此反映来交流双方的心理面貌。比如，欲向对方解释什么时，接对方的话必定快；而有什么难言之隐时，接对方的话时必定慢或吞吞吐吐（想想怎么说好）；当自己做了什么亏心事后，接对方的问话时，语言必定虚；二人争吵时，双方接话都必然声高、语重……这些人之常情的基本规律，自然会制约或影响人物间交流语言节奏的形成与变化。

以广播剧《红岩》"接头"片断为例，我们来看一下人物语言节奏的把握情况。首先看这个片断中三个人物各自的语言基本节奏。齐晓轩是一位成熟、老练的革命者，性格刚毅，因而，他的语言节奏较沉稳；成岗，较年轻，性格乐观，热情而有朝气，因而，他的语言节奏是爽快的；华子良，也是一位老练的革命者，但由于他为了党的事业，多年在敌人眼皮底下装疯，久而久之，他也带有了思维迟缓的特点，因而，他的语言节奏是较迟缓的。所以，这个片断中，三个人物都是成年男子，也都是革命者，但由于语言节奏、音色等的不同，也能让人有所区分。此外，人物的心理动作、语言目的不同，又可形成具体的节奏变化。若人物的语言节奏不准确，就不能准确地表达人物的心理感觉及形体动作。

比如，《红岩》这个片断中，当华子良来到地下室时，处在黑暗中的成岗问：

成岗：华子良，你来干什么？！
华子良：慢一点，我有重要事情找老齐。
成岗：你找老齐？！我先掐死你！
齐晓轩：成岗，等一等！华子良，你是什么人？①

我们可以想见，伴随着语言，成岗此时必有一个向前扑要掐华的动作，但被齐及时制止住了。那么，此时成岗的语言节奏绝不会是平缓的，而是快而有力的紧张型节奏，才能体现出他为了掩护老齐的心理动作和形体动作。老齐制止成岗行为的话，也应一改平时沉稳的节奏，而是紧张型节奏语言。否则成岗已扑上去了。此时，二人的语言、心理和形体动作都很明确，成岗要保护老齐，而老齐却对华子良的身份有所怀疑，想进一

---

① 中央人民广播电台广播剧节目播出。

步证实，因而，制止成岗的行为。

又如，这个片断开始时，老齐与华子良的对话节奏较平稳，但当华子良讲清了自己装疯的事实真相后，老齐对他有了进一步的了解。下面的交流，自然应逐渐推进双方的语速和接话速度，语言感觉上行，以表现二人越交流越对路，直到华子良说出了那关键的联络暗号，二人的手紧紧地握在一起，这后半段的交流节奏是紧张型加高亢型的节奏，反映出二人的内心波澜。如若演播者在此内心感觉不对，寻不到正确的语言节奏，便会"节奏平平"，毫无推进感，或推进感不够，烘托不出应有的气氛，达不到情节高潮。一般初学者最易犯的毛病就是你一句，我一句地平稳对话，无节奏变化可言。这样，人物语言节奏不准确，剧的节奏也就不准确。

总之，若想形成正确的人物语言节奏，应注意：

1. 了解人物的心理动作、情感变化。
2. 参考人物的性格、职业、剧的风格、基调、时代、地域以及规定情境等因素。
3. 适应全剧的节奏，重在变化。
4. 把握好人物间交流接话的快慢、高低、虚实等变化。

二、把握录音

（一）与话筒交流

广播剧演播，不同于舞台和影视表演，是面对观众或对手交流，观众的反应与对手的刺激会直接影响到表演者，容易激发情感，有利于交流。广播剧的交流对象比较复杂，由于演播创作的特殊性，因而可以说，广播剧的交流对象有二个：一是演播中与交流对手的交流，是交流对手心理上的；二是与话筒本身的"交流"是形式上的。一般情况下，广播剧演播都要面对话筒交流，实际上，交流对象仍是演播中的对手。但演播者不能与演播对手有表情、动作的直接交流（连表现亲吻，都要自己吻自己的手，表现打人，有时也要自己打自己，自己揪自己的衣服）。与对手的交流，要凭耳朵听为主，眼睛大多只看剧本与话筒。鉴于这种创作现实，演播者在演播时，必须注意三方面：一是要运用想象力，想象出对手的表情、动作等，以增强对自己的刺激。二是以听觉为媒介，吸收对手的语意和情感信息，也引动自己的情感与思维，迅速做出判断与反应。除此之外，还应注意在演播过程中，始终面对话筒，保持最佳录音位置。（录音时，不可低头看剧本有时头虽保持与话筒平行了，但嘴却被举着的剧本挡住了，这样，录出的声音会发闷、不清晰。正确的方法是，头正，嘴与话筒平行，剧本侧向一边，用眼睛的余光来看台词，不要将剧本挡在嘴与话筒中间。）

在广播剧演播中还要注意两种情况：一是，在以往的表演中与对手面对面地交流惯了，现在录广播剧不大习惯，总想与演播对手交流（一般情况下，演播对手站在演播者旁边共用一个话筒，或另用一个话筒，二人是平行位置）。所以，演播时，总歪着头与对手交流，或是开始时还知道与话筒交流，但说着，说着就忘了，头就又歪过去了。这样录出的效果声音偏离话筒，质量不合要求，还得重录。这样重录多了，势必影响演播者的情绪，因为前一二次的感觉最真挚，再往后，就往往调动不起来，或有些假，影响到演播质量。所以，每一个演播者，尤其是初学者都要重视这一问题，以免因小失大，造成创作的遗憾。二是，与话筒交流，应当把话筒当作交流对手，当作一个人来看，一切讲给他听，对他哭，向他笑，把实际交流对手的话语当作他发出的，全神贯注地与之交流。诚然，与话筒交流仅是形式上的，实质上还是与实际的演播对手交流。演播广播剧不需要做全方位的表演，但毕竟要有相应的表情及一些象征性、辅助性的表情和动作注入其中，方有助于表现性语言的充分发挥。例如，攥拳头、用力扔东西、怒而瞪目、哭而捂嘴、打而拍身等动作和表情,这些动作和表情有助于演播者的自身刺激及强化演播的生动性和感染力。切忌演播者一个人闷头看剧本念台词,心中什么也没想,眼中什么也看不见,耳中什么也听不清,面无表情,体无感觉,无法完成必要的刺激与交流。这种演播,台词念得再带劲,也是空的、白的,话筒对得再好,也演播不好。因此,广播剧演播虽不需全方位表演,但在感觉上也要全方位投入才行。要心中有所思,眼中有其形,耳中闻其声,身体有感觉,才能自己有所为。此外,广播剧演播欲想成功,还应与话筒做朋友,心中时时有他。

在广播剧演播中,对话筒位置的把握也很重要,因他往往与录音配合,能造成一定的空间纵深感、层次感与方位感,增强环境的真实性。比如,目前出现的立体声广播剧,他不但能造成空间的纵深感,还能表现左右的横向方位感,这增强了广播剧的表现力,但却给演播者带来了一定难度。演播者不仅要把握自己的台词与情感表现,同时,还要兼顾与话筒位置的调度:远、近、侧、背等。比如,广播剧《悠悠一片情》中,有一段剧是女歌手岳影喊着追上从屋内冲出的男主人公冷平。在这中间岳影共喊了三声冷平,第一声,是急于叫住对方,说话的人与话筒位置适中,使人感到是在屋内喊的(这时冷平已冲出屋了);第二声,是岳影跑出屋来看见了冷平,想叫住他。这第二声喊,就应侧向录音间的挡板或屏风,偏离话筒或站远一些,与话筒拉开些距离,以表现岳影与冷平此时还有一段距离;第三声,是岳影已来到了冷平面前,想劝他,关切地喊。第三声喊,就应上前,对正话筒,声音收一些,以表现岳影这时已站在冷平面前了。至此,通过这三声喊,便表现出了岳影追上冷平的全过程。当然,他兼顾了人物心理、规定情境、语气、声音、话筒位置的调度等诸因素才得以圆满体现。

立体声广播剧的录音,一般都有两个以上话筒,一字排开。

演播者要记住导演对录音位置的调度，有时，是在这个话筒面前说几句，走向另一个话筒说几句，再向第三个话筒说下去，这就给人一种从左向右或正相反的方位感。就是说，录立体声广播剧比录单声道广播剧的录音调度更复杂，除了有纵向的调度，还有横向的调度。很好地把握与话筒的远近、左右、偏正等调度，与录音技术配合，可以更好地表现剧中环境、人物层面、方位，增强演播的真实性。

在录音时，如表现讲悄悄话、夜晚交流或人物内心独白时，演播者要离话筒近些，要声轻气松地说（紧张、愤怒等情绪及特殊要求除外）。不管如何表达，演播者除特殊需要，说台词时嘴里都应干净，否则，会影响录音质量。因为听众看不见，便不明白这杂音为何出现和从哪出来的。这不同于影视片配音，有时，镜头画面是大近景，大特写，演员张嘴的动作比较明显。于是，配音演员为了全面贴合人物原型，可以随之做出张嘴或咂嘴声，这样，可以显得更生动、逼真、贴合。而广播剧没有画面、形象伴随，再无缘无故地做出咂嘴声，就只能让人误认为是杂音了。一般从事话剧表演的演员，因他们在舞台上要求音量，由于咬字过于用力，嘴里有些杂音也听不出来，问题不大。而录广播剧话筒却会毫不留情地将这些杂音放大出来。所以，演播时，在话筒前声音吐字要控制好，音量一般不必太大，要比在舞台上收一些，吐字要细腻讲究。一般没受过语言训练的人，也会因口腔控制较差、嘴松而出现杂音，应将别注意避免此类现象出现。

此外，在话筒前演播，该显露气息时也要大胆显露。因气息是揭示人的内心情状最有利的手段，一呼一吸都极富表现力。例如一个提气，可以表现出人物内心的惊奇、惊喜与惊恐，而一个叹气，又可以表现出人物的沮丧与无奈，甚至有时只用气息便可以表现出人的整个思维过程。恰恰是广播剧演播的特性，可以使我们充分利用话筒表现出人物内心的细微末节，我们应当认识并抓住这个优势，让声音为表达服务。

（二）配合音响效果

广播剧的音响效果有两种形式：一种是在后期合成时，用音响效果素材或再做动效合成；另一种，是在演播现场配合语言同时做音响效果。

在广播剧演播中，为了求得动效音响的真实感即与演播语言同一声面，有时，要求演播者在演播的同时自己做些相伴的动效音响。比如，打开信纸的声音、脚步声、敲门声等。有时，这一切由专门人员来做，只要求演播者跟上做动效的相应感觉出声音、气息。对此，我们都要给予适当的配合，这样，录出的效果才会有机、逼真。

在自己边说台词边做动效时，要注意把握自己演播的这一人物的特征、性别、年龄、性格及规定情境等因素。例如脚步声，一般男性、性格开朗的人，生气者等可较重，而女性、小孩、性格内向者及医院等特定环境中的人应较轻，敲门声也如此。打开信纸的声音，如情感激动中，则动效声可急一些，大一些，以适应相应的情绪。反之，常态中，动效声就可平缓些。同时，还应兼顾动效与话筒的位置：远点、近点，或由远及近，还是边走边说等。

若演播者只说台词，动效由专门人员现场做时，特别要注意与动效配合的节律感，使人听来似你自己做的，二者浑然一体。比如，广播剧《家庭教师》中，有一段是家庭教师于杯教自己的学生文辉打拳，后让文辉自己练习。这时，文辉的演播者就需伴随着做动效人员捶击"沙袋"的声音，嘴里发出一声声有力和有节奏的"嘿嘿嘿"的声音，让人一听，以为是演播者正自己边挥臂捶击沙袋边同时发出的声音，二者节拍吻合。否则，配合不当，就有可能形成二者不统一的情况。或是捶击沙袋的声音与人的用力声音前后错位对不上，或是感觉上捶沙袋声与人声一轻一重不匹配。另外，在广播剧演播中，经常有从座位上起身、坐下或摔倒、跪下等声音，这些，一般都由专门人员来做动效，但演播者需与之很好地配合。在无台词时，可用提气或松气等声音气息来体现，有台词时，要在语言中显现出应有的声气状态。也许，一般在舞台上或银屏上，无台词时不必气息出声，人们也不注意，但在广播剧中却必须要有意为之，用声音、气息体现出来，使人闻之如见之。

当然，要做到与音响效果配合的有机自然、形神兼备，不是件很容易的事，尤其对初学者来说更不容易。这需要有几个条件做保证，如想象中的规定情境，人物特征，人物心理和人物形体动作，导演要求，人物语言或声音，气息与音响效果，配合的顺序、节律感等都要准确。还要有较强的表现力和丰富的肌体感积累。广播剧演播中，为了求得与动效配合的有机、和谐与真实，特别要注意演播语言相应的感觉。有时，导演为了取得好的演播效果，会让演播者伴随台词做相应的形体动作。如广播剧《西线轶事》为了表现战场上的特定情境，导演将录音现场拉到野外，让演播者趴在地上，边爬行边说台词，（话筒跟着演播者走），这样，演播者的呼吸节律、形体动作及语言感觉便能自动和谐，演播者也感觉比较自然、真实，演播效果自然很好。但绝大多数广播剧的录制由于条件所限，只能是面对话筒站着，至多做一些象征性的动作，其语言与形体动作及动效需有意配合。这就特别要求演播者在录音的真真假假之中。调整自己，形成相应的感觉，适当表达。

总之，广播剧演播与音响效果配合得好坏，也是不容忽视的问题，配合得好，能增强其生动性、真实感；反之，则显得虚假，并影响全剧效果。

（三）学会改错接戏

在广播剧演播的实际运作中，有一项工作也关系到演播的完满与否，即改错接戏。这一概念的意思是指，在录音过程中，由于自己或他人出现了口误、录音质量不尽如人意、动效没配合好，以及导演对戏不甚满意等原因，需要重新录制一段戏，或仅接一两句台词，这时，演播者需要做到以下两点：

    1. 开口前，提前进入状态，调动自己进入相应情感和规定情境之中。

    2. 与前边的戏、情绪相接，声音保持一致。

    也就是说，重新录制一段戏时，在记住需修正的地方和问题的基础上，首先，要用各种办法调动自己在重录开口前进入演播状态，形成和保持相应的情绪并进入演播的规定情境与气氛中。其次，在做到重录的台词情绪与前段戏相接的基础上，用声保持统一，不露痕迹，不让人感觉到戏是断了重接的。

    要做到以上两点并非易事，这中间需要有娴熟的基本功，演播的内、外部技巧。一般重录前，往往先放一点前边的戏，待到重录的戏时，演播者就要十分从容地开口说话，与前边的戏有机地衔接上，从情绪到声音都做到天衣无缝。这就要求演播者除了有一定的内、外部技巧做保证以外，还应具备良好的心理素质与艺术感觉。在重录时，应当保持一种良好的工作状态，即内心松弛，同时保持注意力高度集中。戏接得好，才不会影响录音的正常进行；反之，戏接得不好，一遍遍重来，会影响演员情绪和演播质量。

    那么，如何操作改错接戏的具体内容呢？一要有语言的承接感。这实际上就是要有戏的承接感，即重录接点的语言、语气、节奏、情感等都与前面的戏自然承接，无论是接对手的台词，还是自己的台词都自然、和谐，不是从零开始之感。二是声音、气息要有承接感。众所周知，语言的语气、节奏、情感等因素都是通过具体声音的高低、长短、强弱、明暗和气息的多种气势、气状等来体现的。因此，在重录时，就应细致地把握这些具体因素的分寸与幅度。尤其是气息，更要搞清为承接前面的台词，是开口就提着气说，还是先叹口气，再接话等，要使气息前后承接自然。

总之，不应小看改错接戏这一问题，在实际录音中，很少有不需重录一次完成的情况。因为，即使你自己演播没问题，也还会有其他人口误或动效配合不够理想、录音技术问题以及导演不甚满意等种种问题存在，被要求重录。

（四）合理添加"水词儿"

所谓"水词儿"，这里指原剧本台词中没有而又为演播中表情达意所需，由演播者自己合理添加上的简短话语。

为什么要添加"水词儿"呢！原因有三个：

一是，某一人物的台词太长，一人说下去较枯燥，需要与对方交流。

二是，为了表现生活化，削弱台词的文字化。

三是，帮助表明某一人物准确的态度、情感和即兴反应。

在广播剧演播中，几乎可以说没有一部剧演播者不需添加"水词儿"。因为编剧不可能把剧中每一个人物的（包括群众演员的）每一个小的反应性语言都一一写出来。往往需要导演和演播者在把握了剧的风格、基调、主题、人物面貌、人物关系、规定情境之后，酌情添加上合理、准确符合身份和需要的"水词儿"，以填补和丰实人物语言。

比如，有的人物台词太长，又不宜删掉或分开讲，这时，为了表明交流对象的存在和说话者内心始终与之有所交流，一方面可在这一人物说台词时，不时适当地加些称呼对方的招呼性"水词儿"，另一方面对手在这个人物讲一大段台词的过程中，也可适当地加些反应性"水词儿"插入其中。当然，加什么，在哪里加，一般要在看剧本和排戏的过程中，演播者应事先考虑润色好，双方协商定准，并得到导演的认可。以免在实际录音时，两人台词"撞车",不自然,缺乏对应性。当然,一些有经验的演播者已习惯这种即兴反应添加"水词儿"了,但为了保证录音顺利,交流准确,还是应当事先排演好为宜。在连续广播剧《家庭教师》中,有一段剧情是于杯与文辉谈心,讲他上中学时曾热恋过一位女同学的事,这段台词就很长,不加些"水词儿"很难抓住人,也较死板。(下面括号中文辉的话,是添加的"水词"。)

于杯:我不敢对她说呀。可我见不着她就浑身难受,所以那段时间我是吃不好、睡不好,当然瘦了。(文辉:真可笑)我也说不清我当时为什么那么喜欢她。也许是她跳舞的时候深深地打动了我吧。后来,有一次上体育课的时候,体育老师正好让我和她一起去体育室拿几个篮球。(文辉:是吗!)我激动得要命,我觉得这是一个很好的机会。真是巧上加巧,老师让我们拿四个篮球,我们找来找去却只看到三个篮球,(文辉:那怎么办?)这样,我们呆在那个小房子里的时间就比较长了。(文辉:〔希望地〕哎呀)我心里不住地说:快说爱她呀,快说呀!可我一个屁也憋不出来。(文辉:真没用,她呢?)她呀,好像也预感到了什么,脸都急白了,满头大汗。她找球,我就慢慢地朝她蹭过去,我下定决心一定要说出我爱她。可就在这时,体育老师见我们还没把球拿去,就来瞧瞧是怎么回事。(文辉:〔扫兴地〕哎呀!)这样,一次大好机会就给失掉了。(文辉:真可惜呀。)我真是恨死我自己了。……①

仅从上面摘录的这段人物语言中,我们是否感觉到了,如果没有交流对手文辉加上去的几处"水词儿",只让于杯一个人从头说到尾该多么枯燥乏味啊,演员自己也很难说好,同时,听众

---

① 中央人民广播电台广播剧节目播出。

也感觉不到文辉的存在和于杯一直与之交流着,整个戏也会缺少生气和趣味。

又如,连续广播剧《弘一法师》中,有一段剧是表现樱子对李叔同的感情深厚。原来的台词是:

樱子:叔同,你又瘦了许多,你答应过我,要好好照料自己的。来,先把这碗点心吃下暖暖身子吧,真的瘦了。

后来,导演为了使戏更加生活,便添加了一些很生活化的"水词儿",变成现在这样:

樱子:叔同,你把这碗银耳汤趁热吃下暖暖身子吧。
李叔同:哎。
樱子:好吃吗?
李叔同:好吃。
樱子:要不要我再给你添点?
李叔同:不、不,够了。
樱子:你又瘦了许多,你答应过我,要好好照料自己。……①

这样一来,人物语言生活了许多,也更加清楚了。我们似乎看到了樱子见叔同回来的喜悦,她忙着张罗,并深情地望着叔同的炽热目光。

再如,连续广播剧《啊,昆仑山》中,有一段戏是汽车兵黄沙到女护士鲍琪琪宿舍来做客,他们聊了不少。这时,外边传来汽车的喇叭声,接着有人喊:

---

① 中央人民广播电台广播剧书目播出。

"喂，驾驶员呢？"

黄沙：哎，（来了，我还没死呢！）我走了。

鲍琪琪：你们千万要注意身体啊！

黄沙：没事，我死不了！指导员怎么样我可不敢保证。（鲍："你别瞎说！"）哎，最好你能参加巡回医疗来我们那看看他，他就在热水海子那儿等你呢！①

（以上括号内的话为添加的"水词儿"）

在这里添加的两处"水词"都有其自身的价值。"来了，我还没死呢！"表现出人物不耐烦的情状及其性格、气质。"你别瞎说！"体现出鲍琪琪的不好意思。因黄沙已看出她对指导员向西行的好感，她想掩饰一下。因她毕竟是个女孩子。同时，这一句"你别瞎说！"也使二人有了交流。使人听了很清楚彼此的关系和心理。

此外，有时面对大段的、十分书面化的台词，导演会让演播者自己添加些"水词儿"并改为口语说出。

总之，在广播剧演播中，适当地加些相关、相应的"水词儿"，会增加演播的清晰度、生活气息与生动性，尤其是群众角色，更需合理、恰当地添加"水词儿"，因剧本中往往群众角色的台词很简单，要完成好自己的任务，不能不添加一定的"水词儿"。但应注意，凡添加"水词儿"，该加的加，不该加的不要乱加，以免干扰了主戏的进行，或形成画蛇添足之势。此外，添加"水词儿"，一定要正确，应参考人物性格、气质、人物关系，规定情境等各种因素与条件，否则将事与愿违。

---

① 中央人民广播电台广播剧节目播出。

第四节 广播剧演播应注意的问题

一、语言自然、生活化、有艺术性

有的广播剧演播者，尤其初学者拿腔作调以为这就有艺术性了，也有的演播者受工作的影响，有播音调，话剧腔，语言或呆板或夸张，不自然，不生活，听来很不舒服。

广播剧的演播，应似电影和生活中的语言，既自然、生活又富有艺术性，不是纯自然的生活语言。他的艺术性，表现在吐字发声和语言处理两方面。在用声上，是经过训练的，要处于规范化、有控制的自如状态，除特殊需要外，一般用声不过大、过强，不似话剧语言有所夸张，不似播音语言那样规整，变化幅度小，也不似生活语言缺乏控制和表现力。自然、生活、艺术化的语言，才能表现生活的真实、自然，使声音既有情感，又具表现力和感染力，具有打动人、激励人的作用和力量。

二、忌人物一般化、类型化

广播剧中的人物是千差万别，各不相同的。但有的演播者在处理人物时，不做深入细致的研究来找出每个人物的不同点，而是只凭经验对人物做一般化、类型化的处理，这是不可取的。因为广播剧演播不同于影视配音，是再现原片中的人物（人物的一切处理都由演员创造而定，配音只要贴合上，即可称作是准确的体现，亦可称作是再现人物了。配音演员自我发挥的余地不大。）而广播剧演播是创造人物，演播者有充分发挥的余地。演播者可以充分想象、塑造人物。将剧本中提供的人物，由演播者凭借自身素质、条件和认识将其活化出来，形成一个有血有肉活生生的一个人物。这就要求演播按照剧本的提示和自己的理解，找到这一人物的特征并运用语言技巧和一定的方式，在人物的基调、语言节奏、语气、音色、甚至说话习惯上，做不同于以往相近人物的相应调整，创造出富有个性、气质独特的人物。应当看到，演播成功一个人物，关键不仅在于语言技巧和表现方式，还在于，是否抓住了这个人物的特征。

所以，那种见是性格开朗者，就语言乍乍呼呼；见是性格内在者，就语言粘粘弱弱；见是工人就粗声大嗓；见是知识分子就文质彬彬等的一般化、类型化的处理是不够的。殊不知，知识分子也有不同的经历和气质，也有性格泼辣的，工人也分不同工种、修养，也有气质文弱的。人是有共性的，但只有个性鲜明的人，才会给人留下深刻的印象。这就需要我们在认识、表现一个人物时，既参考一般规律，又一定要找到其与众不同的地方，才好准确、生动地表达。

例如，同样是解放军，向西行、黄沙和刘毛妹就不同。再如，同样是爱讲怪话又为国捐躯的烈士，黄沙又与刘毛妹不尽相同，各有各的出身、经历、性格、气质与素养。一般来讲，人物的风貌都蕴藏在剧的台词中，我们一定要细致地、全方位寻找和揣摩。排剧时，导演也会阐释人物的，因而，演播人物千万不可一概而论，那样，创造不出鲜明、独特、活生生的人物，这种人物也没有光彩。

三、会让戏、配戏

在广播剧演播中，演播者又需会让戏、配戏，求得演播整体的有机、和谐。但有不少演播者，尤其是初学者不会驾驭、调整自己的演播分寸、致使其分寸、时机不当，影响到创作效果。这也应当引起注意。

所谓"让戏",是指在与对手交流时,依台词分量和剧中气氛的需要,该让对手充分发挥时,自己要后撤,不抢戏,让位于对手以得到较好的戏剧效果。比如,连续广播剧《弘一法师》中,有一段是女主人公樱子正在家里,这时,李叔同的好友夏丏尊和学生丰子恺来了,他们带来了李叔同出家入佛门了这一给樱子以致命打击的消息,樱子失声痛哭。但这中间有夏与丰两人的大段重要台词,讲了对李叔同步入空门的见解。这时,演播樱子的演播者就不能为了表现自己的极度悲伤而大哭不止,而应用耳听对手的台词,重要的地方,只让自己出强忍着的抽泣声,让对手充分表现,到适当的地方再发出忍不住的痛哭声来。这样,听众便以为刚才对手说台词时,樱子的哭是强忍着呢,现在放声哭,是实在忍不住了。听来合情合理,既让听众听清了对手的台词,也感到了樱子那难以言传的痛苦心情,而这实在是演播者为了追求更好的演播效果的有意为之。反之,如不做这样的处理,樱子以为自己是主角,便在得知李叔同出家的巨大打击下痛哭不止,不对自己的哭声有所控制,会形成哭与台词搅在一起听不清的局面,毫无疑问,这会影响到演播效果。

所谓"配戏",是指非主要演播者说台词或添加"水词儿"时,要会插入主要人物台词的空档中,有机、合理,既起到自己台词烘托场上气氛的作用,又不干扰主戏的进行,浑然一体,为主戏的进行当好绿叶与陪衬。这要求演播者在排练时就有所准备,录音时,认真听场上戏的进行情况,适当参加进去。哪怕自己仅有一句话、一个反应,也要从自己这一人物的外形、内质、规定情境,人物关系等一系列相关因素出发来把握表达,使其自然、恰切。这会影响剧的整体效果。

四、合理处置人物台词

广播剧演播是对剧本的再创作,在演播人物台词时,不能无思维、欠感受地念台词，也不能只表现字面表层意思，还不能只表现人物喜、怒、哀、乐的情绪和结果，这种演播是图解成的、低水平的，缺乏思维过程和情感层次，因而是无艺术性的。好的演播应当是在了解全剧，吃透自己这一人物的基础上深挖台词的内涵，充分动用生活积累和想象力，有层次、有技巧地向听众展现人物的运思过程、对事物的反应、语言环境以及与不同人交往的分寸等具体内容。想象在日常生活中碰到类似情况，不同的人会怎么说，那么，在广播剧中就怎么说。只有按照生活中的规律与逻辑去处理人物台词，人们才会接受，才有真实、合理可言。

广播剧演播的台词处理一定是在具体的想象中进行。如一句话是快说，慢说；是麻木地说，还是动情地说；是叹口气再说，还是说完再叹气；是边走边说，还是坐下再说；是抬头看着对方的眼睛关切地说，还是低头躲避着对方的目光说等等一切的处理，都取决于演播者由生活积累和剧本提示及对手刺激所形成的内心视象、自己所看见的、所感觉到的。因此，广播剧的演播必须紧紧抓住内心视象与感觉。这样方可避免一句接一句，一般化地对台词，不敢停顿，也不敢显现表达幅度。由于广播剧演播不是全方位表演，极易陷入这种缺少刺激、无动感的境地。我们应当在想象力的作用下，将剧本中死的文字，变为活的形象，并真正看得见其一举一动，感觉到自己此时的内心、动作、表情及周围环境。这样，方可处理好台词，演播好广播剧。

例如，连续广播剧《啊，昆仑山》的结尾处，鲍琪琪与战友们一起寻找向西行和黄沙。这时，鲍的台词是："向——西——行，向——西——行……"单从文字表面看没有什么，只是表现鲍大声呼喊。然而，一经演员对这简单的台词合理处置，我们便听到了这样的效果：在大风雪的旷野中，鲍琪琪急切地声声呼唤着向西行的名字，向——西——行，向西——行——。

在这第二次呼喊向西行的名字时，当"向西"二字刚一出口,忽然一阵大风吹过,鲍被呛了一口风,气憋了一下,继而又喊出"行"字来。这种处理,从文字中和台词表面是根本看不出的。而是演员凭借自己的生活积累合理想象出的。这种演播无疑生动地表现出剧中环境和人物行为,有力地烘托了气氛。

第九章

影视的配音

影视配音是许多文艺爱好者都非常喜爱的一种艺术创作。我们该如何看待影视配音？一部影视作品究竟是如何配音制作的？他是由哪些相关环节组成的？要配好一个片中人物都需要把握哪些创作因素？本章将探讨这些内容。

第一节 配音的认识

一、配音的概念

配音有广义与狭义之分。广义的配音，是指将未经现场录音所拍摄的画面在银屏上放映，按照人物口型、动作和片中情节需要，配录人物语言、解说、音响效果和音乐，使之成为声画并茂的艺术成品，这个工作过程一般统称为配音。狭义的配音则特指配录片中人物语言。

二、配音的种类

配音有电影配音和电视配音两种，其中又分为译制片（包括不同民族语的译配）和国产片两大类，再具体又可以分为故事片与美术片（即动画片、剪纸片、木偶片和折纸片等类影片的总称）。不同种类的配音有不同的技术、艺术要领。

三、配音的特征

（一）制约性

配音，是将银屏上演员的表演语言，从声音到情感、气质甚或表情和形体动作的影响都全面、如实地再现出来。他的任务就是严格贴合原片所配人物的语言和表演。因此，有人称配音艺术是"三度创造"。他有严格的制约性。

一般来讲，影视编剧是一度创造，他们用文字为影视剧提供未来影视片的主题思想、人物塑造、故事情节、片子结构以及背景氛围等。导演将影视剧本所提供的主题、思想人物形象、内容情节等，运用影视的特殊表现手段创造性地体现于银屏，增强其思想性、感染力和完美的整体感。这其中，演员的表演是重要的组成部分。演员运用自身作为创作材料和创作工具，根据剧本提供的人物和导演的提示，运用表演艺术塑造出银屏上直观的、活生生的人物形象，这就构成了二度创造。配音，是将片中人物的表演语言原生态地忠实再现出来。因此，其声音的运用、表演、台词的处理以及口气，甚至于细小、独特的说话习惯、口型的状态都要贴合于原片所配的人物，不可根据自己的理解和感受另行创作，那样，势必形成不相吻合的状态，会损害原片中人物的表现。所以，从这个角度讲，配音是门严格的再现艺术，是三度创造，他只能在二度创造的基础上进行，他不同于一般的表演艺术和艺术语言创作。也有人将影视导演的创造算做一环，称配音为四度创造。

（二）技术性

配音的第二个特征是技术性，即对口型。口型，是指片中人物说话或发声时的嘴部动作。对口型技术，就是指配音演员在配音中使自己说出的台词与片中人物的说话口型状态相吻合的技术。他主要指配音语言与原片人物语言开口、闭口一致，口型动作状态与气息状态一致，使人觉察不到配音的存在，以为语言就出自人物之口。尤其是译制片，由一种语言变为另一种语言的译配也能做到口型吻合、形神兼备，这是相当困难的，需要相当娴熟的技术和较高的艺术修养。

对口型这一技术可说是影视配音所独有的，是完美再现原片人物的保证。否则，即便认识、把握人物准确，表达贴切，也难有贴合人物之感。

（三）多向性

多向性，是指配音中的对象具有多角度的特征。一般表演艺术中，演员仅有表演对手一个对象，但在配音中往往要有三个对象兼顾，形成刺激的多向性。

配音对象中的第一个对象，是原片中的"我"，即配音演员自己要配的人物；第二个对象，是原片中的"他"或"她"，即片中"我"的交流对手；第三个对象，是配音中的"他"或"她"，即配音演员现场工作中的交流对手。配音创作过程中，配音演员应不断地提示自己兼顾这三个对象并获得其中的刺激，以做出自己生动、有效的反应。这样，才会产生出鲜活的人物语言，而不是机械地填充口型。

四、配音的意义

配音，是一门独立的艺术工作，其意义一方面在于将各个国家、不同语言的影视作品译配为本国语言，使本国人民听得懂并从中得到艺术享受。另一方面在于将本国的影视作品中的人物语言配得更接近角色，以增强其艺术性和表现力，解决表演者本人由于种种原因不能参加配音的问题。

对于配音工作独立存在的意义，学术界有不同看法。首先就译制片而言，赞同译制配音的人占绝大多数（为此，我们国家还专门成立了电影译制厂和电视译制部）。他们认为，将外国影视作品中的人物语言译配为本国语言，有益于广大观众逾越语言障碍，更好地了解内容、欣赏片子。如果光靠打字幕，观众在观看影片的过程中很忙乱，既要看片子情节、演员表演，又要看字幕了解内容，势必影响观众轻松地欣赏片子。同时，字幕往往比较简单，不足以反映出人物语言的全部内涵和情趣。另一方面就我国目前情况而言，真正懂得外语能直接看外语原片的人毕竟有限，能听懂不同外语的人更是微乎其微。因此，译制配音工作很有必要，有其存在的价值，可以更好地体现原片完整的艺术性。上海电影译制片厂、长春电影译制片厂及其配音演员的工作得到了广大人民群众的认可和喜爱，就是最好的证明，人们甚至单独欣赏他们译配的外国影片精彩对白。

不赞同搞译制配音的人则认为,外国影视作品各具特色,独具艺术魅力,语言也是其中的一个方面,译制成本国语言便失去其原味了。

我们认为,从我国国情出发来看,译配工作的存在是必要的,自有其重要的现实意义。问题是:译制的质量和译配演员的水平问题应当受到重视。看来要不要译配的焦点,其实质应为要怎样的译配。

比如,上译厂的著名配音演员毕克为日本男影星高仓健在《追捕》《远山的呼唤》等影片中的配音和话剧演员冯宪珍为苏联影片《办公室的故事》中女主角的配音,无论是音色还是语言都非常贴合、传神,都受到了原片演员的赞赏。再有,上译厂女演员丁建华竟将日本影片《我两岁》中的幼儿从声音到感觉配得惟妙惟肖,令人惊叹不已。此外,上译厂著名配音演员李梓为外国影片《简爱》《叶塞尼亚》的配音,刘广宁为《望乡》和《魂断蓝桥》中女主角的配音,以及童自荣为《佐罗》的配音等都给观众留下了深刻的印象,令人击掌叫绝。上译厂著名配音演员乔榛曾说:"我觉得我们的译制工作也是一种独树一帜的艺术事业。他不单单是对外国影片做一些介绍,配上普通话,而是一种艺术再创造。……我们的宗旨是还原,是把人家的东西原汁原味地传达给本国观众。……他可以通过我们的劳动让广大观众了解世界各国文化艺术的内涵以及风俗、人情等等。有两位美国电影艺术科学院长到我们厂参观,看了我们的译制片以后,很吃惊,说我们的工作是世界第一流的。《鸽子号》的导演从这里回去以后还写了文章,说他深深敬佩中国的配音演员。前年,美国著名电影演员格里高利·派克来厂看了我为他配音的《爱德华大夫》和毕克为他配音的《海狼》以后,激动得一夜没睡好,他对陪同他的翻译说:我觉得很高兴,他们怎么对我的表演理解得那么深那么细,尽管我不懂中国话,但我觉得他们把角色内涵的东西都表达出来了。"乔榛的话对我们正确认识配音工作很有帮助,也很有说服力。"好的、上乘的译配工作,是极为重要的。"

就国产影视作品要不要配音的问题,目前也有两种看法:一种认为,国产影视作品根本不应当配音。对此,国家电影"金鸡奖"的评比规定中还特意提出,表演再好,不是本人配音的,也不能获奖。这其中的意思十分明确,演员这一职业是用自身做创作材料和创作工具的,演员的功力,除有表演方面的,也应有语言方面的。因此,衡量一位演员的演技当然不能将语言排除在外。毫无疑问,这种见解是非常正确的。

另一种看法则认为,国产影视作品中的配音还是有存在的必要。因为有些演员表演可以,但语言表现力或声音类型不理想;更有一些表演者是业余的,或从事戏曲、舞蹈、声乐等专业,他们的台词有的就有问题,有的甚至连普通话都不标准。这种情况,如果不用配音演员来配音,作品质量无疑会受到影响。

笔者对上述两种意见,更倾向于后者。原因在于,一概而论说国产影视作品不应配音,就目前情况而言也是行不通的。我主张,凡是专业话剧、影视演员,声音型相符又有条件配音的,都应自己配音,但语言表达功力和声音型不理想的,还是需配音演员参加创作,帮助配音,以保证作品的整体质量。也许有人会提出:那以后挑演员时,凡语言、表达和声音型不理想的就不选,不就不用配音了吗?但实际情况是,影视演员选择的要求与话剧演员不尽相同,话剧演员除了看表演之外,还重在语言的表现力与形象、声音的相符;而影视演员则主要侧重对演员形象及表演的选择。因为,演员与人物在形象上有距离,根据话剧创作特点,宁取台词标准的演员。因在舞台上表演,离观众有段距离,形象上可以用较大的化妆来弥补。而影视演员却正好相反,会取形象更接近人物的演员来演，因为影视演员在摄影机前表演，其形象是主要的，化妆是有限的，因而，在语言的表现力和声音型与人物是否理想不可兼得时，就往往被放在较次要的位置上了，因为在后期配音中还有弥补的可能。这恐怕就是影视导演为什么宁愿启用一些业余的或戏曲、舞蹈等专业演员来扮演片中人物而不用一些现成的专业影视演员的原因吧。

大家知道，电视连续剧《红楼梦》中的演员来自全国各地，其中有不少是业余演员、戏曲演员和舞蹈演员。看原片，他们的台词各式各样，有南方味的，有东北腔的，也有的不会表达处理台词，还有的声音与形象、气质不相符，如果还用原班人马来配音，那出来的效果可想而知。此外《红楼梦》中的演员众多，有的拍完此剧，马上还有别的任务。所以，像这种情况，就需要配音演员来配音。此剧的配音导演对这个剧的配音处理比较妥当。她将表演者本人声音、气质相符，具有表达能力且有条件参加配音的演员留下来配自己所扮演的人物。而大多数人物都是由她精心选择的配音演员来配。应该说，正是由于配音演员的三度创造，才更使得王熙凤这一人物形象声貌并趋、大放光彩。也正是由于这些配音演员的再创造，方使《红楼梦》中的众多人物，在听觉上，老爷有老爷味、夫人有夫人味、姑娘有姑娘味、丫头有丫头味、婆子有婆子味，而且各有其貌，有各类人的不同层次区分，使得这部电视作品较为成功。

同样道理，其他影视作品也有此问题。如表现民族题材的影片《五朵金花》中的女主角"金花"、《刘三姐》中的"刘三姐"以及儿童影片《闪闪的红星》中的小男孩"潘冬子"等一些给人印象深刻的角色，没有著名配音演员张桂兰精湛的创作是很难如此成功的。因为扮演"金花"的演员杨丽坤是少数民族演员，普通话讲不好；而演"潘冬子"的又是儿童演员，处理台词也有困难。此外，有些大家熟悉的表演者年事已高，自己配音有一定困难，口型总对不上。像这种情况也需由他人代配，以保证配音质量与配音速度。当然配音者的声音和语言表达都应贴近表演者本人方能以假乱真。

其实，在世界上其他国家和地区也有配音艺术的存在。比如，德国、美国、英国、法国以及我国香港、台湾地区等都有专业的配音演员队伍和专门从事配音工作的制作人员。

综上所述，配音工作有其存在的价值和必要性，问题是如何保证严谨的创作态度与配音质量。有些人反对他人配音，一是，他们不甚懂得配音也是一门艺术和配音的必要性。二是，也有人对目前许多配音不求艺术，只为经济效益抢时间、争速度、粗制滥造现象的反感与指责。我们应当区分不同情况，予以正确认识。

第二节　配音工作概貌

配音是一门艺术，但配音的成功却不只在配音一个环节上。他涉及翻译、导演甚至录音、合成等各个环节、各方面的通力合作，才能最终取得好效果。配音一般涉及以下几个方面，形成一个过程。

一、片子

配音的片子在外国影视作品中，一般来自三个途径：一是，我国花钱购买的；二是，中外文化交流互换的；三是，外国大使馆赠送的。

国产影视片，是国家各电影厂、电视台及各影视公司等拍摄的作品。

所有需要配制的影片，如若在电视上播放，还需经过"胶转磁"即将胶片拍成的片子转录成录相带，再加以配制，因是两种不同拍摄材料，因而配音的设备、方式有所不同。电影采用胶片拍摄，他的影像与语言、音乐、音响等声音都各有一条带子，互相对应，但又相互独立。配音时，要将胶片带剪成若干小段，头尾相接做成循环圈在放映机上反复循环放映，同时，也将相应的磁带循环圈放在录音机上，供配音演员对口型和录音用。如其中有一点出错，也要将整段片子重新录音。待人物语言录音全部完成，再将一段段的胶片接起来与其他音乐、音响声带混录合成，之后，将混录磁底片转成一条光学声带供印制放映拷贝用。此外，电影配音的影像投放在银幕上。而拍摄电视的材料是录像带，录像带上有两个声道。一般合成带，一个声道是语言，另一个声道是音乐和音响效果。配音工作是在另一盘录音带上进行的，然后，再与音乐、音响效果合成为一盘。配音时，对口型和录音，都可在某一段录像带中反复进行，如配音有错，可就地"打点"重录，比较方便。电视配音的录像，是投放在电视监视器或投影上。

二、翻译

就译制片而言，一部片子的配音是否成功，翻译的好坏很关键。在译制片中，翻译有两种情况：一种是没有剧本，只能听原片对白听译；另一种是有剧本，可以直接翻译成本国语言。

翻译有三种方法：一是直译；二是意译；三是转译。

直译，是将外语原封不动地按原意翻译过来，不加任何修饰。这种直译的方法不适于配音要求。因为直译的句子多为倒装句，语言不顺，又与中文音节、字数不相等，此外，有的词汇也不甚明了。

意译，是译制片翻译的主要方法。他可以按照外文意思翻译成中文语句并尽可能使外文与中文的音节、字数相符，此外，还注意选择开、闭口型都与原片人物口型相似的音节与词汇，翻出人物语言的准确内涵，不拘泥于外文的表面词汇与意思。这其实也是一种创造，这是译制片翻译常用的方法。

转译，有两种说法：一种是指将一种外语译成另一种外语；另一种是在意译的基础上，按照某种需要将原片外文中的意思稍加改变，以期适用。这里指后一种说法。一般译制片以意译为主，需要时才加以转译。

比如，"你们总会交上志同道合的新朋友的，和自己观点一样"。这是直译；如改为"你们总会交上志同道合的新朋友的"，这是意译。

又如，"你们可以相爱，但不要太认真。"改为"你们可以相爱，但要适可而止。"这是转译，因前者的意思为俩人可以玩玩，但不能结合。这不符合我国国情和道德观念。因此改为后者，意思有些变了，似指不要过分，这样可以为我们所接受。转译的作用就在于此。

另外，有些电影名就用了很精彩的转译。例如，众所周知的几部片子：《红舞鞋》被译为《红菱艳》，《正游泳的美女》被译为《出水芙蓉》，《滑铁卢桥》被译为《魂断蓝桥》以及《卡萨布兰卡》，有的译为《北非谍影》。这些转译的意义在于脱俗、避实或使影片更吸引观众。

译制片翻译是最早接触所要译制的作品的人，因而，他要通过自己的工作了解、把握影视作品的主题、风格、时代背景、人物关系、人物性格以及语言特点等，并用中文的表达方式翻译过来，完成一次有限的创造。译制片翻译应具有相当的功力，不是外语好便能干好这一工作，有不少外语专家并不一定能够胜任。原因在于，除了有较好的外语水平和有关知识以外，翻译还应懂得戏剧，懂得口型装填规律（即字数多少与开、闭口型）等。

例如，"这假期很短。"这个句子并没有翻错，但语言出来没戏,如改为"这假期也实在太短了。"便可更好地表现出男女双方依依不舍、难舍难分的恋情了,这其中的戏也就出来了。有时,翻译为了适应片子的风格,还要斟酌适合片子风格和人物性格的台词。比如,一部喜剧警匪片,其中一个生性幽默的警探在生死关头仍对他的搭档出言幽默。原来台词之意是"长命百岁",后经翻译润色,改为"爱活多久就活多久"。这样的修改,更接近影片风格与人物性格。当然,台词字数应合上人物口型。

又如,"您说得轻巧。"这句话,不像是大饭店的服务员对一位贵夫人所说的话,人物关系不对。若改为"您真客气",便符合人物身份和关系了。即使一个简单的"Yes, sir"也不能千篇一律地翻成"是,先生"。可依不同环境与人物关系来翻。如果在军队里士兵说这句话,可翻成:"是,长官。"这样,比较有军人气质,语言也更有力度,更符合环境和人物身份。另外,在英语中有许多称谓都是同一个单词,也要依据人物关系准确翻译。否则"姐姐"成了"妹妹","弟弟"变成了"哥哥",人物关系错位,说话口气自然也不相同了。

翻译要翻好一部片子是非常不容易的,往往需要有广博的知识,要熟知与片子有关的历史、地理、风俗人情等,方可使自己的翻译准确无误。同时,还需做大量艰苦细致的工作。据《青年时代的马克思》一片的翻译讲,她为了译好这部片子,特地看了马克思的有关哲学著作,并寻找、查看了那个时代人的称谓,弄清了马克思的家庭成员及其关系,这才保证了此片的翻译工作顺利完成。有时,为了讲清一个意思,翻出语言的情趣、特色,甚至为了口型填充的需要,翻译要反复、精心地筛选每一个字、每一个词。这样才会有精彩、幽默又适合口型的配音台词。

在译制片的翻译工作中,有的翻译为了照顾配音演员的外语水平,便在其翻译的台词中做一些简单的提示记号供导演和演员对片使用。比如,句子连续、停顿不长的气口、较长的停顿、人物入画与出画情况以及人物背镜等记号。这些记号可以有效地帮助配音导演和演员对准画面和口型，不致于前后错位、发生混乱。

由于翻译工作极大地帮助了配音演员的创作，因此，每当人们称赞某位著名配音演员配音配得好时，他们几乎都会说：这与翻译翻得好是分不开的，由此可见译制片翻译工作在一部译制片中的重要地位。

三、导演

配音导演（译制片与国产片）的工作也很重要，不是可有可无的，他是一部片子配音的总体把握者，他要做的工作很多。

首先，配音导演要反复观看原片和原片有关的文字材料、文艺作品等，了解原片的时代背景、风俗人情，把握原片的主题、内容、风格、人物关系、人物性格以及语言特点等，以便对即将配音的片子有个较为全面的认识与把握。与此同时，译制片导演还要和原片翻译一起研究台词剧本并加以润色，使其更清楚、更有戏、也更适于配音演员对口型。此外，导演还要根据原片、译本或剧本进行艺术构思，拟定艺术处理方案和导演计划。

其次，配音导演要根据原片中人物的性格、声音、气质等条件构想出人物的声音形象，选择合适的配音演员，既要有不同的人物声音造型，又要搭配出一个和谐的配音整体。在选择配音演员时，导演既要考虑到配音演员的声音接近人物，更要考虑到演员的气质、戏和表现力如何。如二者稍有矛盾，导演往往宁选气质对、戏好、有理解力和表现力的演员来配，（尤其是主要人物），而不选择只有声音接近原片人物，而其他方面欠缺的人来配。因为导演选对了演员，可以说就成功了一半。人员选定之后，按正规的顺序，一般导演要组织大家观看原片，明确每个人的配音任务与人物对号，同时对原片与人物进行阐释，以统一认识，并指导大家排练。(配电影片更注重排练这一环节) 排练的内容除了不要求形体动作(但要知道)外,其他都与演员表演相同。有时,导演还要辅导演员把握人物、对口型及运用话筒位置表现声音。准备阶段的排练目的,是要演员在了解全片和人物的基础上,靠近演员的表演,把握其情感、心理动作、语言动作和形体动作以及人物性格、人物关系和语言特点、规定情境等,使自己的配音连贯、有机、准确、深刻、贴合,不致流于只配上口型了事的低层次创造。

在录音阶段,配音导演一方面要对演员的台词把关,如内涵、语气、节奏、味道、交流分寸等;另一方面又要与录音师配合,提出声音处理的要求,以增强其表现力、整体感和层次感。

配音录制完成后,配音导演还要同录音师及音响师共同合成片子。配音导演要对语言、音乐、音响效果、声音的比例等方面加以指导、把关,使片子整体具有完美的效果。

四、配音

配音工作是给原片人物(译制片与国产片)配上台词,要求声音合适、感觉贴合、音节多少和口型状态与原片人物完全吻合。这是一项艺术加技术的艺术创造。配音工作不是每一个艺术语言工作者都可以胜任的,他需要多方面的条件。

(一)要有较高的文化和艺术修养。否则,不能很快地理解片子和自己所配的人物。

(二)要有良好的语言功力和造型能力。以保证有较强的语言表现力。

(三)要有一定的表演素养。有表演能力和戏剧修养,才能活现自己所配的人物,不至于只是被动地对台词,而是将整个人物的精神风貌、行为目的、人物性格、气质、人物身份、人物关系、人物的情感、思维、交流反应以及神情、动作等内容，从内到外一并融进台词中反映出来，使所配的人物准确、贴合、生动、有魅力。

（四）要机敏、反应快。因为配音演员需要在较短的时间内对原片人物有所理解、体验，又要尽快对上口型。（不像一般演员接近角色有一个较长的过程，从案头工作到体验生活再演出、拍摄。）配音演员在工作中，除了要有娴熟的内外部技术，还要将自己的台词尽可能快速背下或熟悉起来，对准口型，以便在配音时能分出一部分精力观看人物的表演和对口型，贴合人物的感觉，也使自己的台词处理得有机、自如。如脑子反应慢跟不上，便难以应付这样的速度并兼顾多方面因素。

（五）要有口型技术与录音经验。配音演员要会修改台词，掌握填充口型技术，并有良好的话筒前创作状态和一定的录音经验。否则，由于某一个人口型、台词对不上或不适应话筒前创作状态总出问题，亦或心理紧张，口腔、声音控制不好，过强、过弱或总出杂音等，便要不断重录，就会影响大家的创作热情，也会拖延工作时间。

五、录音

录音，虽多属于技术工作，但也有艺术感觉，在配音当中，实际上也参加了创作。录音师除了要保证每个配音演员的声音不失真、符合人物的语言声音造型外，也需吃透剧本，了解内容、剧情、片子的风格、基调、人物的表演等，一起参加配音创作。

录音中，片中景别的远近、场景的内外等，都需要造成不同的声面和环境感。配音演员台词的声音大小、远近、混响以及群众场面的层次、人物情感表现等，都要由录音帮忙体现出来。录音师不能只懂技术，不懂戏和表演，只看仪器操作，将演员的声音都拉成一个平面，如在台词激愤或宣泄、喊叫时，也把声音拉下来，就会使整个戏显得平平，高潮推不上去，缺乏一种震撼力。总之，录音也是帮助配音增强表现力的有力手段。

六、合成

合成，是配制一部片子的最后一道工序，合成的好坏也会直接影响到片子的质量。从总体上讲，合成是将语言、音乐和音响效果三个内容合比例、按需要地混录在一起。在合成的过程中需要做的工作也很多。

首先，要把音乐准备好。在有"国际声"的片子中，语言与音乐、音响效果是分开的，只要将配好的语言与原片声带中的音乐、音响效果合成即可。不用再单做音乐与音响效果。而没有"国际声"的译制片原片中，语言、音乐、音响效果都混录在一起，在这种情况下，就需要录音师将原片中的各种音乐从没有语言和音响效果声的中间一段一段地摘下来，再接成完整的乐句反复连接，直到够用为止。如某段音乐实在摘不下来，就要找风格、情绪和节拍相似的音乐来代替。如有条件的可记下原片音乐的乐谱，请乐队演奏录制出来，供合成片子使用。

其次，要把音响效果准备好。有时，在没有"国际声"的译制片中，音响效果较为独特的可摘出保留下来，但大多数片子都是全部重做，这样，做的好处是声音统一。合成时，还可找一些音响效果录音资料一起合成。这样，三种不同的音响效果：原片的、实做的和录音资料，要一起用于一部片子中，录音师就要进行一定的技术处理，使其谐调统一。

合成的最佳效果是：该突出语言的就突出语言，该凸现音乐或音响效果的就凸现音乐和音响效果，既有机又自然、鲜明。总之，整个片子中，各种声音的大小、强弱、远近以及声面的不同层次等，都在导演的指导、把关和录音师、音响师的操作下，既按照片子需要而不断地变化着，同时又与画面需要相吻合。

以上简单介绍了配制一部片子的整个工作程序及各个环节。其实，在译制片配音中还有一环没能涉及，即口型校对。这一环在译制片中至关重要，他由专人将翻译好的台词再润色，对上中文填充口型，既要兼顾音节的多少，嘴开合的次数，也要对上口型的开闭状态及气口。由口型校对员校对过的台词，再配音非常贴合。但目前除了正规电影译制厂外，大多数电视台等配音制作实体都缺少独立的这一环，这项工作分别由翻译、导演以及配音演员自己承担了。

第三节　配音创作要素

一、贴合人物

贴合人物在配音创作中非常重要，他是配音工作的核心。他包括四方面的内容：一是与原片人物的语言声音相贴合；二是与原片人物的内在气质相贴合；三是与原片人物的表情动作相贴合；四是与原片人物的内心感觉、所演戏段相贴合。

（一）与人物的语言声音相贴合，是指配音演员要在自己的声音条件和音色范围内使自己的语言声音尽量贴近原片人物，使人感到言如其人、声如其人。有时需要声音化妆。

比如，大家熟悉的一部比较成功的译制片《办公室的故事》中，女主角、女局长柳德米拉·叶芙妮可夫娜这一角色是由冯宪珍配音的。这个人物之所以比较成功，不仅由于翻译将台词翻得比较好，配音演员的表达功力较高，也和配音演员与原片人物的声音音色比较贴合有关。配音演员在配这一人物时，根据需要用了她声区的中、下部，所以听来与原片人物很贴合。

　　一般来说，配音导演会尽可能找音色与原片人物相同的演员来配该人物。配片大多如此，这可给贴合原片人物打下良好的基础。但也有些译制片却不尽然。比如，墨西哥影片《冷酷的心》中那位美丽、善良的妹妹莫妮卡，原片中演员本人的声音又低又哑，但我国上海电影译制片厂在译制这部影片时，却让著名配音演员刘广宁来配这一人物，她那甜美的女高音音色和柔美的语言，使中国观众感到这种声音正出自这位美丽、善良的女性之口，听来很贴合、很对味。这种情况在译制片中屡见不鲜。原因在于中外的审美与人的生理构造有所不同。一般来讲，欧美一些国家年轻女性的声音中低音色的很多，她们也以此种声音为美；而亚洲一带东方国家，年轻、漂亮女性的声音多为小高音，人们也以这种音色为美。因此，译制导演做这种音色的改换是有必要的，也有实际意义，他符合中国人的审美习惯，同时也解决了一些实际问题。比如，年轻、中年、老年女性的音色搭配问题。男声也有此类情况。例如，上海电影译制片厂著名配音演员童自荣所配的角色，音色就往往高于原片人物。因为他所配的角色多为英俊潇洒的小生，而欧美一些国家的人声音普遍偏厚，低于亚洲一带的国家。

　　由此看来，与原片人物语言声音的贴合不是只限于被动地贴合原片人物的音色，还有在符合我国审美习惯和生理条件基础上主动创造的成分和内涵。这种创造，是配音导演与配音演员共同来完成的。因此，我认为（也有人认为配音只能被动地适应原片人物的声音），准确地讲，配音演员与原片人物的语言声音贴合，实际上来自两个参照值：一是真正的原片人物音色；二是配音导演对人物音色的选择与把握。配音演员要做的是利用自身的语言声音条件，适当加以调整，从而更好地实现原片人物的语言声音造型。应当看到，与原片人物语言声音贴合，不完全指声音,也指语言习惯、说话方式。如这些方面与原片人物有距离,可用共鸣的调整、咬字的前后、字形的长短、圆扁以及结巴、松唇等方法来接近人物。

(二)与人物贴合的条件之二,是与人物的气质相符。

一般来讲,配音导演大多找与原片人物气质相近的演员来配音。这样,配音演员比较好把握人物,也较好表现。这在表演艺术中犹如"本色演员"。但是,表演或配音都是一门艺术,这就要求演员在自身的基础上有所发展,具有体现不同于自己性格、气质的人的能力。这在表演艺术中犹如"性格演员"。配音演员也应如此,配音不仅要配与自己性格、气质相近的人物,也要配与自己有距离的人物。其实,再与自己性格、气质相似的人,也不完全一样,因为不是完全的自我,何况,还有不同时代、不同国家、地域和民俗的差异渗透其中。因此,原片人物在性格、气质上无论是与配音演员相近或相去甚远,都需要去与之不同程度地贴合,而要贴合一个人,就应分析此人的一切条件:如外型特征与内在素质,看其出身、经历、性格、爱好、职业、各种修养以及他的语言表达方式和语言特点等因素。因为不同气质的人,说话感觉是完全不同的。例如,一位绅士说话不会粗俗,而是很有礼貌、文质彬彬的;而一位军人说话不会很文弱,而往往比较硬朗、干脆。同样是少女,一个农村人与一个城里人或一个从小生活在亲人的宠爱环境中与一个从小就无温暖的人,她们各自的气质和语言方式也绝不相同,有所区别。

比如,印度电影《真真假假》。

片断一《考试》

拉姆:您好,先生。
帕瓦尼:进来,进来。您叫什么名字?

拉：拉姆·普拉沙德·达希勒特·普拉沙德·夏尔玛。

帕：坐坐、请坐。

拉：谢谢、谢谢。

帕：您认为苏尼尔·高斯格尔怎么样？

拉：苏尼尔·高斯格尔？

帕：对，有名的板球运动员。

拉：请原谅，先生。我对板球知之甚少。

帕：好，好，没关系。那您对"黑珍珠"有何看法？

拉：我根本不知道珍珠也会有黑色的，我一直认为珍珠都是白色的。

帕：我指的是贝利。

拉：喔，他可是个伟人，先生，是个伟大的人物。

帕：哦。

拉：真的。

帕：请您谈谈他的伟大之处。

拉：他写的《马哈拉什特拉邦落后部落的人均收入》一书值得一读。先生。

帕：您说的是谁？

拉：莱利，先生。莱利教授，著名的经济学家。

帕：不，不，我说的是贝利，闻名世界的球星贝利。

拉：哦，前几天我倒是在报上看到过一则消息，说是加尔各达有三四万疯子为了见他，竟然在半夜里就赶到机场去等候。我就知道这些，先生。

帕：好。印度、巴基斯坦曲棍球赛就要举行了。请您谈谈您的看法。

拉：先生，请允许我告辞。

帕：为什么？怎么了？

拉：我除了自己以外，其他方面一概不知。先生，我父亲训导我，青春贡献给事业，以后有的是时间去娱乐。然而今天我才恍然大悟，有关体育等等方面的知识也是很有必要的。父亲的训导不足信。

帕：绝对不是。绝对不是。令尊大人的教导完全正确，快坐下，他还说些什么。

拉：他常常说，一个有理想的人……喔算了，先生，您会认为他神经不正常。

帕：不，请说下去。

拉：他常说，一个有理想的男人应该蓄起胡子，胡子是人心灵的镜子，胡子反映一个人的内心世界。

帕：真是金玉良言哪，孩子，依我看，一个人没有胡子就说明他没有良心。你确是受到了堪称典范的家教，请你看看这份明细账。

拉：这是1970年的。

帕：嗯。

拉：这账是哪个缺心眼儿做的，先生？这人准是个笨蛋。

帕：是我亲自做的。

拉：请原谅，先生。不过这账做错了。

帕：这我知道，我不过是想考考你究竟懂多少。我很喜欢你。我为你感到骄傲，年轻人。你从明天起就来上班，工资暂定为800卢比。

拉：800卢比？

帕：对，绝不能多于850卢比。你们这些年轻人哪，就只知道钱……

拉：不，先生，我不是这个意思。我是新手，哪能拿800卢比的工资。就是500卢比也不配拿呀。

帕：瞧，孩子。你究竟有没有才能，不必由你来告诉我，懂吗？去吧，明天就来上班。咦，你的褂子怎么这么短？

拉：先生。我父亲常说：衣服只是用来遮羞而已。全印度有3亿男人，即令其中有1亿褂子，如果每个人把褂子做短6英寸。就可以省下许多布，用这些布又可以解决多少人的穿衣问题。所以我父亲常说，穿长衣是一种极为有害的时髦……

帕：在世时？

拉：是的，先生。他四年前就去世了。

帕：噫嘘，真是太遗憾了，我没有机会见见这位大贤人。

拉：但他永远和我在一起，我时时刻刻都在怀念他老人家，他老人家虽然已经谢世，但他的思想和主张将永存。

帕：好，说得好，你一定会有出息的。但我有个小小的请求，请你以后不要在谈话时使用这样深奥的语句。听起来很费劲。

拉：OK，先生。

帕：嗯。

拉：再见，先生。

片断二《上课》

拉克希曼：Thank you，谢谢您。

帕瓦尼：您叫什么名字？

拉：拉基·夏尔玛。

帕：拉基。

拉：我的名字是拉克希曼·普拉沙德，朋友们都管我叫拉基，您也叫我拉基好了。

帕：不，我还是称你拉克希曼·普拉沙德。

拉：那就悉听尊便，我不强求。您可以称呼我的全名：拉克希曼·普拉沙德·达希勒特·普拉沙德·夏尔玛。噢，想起来了，我哥哥说，您这里需要一名音乐教师？

帕：有这回事，可有两个条件。

拉：条件？

帕：对！第一，您的工资定为每月200卢比；但钱不交给您，而是给您的哥哥拉姆。

拉：这为什么？

帕：我说过了，这是第一条。

拉：OK，OK。我同意。第二条呢？

帕：这第二条是，您是否胜任音乐教师一职，这得由我女儿来定。

拉：Sorry，这条件我不能完全接受。您女儿有权决定我能否胜任音乐教师一职，像我这样的艺术家也同样应该有权决定您女儿是否值得一教。

帕：这个要求公平合理。乌尔米拉，你的音乐教师来了。

拉：嗨！

帕：他是拉克希曼·普拉沙德·达希勒特·普拉沙德·夏尔玛。

乌尔米拉：我可记不住。

帕：拉克希曼·普……

拉：等等，您可以叫我拉基。

乌：好好，太好了！我就叫您拉基先生。

拉：不必，不必！

帕：哼！

拉：完全没有必要加上"先生"二字。您叫我拉基就行，我呢，也不称您为乌尔米拉小姐。叫您米丽。

帕：不行！您一定得称她为乌尔米拉小姐，而她得称您为先生。

拉：好吧，听凭您吩咐。

帕：乌尔米拉，你试试他有没有本事教您唱歌，您也考考她是否有培养前途。

拉：那自然。

乌：来吧，到音乐室去。

拉：有句话要先说清楚，米丽，学歌不是容易事。

帕：您说什么？

拉：我是说乌尔米拉小姐。乌尔米拉小姐。

帕：对！

拉：唱歌是门艺术，不是做买卖，也不是算算术。在这门艺术里，二加二不仅等于四，还可等于五，等于三，甚至等于零。

乌：请吧！

拉：您先请。①

《真真假假》是一部带有喜剧色彩的片子，讲的是这样一个故事：一个聪明、活泼的男青年拉姆毕业后，听从舅舅的劝告，贴上了胡子，又从电影厂借来一套老式的衣裤去应试，因这个公司的老板与其舅是朋友，其舅了解他的观念：不留胡子、穿着入时、爱好文体的青年在工作上必不可靠。于是，在考试时，拉姆装做除了本人业务以外其他什么也不知的人，老板对他很中意，于是他得到了这份工作。他工作努力很受老板赏识，还给他加了薪。但有一次由于他按捺不住对体育的兴趣，与朋友共定计策，由朋友打电话谎称他母亲病了让他回家，于是他得到了老板的应允，如愿看了这场球赛。谁知，事有凑巧，拉姆的老板也去看了这场球赛，他看见了身着入时、没留胡子的拉姆。次日，当老板盘问拉姆时，他在毫无准备之下，急中生智谎称自己有个长相一样的双胞胎兄弟拉克希曼。老板信以为真，并要他把这个游手好闲、风流倜傥的兄弟带到他家教他女儿唱歌。当拉姆以拉克希曼的面目出现，成为老板的女儿乌尔米拉的音乐教师之后，两人

---

① 中央电视台播出。

相爱了。但老板发现后不喜欢这个事实，又要拉姆教他女儿学习文化课，想取代他"兄弟"将女儿嫁给他。于是，拉姆不得不在老板与他的女儿之间无可奈何地来回变换着形象周旋着。片子的结尾是拉姆的事情终于败露了，但却教育了老板，有了大团圆的结果。

因此，在这部片子当中，配男主角的演员，就要同时配出两兄弟的不同人物气质和语言感觉。拉姆是内在、忠厚的，语言沉缓；而拉克希曼却是轻佻、外露的，语言快浮。如果配音演员缺乏多种功力，把握不住所配的两种不同人物的性格、气质，表现不出他们应有的语言。那么，就会出现银幕上演员表演得淋漓尽致、十分充分，而我们却配不出来，人物不贴合的现象，从而严重影响影片的译配质量。

总之，屏幕上演员演出了人物的气质，我们配音就应从语言中体现出这种气质，这样，才能贴合原片人物，人物的视觉形象与听觉形象才可能统一、和谐，人物才对味。贴合人物的气质，需要经验，有时也需要模拟，其关键在于理解、把握人物。

（三）与人物贴合的第三个方面，是与原片人物的表情、动作相贴合。

也就是说，原片人物表情中的喜、怨、哀、怒等各种情感状态与变化和形体动作的走、跑、跳、卧、打等不同运动状态都要通过配音语言显露出来。片中人物哭着说话，边抽泣边讲，我们配音也要有这种哭着的感觉揉在语言中；片中人物边跑动边说话，我们也要有这种形体运动中的语言表现；片中人物边扔东西或边与人打斗边大声说话，我们也要与之贴合上。这一切都应在配音语言的感觉、语气节奏、气息状态和气口上体现出来。即使是一些极细微的表情和动作我们也不应放过。比如，片中人物的摇头、耸肩、摊开双手、面露难色以及眉头动一下、眼皮耷拉下来、撇撇嘴等等；这些细小的表情、动作都应在我们配音的语言、气息中有所体现。因为除了有声语言以外，还有由表情、手势等构成的体态语。副语言往往以其辅助、伴随功能与人的言语交际共同构成人际交流的综合方式。在广播剧演播中，听众是看不见的，只以有声语言形式、气息等来体现。人们通过人物语言的表达方式便可想见与其相伴的副语言。副语言的有无、多少完全由演播者凭想象自行处理。而在配音中却不同，人物表现的一切，你都要完全体现出来。这样，我们所配的人物才活灵活现、十分贴合。要达到这种境地，就要一切跟着人物做，感觉到人物的表情、手势与动作状态，好似这一切全是自己所为，再把他们融进自己的语言、声气中表现出来，达到有机的贴合。

（四）与人物贴合的第四个方面也是最重要的条件是与人物的内心感觉及戏相贴合。

要贴上演员的表演和片中人物在此规定情境中的反应，这主要取决于通过外部语言动作所反映的内心感觉是否准确、贴合。感觉相贴合有两个方面：一是与人物总的个性、气质相合；二是与人物的每一具体活动即思维、情感、表情、动作相合。也就是说，你要为一个人物配音，就要从心理上完全化为那个人物，具有那人的个性、气质和情感、行为，实际上也要表演那个人物。唯有此，才能真正把握住那个人物的一切心理行为，配音语言才有底蕴。因此，一名好的配音演员必须懂得表演，会表演，具有表演素质。只不过，配音演员的表演是有限度的表演，是在别人表演基础上的表演。因此，从某种意义上讲，配音是表演加模拟的艺术。配音演员既要准确地分析、理解、感受人物，又要严格受制于原片人物的表现形式，以此作为一定的参照值。为此，配音演员应贴合原片表演，戏才对。

表演，就必须全方位，从内心感觉到语言外化，从面部表情到形体动作。所以从表演出发去抓人物语言就不会流于语言本身,而是会深入到人物的内心深处寻找语言的依据。有了人物的整体风貌以及具体语言动机和思维、情感的支撑,配音语言必然会与人物风貌和具体状态相吻合。对此,原长影著名配音演员向隽殊说:"重要的是把握角色的内心世界和思想感情,要想人物所想,爱人物所爱,恨人物所恨。只有用感同身受的真实感情,才能以真切的语言、声调与角色的形象统一起来……她挨了一拳,我也感到自己也挨了一拳,这样发出的声音才有真实的痛感。"其实,是替片中人物去感受。

比如美国影片《逃出堕落城》,又名《少女精英》。

片断一

基斯:谁?
丹尼:我,高丹尼!
基斯:到这来干什么?你应该呆在家里。
丹尼:我在家里放心不下。
基斯:我能理解。
丹尼:嗨!发财了,质量不错,你干得挺棒!
基斯:但有个问题。
丹尼:什么问题?
基斯:会出娄子的。
丹尼:什么意思?
基斯:带这么多毒品太惹人注意。
丹尼:这些东西怎么带出去呢?
基斯:风声很紧,我们带这些太危险,要想个办法。
丹尼:我有个主意,不用我们自己带。
基斯:你的意思是让伊丹美带?

丹尼：为什么不呢？没有人会怀疑一个漂亮的姑娘会带白粉的，快点准备吧！

片断二

丹尼：好吗？宝贝，我想你。

伊丹美：不，你害了我。

丹尼：等等，那是搞错了，本来应该我携带的但是你拿错了。

伊丹美：为什么？

丹尼：为了钱！为了我们能够结婚。

伊丹美：丹尼，我实在受不了！

丹尼：不要担心，不会呆多久的，你没把我和基斯供出来吧？那太好了，我爱你。

伊丹美：我也爱你。

丹尼：听着，我们为你请了很好的律师，他会把你弄出来的，千万不要说出我和基斯，否则我们要是坐牢，就没有人能帮助你了。

伊丹美：我相信。

丹尼：我知道你害怕，但你要坚持一下。很抱歉连累了你，我们很快会在一起。我爱你。

画外音：你是伊丹美，你犯了携带毒品入境罪，触犯了加利福尼亚的法律，有携带毒品窝藏及准备出售毒品的罪行。根据法律判处你有期徒刑一至三年。服刑地点，在州立女子监狱。"

片断三

伊丹美：丹尼，见到你真高兴。

丹尼：我也很高兴见到你。

伊丹美：我爱你。

丹尼：事情太难办了，是个坏消息。

伊丹美：被否决了？

丹尼：是的，我们尽了最大努力，现在只有等待机会假释。

伊丹美：我不能再等了，再留在这儿，我就有危险。

丹尼：你说什么？

伊丹美：说出来你也不会相信。

丹尼：你要坚守我们的秘密，再忍耐一下，亲爱的，我爱你。

伊丹美：丹尼，我也爱你。

丹尼：我能为你做点什么？

伊丹美：带我出去。①

这部影片中的女主角伊丹美在影片开始时，是以清纯、甜美的形象出现的，她对自己的男友高丹尼充满了由衷的爱。但当她因毒品走私罪（高丹尼及同伙将毒品偷装入雪橇内，让她带过境时，被发现遭逮捕的。）被判入狱，经历了一系列监狱内的黑暗迫害之后，她变了。她的眼里闪现着仇恨的冷光，说话也粗声大气、语言很硬，与前边判若两人。因此配音演员在配这个人物时，应化人物的经历为自己的经历，感同身受，理解并体验到这一切。注意抓住她前后两个阶段人物气质、语言上的反差，跟演员的表演相吻合，更好、更准地表现这个人物。

比如，伊丹美在她与高丹尼的两次狱中见面时的内心感觉与表现就不一样。第一次见面时，她是充满热情、不解与求助感。第二次见面中，伊丹美已对高丹尼有些失望了，虽然当时高丹尼

---

① 音像资料片播出。

说:"你要坚守我们的秘密,再忍耐一下,亲爱的,我爱你。"她也说:"丹尼,我也爱你。"但从影片上的戏和演员的表演来看,此时她说这句话的感觉不应是全副身心的爱情表白,而应为苦涩、失望之感,这符合伊丹美此时的心态与表现。

又如,《逃出堕落城》的另一个重要人物伊丹美的男友高丹尼,此人很阴险、很坏。他害了伊丹美却还假惺惺地去狱中探望她。我们进一步挖掘这段戏便会看出,其实,他来探监的真实目的是想探听一下伊丹美是否将他和同伙供出来了,并想安抚对方,保护自己。所以,他第一次探监与伊丹美交谈时,刚开始他的心情是紧张的,但当他得知伊丹美并没供出他及同伙后,便稍安下心。同时,他又加紧哄骗伊丹美让她继续保持沉默。从影片中演员的表演来看,我们并没有看到高丹尼有明显的动作与表情,人物的这种表情,如换另一番话语或情感也未尝不可。因此,他的内心感觉全凭配音演员自己的理解和把握来融于人物的语言感觉中表现出来。如果此时,配音演员对人物的戏把握不准,必导致人物语言感觉不当。如缺乏开始时的内心紧张感及以后的加紧哄骗感。只淡淡、平平地说台词,与人物的淡化表情或零号表情表层相符了,却没能准确表现出人物的深层心理与这段戏的内涵。

演员的这种表演在影视剧中经常存在,尤其是欧美国家的影视片中。因此,我们配音演员一定要合理处置这种表演中的台词。关键在于,配音演员自己也应化为人物,去进行表演,理解、感受到这个人物的全貌及心理。进而了解他此时的具体内心感觉、任务与目的,便可以知道他会用何种方式来表现、来反应。自然也就知道自己配音该用什么感觉与方法了。千万不可只配人物的表层表演,因为配音重在表现人物的心灵。否则人物的表情、动作配得再贴也仅是外表,缺少灵魂的润渗,不能称为合格、精湛的艺术创造。配音过程中,应当在自己理解、感受人物行为逻辑的基础上去阐释、体现人物。由于配音有严格的制约性，因此，又要从演员的表演中细细揣摩人物的准确内心感受，使自己的配音与片中的戏更加贴合。

综上所述，配音与原片人物的语言、声音不贴，有两张皮的感觉；内心的感觉不对，戏不对，更有两张皮的感觉。配音语言与原片人物的声音造型、内心感觉、气质、表情、动作诸方面都贴合了，才有准确、贴合的人物感觉。

二、贴合口型

贴合口型，在配音创作中最具特点，也是一种集艺术和技术为一体的技巧，他是配音创作的基础。

贴合口型有几方面内涵：一是与人物说话时口型时间的长短相合；二是与人物说话时口型的开合状态相合。三是与人物说话时肌肉的松紧状态相合；四是与人物说话时的气口相合。

与人物说话时口型时间的长短相合，是配音口型贴合的最基本条件。因为人们观看配音的片子，首先最直观的便是配音与原片人物嘴部说话动作的长短是否相合。如原片中人物的嘴还没动，配音语言却已开始了，或配音的话已说完了，而原片人物的嘴仍在动，这便使人看来视听不统一，破坏了完整、逼真的艺术效果。人物口型的贴合，首先要做到与原片人物的口型时间长短相一致，形成同步。

要做到这一点，就要对准原片人物的口型位置，尤其是译制片。由于不少配音演员不懂外语或外语水平有限，因而，在对口型时分不清、把不准配音语言的确切位置，往往发生台词前后错位的现象，尤其在大段台词面前，口型对不上或对得很别扭。面对这个问题，如前所述，有些翻译在译本上做了一些相应的记号，供配音导演和配音演员对片用。但如果遇到没有（大多没有）这种对片提示记号的译本，就要我们自己对片时，在翻译台词的音节大体一致的前提下，注意几点：一是，首先找准一段话开口和闭口的固定位置，同人物的表情、动作相吻合，不能对口型一遍一个位置。二是，要改变自己的语言节奏，去适应原片人物语言节奏。三是，跟着演员的表演走，灌以心理与形体动作感。

众所周知，每个人都有随自身条件而产生的习惯性语言节奏，虽然这种语言节奏会随思维、情感、语言环境与人物关系等条件的变化而有所变化，但终究有其基本的规律、定势。在其他表演艺术中，无论是舞台表演还是银屏表演，甚或是广播剧演播中，都可以有某些自身的东西不同程度地保留。因为一般表演艺术中，演员的创作面对的是双重自我，即角色与演员本人。因而，必带有演员本人的某些特质合理地融于自己所创造的人物身上。唯有配音艺术身处三度创造就要全方位贴合原片人物，从整体到具体。这也是配音艺术的难点与特质所在。因而，我们配音的语言节奏也要完全服从原片人物的处理。有时，在对片当中，按自己的语言节奏走，难以对准口型，一旦调整自己跟上原片人物的语言节奏，便可对准口型了。

我们自己对片时，还要特别注意一点，即在把握片中的情节、人物身份、人物关系、人物性格、气质和规定情境等因素的基础上，跟着原片演员的表演走，参考其面部表情、形体动作、手势以及语言表达等心理与生理情况，跟上其感觉走。这样十有八九能对上口型。因为，无论是中国人，还是外国人，人们的眼神、面部表情、手势、形体动作等都是相通的，区别并不大，也非本质。他们往往都与其语言的内容、色彩、意味相适应，对他们的关注和把握可以帮助我们进入人物的内心，对上台词的内容与感觉。

一般印度、巴基斯坦和中东一些国家的片子，演员表演较夸张，手势动作也较多。而一些欧美国家的片子，演员大多表演比较内在，表达台词时，面部表情较淡然、平缓，外部的参考性相对欠缺。所以，更应加强对其内部体验，自己也应跟着片中人物表演。单纯地对语言，是机械的，也往往对不贴。因你的注意力只在语言的速度上，只能对上总体速度。一旦遇到原片人物说话中有一两个或某几个字改变了原速，你就处理不好，对不准口型或变化不自然，从而导致配音语言与人物语言的整体同步、具体不同步的局面。因为人不可能说话总是一个速度，他会时而思考慢说，时而忽发奇想，得意忘形地大喊。这必将形成语言节奏的多变。此外，不同的人表达自己的情感方式也各不相同。因而，配音演员也绝不可能以自己的语言节奏代替人物语言。这说明，对口型只对原片人物的语言速度是不行的，一定要从原片人物的内心出发，把握其总的性格、气质、心里有了人物总的语言节奏的特点后，再从其具体环境、心态、情感、思维以及表情、动作出发来说出他的每一句台词，而且是以化为人物后的感觉和模拟人物表达的形式说出来的。那么，毫无疑问，这时的台词在你口中便有了生命力，快慢、高低、强弱都那么有机、贴合。这时，不但一段话的口型总体长短合适，就是一句话中有两三个字需要拉长或加紧、轻说或重说，也会十分自如、贴合。原因在于，你化为了人物，有了人物的灵魂、性格、气质、思维、情感与特点，不是一般地对口型、念台词，而是有情有意地在表达台词。那么，人物在台词中强调的东西，也正是你此刻想拉开、立起凸现的东西。这样，配音与人物语言便二者契合有机。

如果不是由于配音演员自身的问题，而是由于翻译一环出现的问题，（有些翻译不甚懂配音的要求）导致口型过长或过短时，我们可以在具体地方标上音节多或少的有关记号，加以斟酌，加什么字或减什么字。（一般来说，这一工作应是导演来把关，但有时，导演的语速与配音演员不同。或在非专业译配工作实体中，导演仅将台词大致对一下，抢时间，有的根本就不对。翻译的水平有限或不懂配音,更有甚者,有的翻译不看原片,仅凭录音带来翻台词。这样,翻出来的台词,别说对上口型了,有的连谁说的也搞混了。也有的翻译,仅凭片子的中文字幕翻译。因而,修改人物台词、对口型这一工作便大多落到配音环节了。尽管配音演员凭经验尽量去做,然而,由于外语的障碍不可能做较大幅度的修改。因而,某些译制片中经常出现空漏口型的现象,或人物的表情、动作同语言不相符的局面。这真是配音工作的悲哀,也对配音演员勉为其难了。由此可见译制片工作中,翻译一环的重要。)在翻译问题不大的台词中,这种加字或减字应在不伤原意的基础上进行。在增减台词时,应与导演商量,使其把关。因为导演对全片的风格、基调、人物、主题等都有较准确、全面的把握,不能因自己对口型的方便而随意加、减台词影响全片的质量使其语意不清、不准,这点应当注意。

配音演员自己加减台词,这其中关系到不少方面,主要有二个:一是,本人的文化艺术素养。知道自己在此加、减什么样的字或词才符合艺术表现规律,于台词的准确、适当表达有补。二是,有填充口型的经验和技巧。知道如何巧妙地处理台词会更加符合配音创作和人们欣赏的规律。比如,一般在译制配音中,如台词多了,可合理删去句子中的指示词、转折词等虚词。因这些词的意思在台词中或配音语气中都可以使人明了。同时,也不让这些虚词干扰语意的主线。然而,台词少时,需加词却往往加语气词等虚词。以不影响主要语意,或加强主要语意。例如,日本电视连续剧《阿信》中有一句台词:"(那么)平平庸庸没有一点性格的人,阿信真的要嫁给他呀。"这句话稍短了一点,配音时,加上"那么"两个字则语气很舒服,语意也更充分。当然,除去加减虚词以外,也可以合理加减一些有实在意义的具体词语,从而保证台词的顺畅、清楚及口型长短的相吻合。例如,《真真假假》中男青年"拉姆"为求职与老板"帕瓦尼"见面"考试"

那场戏的结尾，帕瓦尼说："……但我有个小小的请求，请你以后不要在谈话时使用这样深奥的语句，写文章另做别论，听起来很费劲。"这里，就可将"写文章另做别论"这句话去掉。这样，一、可使语意更连贯，删去也无妨。二、也可不使台词太多，更好对上口型。总之，加减台词，一定要遵循语意清楚、语言通顺、性格鲜明、口语化、生活化的原则。如果外文意思与中文实在对不上、太绕口时，也可按意改词。

可以说，除去专业译制厂有口型校对这一环外，一般译配外国影视片没有一部不需要配音导演与配音演员自己修改台词长短，便能与人物口型时间长短相吻合的。

与人物说话时口型开合状态相合，对于译制片来说也事关重要。因为，配音当中除去说话的时间长短与原片人物的口型相一致以外，口型的开合状态又相似，更会使人感到舒服、贴合。难怪有许多人非常赞赏著名配音演员的配音，说看他们的配音，犹如是外国演员自己说出的话，那么对味、那么舒服，好似根本没有语言的转换。细分起来，这不能不归于他们从翻译到口型校对以及配音各个环节对口型开合状态的考究与重视。

诚然，外语与汉语不同，其一句话中的音节往往多于汉语，这就要求翻译首先要找准其中心意思和最关键的词，按照中文的规律译出，并按其音节多少转换为中文台词。（当然，有时会稍有出入）一般，非专业译制片的翻译就仅做于此。而真正专业译制片的翻译，不仅于此，还会进一步揣摩、寻找适合原片人物口型开合状态的词汇。这样，配音演员只要台词位置合适，便可基本配上口型的开合状态。当然，口型的开合状态不可能是每一个音节都相同，但一段台词的头、尾尤其在人物的近景、特写中，特别应当相合或相似。因为从心理学角度讲，人的感觉头、尾印象最深，因其具有前摄、后摄反应。但由于目前不少配音都是非专业化的，因而，翻译根本没有顾及此问题，这无形中给配音演员带来一定的困难。你想追求高质量的配音，就必须注意此问题，否则，难有配音口型的完全贴合感。这就需要配音演员在了解口型贴合的诸条件后，应当一一对应，哪点欠缺，就应设法补足。若口型时间长短合适，只是开合状态不符时，配音演员应在自己的文化知识范围内，在对片阶段，快速找出既符合原片人物口型的开合状态、又不伤原意的词或字换上。（最好征得导演的同意）以使自己的配音口型既准又合。此外，最简单的方法之一，是在不影响语速与表达清楚的前提下，再加上一个正好合上口型开合状态的语气词等虚词与之相吻合。与人物说话时口型开合状态相合，除去修改换字的处理方法之外，还可以做配音语速的快慢微调。所谓微调，是指一二个音节语速的加快或放慢，不影响整段话的时间长短。语速微调使自己在需要时稍加调整自己的语速，便可正对上合适的口型，这在译制片配音中，也是行之有效的方法之一。

与人物说话时筋肉的松紧状态相合，也是配音口型与原片人物口型相合的一个方面。他包括两部分：一是呼吸肌，二是咬字肌。

配音也需与人物说话的筋肉感相合，这个道理很简单，试想，画面上人物由于激愤而嘴在用力地讲话，而配音语言却没有这种嘴上用力的筋肉感，那么，观众也不会认可此话出自片中人物之口，因为这两种说话状态不相符，观众有着自己的经验参照。同样，如果画面上原片人物正处在轻松、恬静的状态说话，而配音演员却没有用相同的筋肉状态来表现，而是用比较紧的筋肉状态来说话。那么，观众也会感到此话不是出自片中人物之口，这就破坏了配音创作中"贴"的原则。从严格意义上讲，这也是口型状态不贴合的表现。

要解决这个问题，办法很简单，不能只贴人物口型的外部长短与开合状态，还要极为重视其内心状态导致的筋肉感。从表演出发，跟上人物的种种心理与生理表现，适当调整自己说话的筋肉感，该松则松，当紧则紧。使人观之，内外统一、声像相合。

例如，巴基斯坦电视剧《罗比是谁的女儿》中，有一段是女主人公莎吉达与男主人公恩瓦尔因孩子问题争吵起来。莎吉达在得知恩瓦尔误解了她正确教育孩子的初衷，反以为她是嫉妒孩子与恩瓦尔的感情好时，她被激怒了。原片中，她是咬着牙一字一顿、力度很强地讲出了自己心里的每一个字。这时，配音演员要随着她的心态、情绪与思维，配音时内心也激动起来，贴合人物激愤的说话状态，嘴上也要非常用力地说出每一个字。这样，人们才会认为，这配音的每一个字都是出自女主人公受伤的心灵深处。

与人物说话时的气口相合，是配音中与原片人物口型相合的重要条件。人们说话时不是一口气到底的，由于各种原因（有情感的，也有生理的、心理的）会有许多气口，这些气口的存在，必然影响到说话的语流，使得中间断一下，再继续前行。因此，我们配音要想口型十分贴合，必须驾驭好语言的气口。

一般国产影视片中，人物语言的气口都合语法和语意。但在译制片中，由于中外文的句式和词汇位置等的不同，即使翻译成中文，为配上片中人物的气口位置，有时也难于完全合上中文的语法、语意停断点。尤其为了配合片中人物的表情、手势、动作等，这就给配音气口的处理带来很大困难。比如，在《罗比是谁的女儿》中莎吉达有这样一句台词：

"告诉你，今天我给你/炒的苦瓜，还烙了咸饼"。

按照语法，这个气口就不甚合适，但由于台词音节的多少制约，不得不在此处形成气口。这样人物表情、手势感觉也正相符。如果，硬在"告诉你"处停断，语法、语意都合适、清楚，但无形中使人物台词停顿一下，而片中人物的语言却仍在进行。这就破坏了与人物语言贴合的创作原则，也与人物说话的感觉不相符，形成片中人物是语流前行感，而配音却是中间顿挫感。当然，在翻译的努力工作下，配音台词绝大多数气口还是符合中文的语法和语意。如不符合时，可用语气加强做些弥补。

配音创作中，欲想划准气口，把握气口，表现气口，应从两方面着手：一是，参考音节多少和语法、语意；二是，参考演员的表演，紧贴其表情、手势和动作。一般，气口都应划得合语法，并从表演出发，从内心体验出发，参考语言的作用和原片人物的表情、手势与动作，台词音节只多两三个字或少两三个字时，配音演员在允许的情况下，可加、减上合适的字。如不适合加减任何字时，则用拉开一点语言或加紧一点语言的方法。因为，片中人物讲外语，可以不与汉语音节一对一相合，也不易察觉。但在人物语言较少，近景、特写镜头中口型非常清楚时，要慎用或不用此方法，以免露出破绽。气口，在国产影视片中比较好划分，但在译制片中却有一定难度；在好的译本中比较容易划分，而在非专业化的译本中便相当困难。（有时，配音演员为了对上气口的感觉和意思要根据翻译的词和意思，重新编出音节相当、意思清楚的话。）在对片阶段如划准气口、记下了语言节奏情况，在配音时，就能心里有底，有机、自如地贴合上去，使人们通过气口、语言节奏的情况揣摩到人物的运思与情感。

一般在台词气口无标记的译本中，配音演员不应在对片初始，就匆匆划上气口。而应再仔细揣摩片中人物的表演及其他相关因素，自己小声地跟着台词走一遍，如有问题可以修改，如无大问题基本都对得上，第二遍再划上气口。第三遍就可以关上监视器"默片"再对一遍，看是否对得准。因为往往跟着片中人物说话的声音走，可以对得很好，因何时起、何时停、节奏如何都有参考声，而自己跟着无声的片子走时，却往往难于驾驭。这是因为也许你没记准开口和结束的标志；或以自己的语言节奏代替了人物的语言节奏；或是对片时，只一般地对台词，没有完全随片中人物的表演进入表演状态；或许反之，对片时，随着片中人物的表演走了，而"默片"时，却心理感觉没跟上，导致气口对不上。凡此种种，都要调整，直到与原片人物语言、节奏感觉完全一致为止。从这个意义上讲，配音演员在对片阶段，对准口型之后，应注意默片对口型，一定要加上台词的表达感觉和语气处理等，气口也可做些合理的处置。这是因为，配音是在默片的状态中进行。带原声对口型能对得上，一关掉声音就缺少参考不易对上了。再有，对口型时，一定要加上自己的表达处理。因一味地平念一段台词与带表达处理地说一段台词的语言节奏是不相同的。另外，有时对口型也不能完全被动地跟着原片人物的语速走，配音演员也可以对台词做些合理的小改动，使台词的表达更舒服。如有些极小或无甚意义的小气口为了语意的连贯可不必停下来，可在语流中一带而过，不留破绽。

　　如著名配音演员张桂兰在处理日本连续剧《阿信》中的两段台词时就很有经验，我们可以从中得到有益的启示。在《阿信》中，有一段是阿信做工的东家的女儿阿代问她愿不愿意嫁给一个暴发户的儿子。阿信其实不愿意，但又有东家在旁边不好直说，她用比较含蓄的方式回答了阿代。她说："我只是刚刚才听说的"。看原片，阿信的口型是前几个字松，顿了一下有个小气口，后几个字紧。如机械地按原片人物语言节奏走，会显得很生硬、不舒服。张桂兰在其中的小气口处没停下来，直接将台词说完，语气适度，结尾正好压上口型，让人听了很舒服。当然，这句话里的小气口绝不是伴着片中人物的思考与特定心理而产生的，完全是两种语言的转换所致。否则，就不能这样处理。在《阿信》中，还有一段是儿时的阿信喊阿义去睡觉。原片中口型是"阿——义，"中间拖得较长，不好处理。如按原片处理太懈了。张桂兰根据片中当时的环境是晚上,又是阿信让阿义去睡觉。她就将台词处理成打了个哈欠,再喊阿义,正好口型与原片口型相符,让人看了既舒服又符合原片语言环境。

实际上,配音对片中,对口型的气口很重要,气口对上了,而且对得很舒服,配音时心里很有底,可以进入一种良好的创作境地。反之,气口没对好,只对个大概,没有对默片,心中无底,在录音时,则心总提着,台词、等气口,怎么会有高质量的台词表达?根本无暇顾及语言感觉和语言内涵。当然,即使是对准了台词的气口,也要有一些相应的方法来记住气口的前后标志及气口的长短时间。要做到这些,需记住画面镜头情况以及人物的表情、手势、动作等有关情况。如镜头是人物的正面、侧面,还是入画;镜头是人物的中景、近景,还是特写;以及人物正在做什么、表情如何、手势如何、动作如何。在对片时,初学者不妨将这些有关情况用简单的一两个字标在译本或剧本上,(国产片)来提示我们。

例如,电视连续剧《红楼梦》中,"平儿"训斥婆子们的一段台词:"……她是(走说)姑娘家,不肯发威动怒,这是她尊重。果然她动了大气。撒个(坐下)娇儿,太太也得让她一二分,二奶奶(快说)也不敢怎么样。你们(手指)就这么大胆藐视欺负她,可鸡蛋往石头上碰(画外)。"

实践证明,配音演员在对片时,如不对台词气口和处理有所标记,记性再好,也难记准。尤其是主要角色和初学者,这点更重要。因为主要角色台词较多,时间又紧,而初学者,还不熟悉配音创作,容易乱。当然,如何标记,无一定之规,可自行处理。此外,还应真正进入表演状态,跟着片中人物走,注意人物的嘴,看他刚要动、自己马上要开口,但要自如。在记忆气口的时间上也有一些办法。比如,片中人物的嘴看不清,镜头较远、较偏时,可以用数数来计算时间，当然，这种数数应当合上人的呼吸节律，他有一种相对参照值。一般而言，真正进入原片人物的内心，跟其表演走，台词又较熟，译本没问题，气口基本能贴上。当然，由于各种原因，人物台词是无规律可循的，需要我们在对片和配音时，眼、脑、口高度集中、跟上，才不至于漏气口。但是，对气口时也不应太紧，绷着劲、很僵，憋着气等着，这样，人物说话感觉及呼吸节律便不对了，应自如呼吸。

总之，与原片人物的口型贴合，只有兼顾了以上诸方面内容，方是真正、全面的贴合。

三、贴合气息

气息在配音创作中的作用异常重要。他是我们体现片中人物内心感觉与外部状态的枢纽，也是贴合人物的重要条件，无论是与原片中人物的戏贴，还是口型贴都离不开人物的气息贴合。

著名配音演员肖南在他写的《一个配音演员的日记》一书中说："实际上，配音演员的工作，就是对原片演员的表演逐渐理解、模拟，不断体会和认识的过程。"他又说："所谓模拟，是指从动作出发，在深入理解人物的基础上，参照原片演员的语调处理、声音控制、台词的强弱起伏、感情变化，用汉语把他们再度表现出来。台词的外部表现形式是可以模拟（模仿）的，但情感是不能模拟的，他只能体会。不能光从表面上学，要从内心出发，要理解人家为什么这样说，不要只单纯从形式上学人家台词的声调，要有内心的体验！"这些论述揭示了配音创作的实质所在。这也正如长影的另一位著名配音演员陈汝斌所说："配音决不是单纯背台词、对口型，而是根据原片进行再创作的一门艺术。"

如前所述，配音创作是在原片演员表演的基础之上进行的，他有严格的制约性，但又不乏其自身的创造性。这种有限制的创造独具内涵，具有两方面内容：一是，通过片中演员的表演即外部体现形式来反推、体会原片演员的内在体验。二是，从自己对原片、对人物的理解出发，跟上原片演员的体验，并模拟出其外部体现的一切形式。也就是说，配音演员若想创作成功必须做到以上两个方面：一是，在对片中人物表演的理解、认识的基础上，有自己的正确体验；二是，有高超的模拟、外化技能，可将片中演员的一切外部表现形式都通过自己的语言、声音、气息全方位地体现出来，如台词的处理、声音、气息的运用、人物交流的情状以及人物的表情、手势、动作等。

诚然，要想只通过语言、声音一个途径全方位展现人物的心理与外部状态，气息在此无疑具有显著的位置。从气息作用的角度来看，他既有说话生理动力的作用，又有内在情感状态的显露作用，还有形体动作状态的表现作用。可以说，在文艺作品演播中，气息的作用既丰富又显而易见。然而，对于"创造性模拟"的配音艺术而言，气息更具有非同小可的作用和重要意义。因之，片中人物的一切都在观众的视野中，他的一言一语、一呼一吸、一思一情、一举一动都展现在观众面前。配音当中，如果一点没贴合上，都会影响配音的贴合感。

如果配音的气息节律与原片人物的气息节律不相符，那配音语言的节律、气口就乱了，对不上。所以，凡有经验的配音演员都知道，配音对台词，一定要合上片中人物的气息节律与变化。否则，人物语言和感觉就贴合不上。因为人物语言中的气息并不都是节律均匀、完整的。经常为了情感所需，忽而是提起气来，半截处语言再出口，忽而为了配合人物的形体动作、表现突发情况，人物的话刚说了一半，便憋住、断在那里。或是随片中人物笑或哭。这时，配音演员抽泣与笑的气息、声音节拍是散乱、零碎的。如此时，配音演员找不准人物的气息节律便根本无法配上。或者片中人物有走动、站起、坐下、跑步等形体动作及思考等不同状态,而你却没有气息的显露,只在人物开口说话时才有气息的使用。那么,人们看了会很不舒服,会认为你配的这个人物不生动、不完整。因为人只要活着,就有气息的运动,不管人有意无意他都会显露出来。怎么可能说话时才有气息运动,其他时候却没有气息的显露呢?何况,很多时间,在没有语言的时候,人物在不同心理与形体状态中的气息显露,一提一松、一嘘一叹、一抖一颤、一喘一憋等等不同气势与气状,都可极为清楚、生动地反映出人物的内心与外部形态,表现出一定的思维与情感、表情与动作。气息在此,显出极为有价值的表意、表情和表形的作用。与广播剧及其他舞台表演等不同的是,配音演员的气息状态要绝对服从、贴合原片人物的气息状态,不得有任何出入。

为了贴合上原片人物的气息,我们要在配音对片和录音状态中,始终紧紧以原片人物的气息状态为依据,去努力贴合,并加上与人物行为有关的一切气息。比如,人们思考时,每每伴随着轻微地气息声可透出其思考的一些信息;人在坐下时,往往伴以出气、松气声;而站起时,又往往伴以提气声;走路或跑步时,也往往伴以较零、较重的喘气声;甚至人在开口说话前,也有随内心相伴的气息声;即使人物不说话时,也会随着表情、动作有其相应的气息声。尤其是欧美一些国家的片子,由于他们注重片子的视觉性,因而,大多是人物的行动,人物的语言并不多。这就更要求配音演员紧紧抓住人物的气息状态来细致入微、合情合理地体现出人物的内外部状态,淋漓尽致地再现好人物。

从这个意义上讲,配音,当然包括配出人物的所有气息状态,包括说话与不说话。做不到这一点,就没有完成配音创作。

由于每个人的外化、表达方式有所不同,有时,配音演员再有准确的体验,也会与原片人物的表现形式有所区别。因此,配音演员要一方面从自己的内部体验出发,另一方面又要去有感受地模拟片中人物的一切表现形式。如自己的体验与片中人物有距离，也应从人物外部表现形式来反推、揣摩并靠拢人物的感觉。在气息方面，要严格贴合原片人物的气息状态，如长短、强弱、深浅、停断、松紧与节律等。一般而言，只要配音演员跟上原片人物的心理和表演，气息就会基本相合。再仔细参看原片中人物的具体处理便会贴合得更好。气息贴合上人物语言节奏，也较容易合上气口。总之，气息伴随人物的一切行为和活动，将气息的运动和丰富多样的变化显露在配音中、融合在语言里，我们就能配出活生生的、完整的人物。

第四节　配音创作要求

　　配音与其他艺术语言创作及表演有着共性的一面，也有其独特的一面。即有限制的表演，创造性的模拟，在具体工作中必有其自身的要求。

　　首先，我们来看配音的工作程序和内容。一般而言，配音演员在接到一部片子的配音任务后，先要通看剧本或译本，对全片与自己所配人物形成整体把握与具体把握。例如，全片的内容、时代背景、主题、风格样式、基调、人物性格及发展变化、人物经历、人物关系等，重点是全面、准确、深刻地把握所配人物的个性。然后，再开始对口型。否则就很难把握准人物。如这一人物与你以往经常表现的角色有相同之处，尚可凭经验给予不同程度地契合，如不同，那将很难对所配人物有全面、准确、深刻的把握，不了解他的表现为什么是这样的，便根本贴合不上人物。因此，配音创作的前期工作很重要。

　　一般，在这一阶段中，导演会首先组织所有参加配音的演员来看一遍片子，其间，导演会告诉你，你配哪个人物。观片之后，导演会对全片各个方面及每个主要人物给以介绍和阐释，提出一些具体要求。在心里有底的基础上，配音演员再去对片，去从各方面接近、贴合自己所配的人物。对片的过程，其实就是配音演员不断加深自己对所配人物的了解、体验最终融为一体的过程。配音演员应从自己逐渐变为角色、人物，具有其灵魂、内质与外形，再在自我控制下以人物的面目出现，进行表演。事实上，再有经验的配音演员也难于立即贴合上片中人物。因为你还没有完全认识他，不知道这个自我都有什么样的内心过程，不知道其行为的逻辑性、合理性及特点，自己应该融合多少。因为，人与人不可能完全相同，如以类划分是可以的，但却难以淋漓尽致地表现出一个人的独特之处，而艺术的魅力却正在于此。否则，你的配音创作，便只是个一般化的产物，无艺术精品可言。再者，原片演员的出色表现，如因你的不称职，无法得以完美体现而减色不少，这将是很大的遗憾。因而，配音演员一定要重视配音的前期工作，将把握不准或理解不到的东西，及时请教导演或翻译（译制片中）。

一般配音国产片比较好把握，因大家比较熟悉他的氛围。但有的片子，原片演员的表演不尽如人意时，导演要求配音上加强感觉，这时，配音演员就要在自己对全片及所配人物的理解、把握之下，在配音中适当合理地表达，以弥补一些原片演员的表演不足。但这毕竟是极少数情况，绝大多数情况下，配音还是要贴合原片人物的感觉。而译制片中，却往往存在问题较多。例如，不同国家和地区的风俗习惯、思维意识等都不大相同。有时，一点障碍，都会影响到语言的表达处理。因此，一定要将所配音人物及生活氛围等弄清楚。

有不少配音演员都有这样的体会：往往刚一接触到片中的一个人物，甚至配音的开始时，还对这一人物比较生疏、有些距离，但随着配音的继续，便逐渐化为这个人物了，对他的思维、情感、表情、手势、动作、习惯及语言特点等都熟悉了，化为自己的了，表现起来，那么自如。这说明，消化一个人物、化为一个人物要有一个过程。一般，正规译制厂配一部片子要用七到十天，而现在电视台或配音实体配一部片子（单本的），仅用两天左右，这就更需要配音演员重视化为人物的过程，不能只图快而粗制滥造，应当有责任感并且有快速化为人物的能力。

对片，绝不仅是对人物的口型，而是通过这个过程，全方位地把握人物全貌，以便更好地贴合人物。对此，许多配音演员都有自己的正、反两方面的经验。其中，有只对口型、不研究人物的被动与失败，也有在研究人物、表现人物的基础上对口型的自如与成功。比如，前苏联译制片《办公室的故事》中的女主角的配音演员冯宪珍在谈自己配音的体会时说："对片不能光看口型，要根据他的表情、他的手势、他的一转身、他的一抬肩、他的一呼吸，这都要一遍一遍仔细观察，这样，每一遍下来，有不同的层次感觉，越来越丰富，最后就很准确了。你如果光看口型的话，那最后出来就只有个声音，没有别的，没有感觉。要看语气、神态、形体是什么样的，他当时周围的环境是什么，他跟什么人在说话，他都有不同的态度。单纯地对口型，那就是机械地对口型了。那录出来，也不会很精彩。如果一个配音演员不懂表演，那他就不是一个好的配音演员。""看片子先甩开口型，看表演，化为人物了再对口型。""有的戏把握不住时，唯一的办法就是反复看、反复琢磨。""不能以演员固定的模式去套每一个角色，而要让自己努力地去适应角色。要用千变万化的手段去表现不同形象的千千万万个角色。"她还说："搞译制片最好的先天条件，就是善于用最快的速度捕捉到人物的个性。""研究人物个性化的语言，我觉得不单纯地研究一个人物的语速啊、感觉啊这些，要侧重研究这个人物的表演。就是，他的出身是什么、身份是什么、地位是什么，研究他的这些以后，他的语言毕竟带着他的阅历、他的修养，带着他的气质出来。""人物的声音造型来源于什么呢？从对方的台词中找其他人和人物的关系，从其他人物与他的关系中找到这个人物在片中的位置。比如，《办公室的故事》中，为什么那瓦谢利采夫那么惧怕她，为什么所有人都惧怕她，说她是个老太婆、母老虎、女光棍，全都躲着她，在研究了别人的台词以后，才能得出自己这个人物的语言是个什么性质的结论来。不要光去琢磨自己的台词，不去研究对方的台词，这是打无目的之仗。"从以上的内容中，我们是否可以看到对片的内容和如何化为人物的途径。著名配音演员乔榛也说过："……用全身的每一个感官去吸取原片所赋予的'营养'：认真地听、看，仔细地揣摩、品味原片人物的情感、语气、声调、节奏、气息、停顿等等，甚至一个极细微的'零碎'。如张口时嘴唇的声音等等，因为往往在这些'零碎'中包含着人物极其细腻、复杂的感情，决不可轻放。"

对口型时，首先要确定下台词，找准位置。其次是带原片声音对，待语言节奏、气口和戏都对上了，便可"默片"对口型。所谓"默片"是指无伴音的片子。对"默片"很重要，有原片声音参考时可对上，不一定"默片"时也能够对上，没有原片声音作参考，往往容易走自己的语言节奏，气口再记不准，很容易乱。此外，对口型也不能只对个大概，一定要对得很准，连一些"零碎"也不应放过，这样录音时，心里才有底。当"默片"也对准了之后，还有时间，可以背背自己的台词。如时间不允许，也要多上口念熟些，尤其是那些语速很快的台词以及拗口的人名和专业术语等。以免录音时出错，还得重录。这样，既影响配音情绪，又会遭其他配音演员、导演和录音师的不满。（配电影更要重录一大段。）其实，如有条件，配音演员应尽量快速将台词背下来，即使不能百分之百背出，也要背下重点台词或十分熟悉他们。因为，只有你对自己的台词内容、口型、气口等都很熟悉，有把握了，配音时，才能把注意力多投入到台词的表达处理和观看片中的人物表演上，以使自己的配音更自如、贴合、完美。反之，对这一切都不熟悉，心中无底；那就会总想看台词，提着心等片中人物的气口或只是顺着说台词而无充分的感觉。这样配出的语言，必然紧巴巴、浅、白、不贴，无深刻、细腻而言。很明显，没有自如的心理、生理感觉是难以配音成功的，仅是对上口型而已。

对片阶段，除了强调看表演化为人物、对"默片"、背台词以外，还应尽可能与配音对手一起对台词、找感觉，以避免配音时，与对手交流不自如。

在配音阶段，一般人录音间后，导演会请录音师将下面所要配的一段戏放一遍"默片"，配音演员可再跟片子走一遍自己的台词，互相之间找找感觉，导演再提出录音要求，便可实录了。

录音时，对话筒的使用与录广播剧基本相同，也不能总低头看剧本或剧本挡在自己的嘴与话筒之间，这样录出的声音发闷。应将剧本拆开来，只拿有自己这段戏台词的几页，用手侧举头前，以不挡住话筒和前方的屏幕。录完一张轻放地上，不出纸声。录音过程中，一般是半看剧本，半看画面。在基本背下台词时，也可趁对方说台词时，再快速看一眼自己下面要说的台词，待轮到自己说台词时，则可只盯着屏幕上自己所配的人物，跟上他的表情、动作和口型，自己也要全身心地投入表演。在背不下台词的情况下，就要剧本与画面兼顾了。但每段台词的头尾一定要盯住画面贴上口型。看剧本时应注意，嘴里讲着这一句的尾，眼睛就要看到下一行了，这样才能够保证台词的完整表达。

在配音当中，由于既要顾口型，又要看剧本，还要注意戏，有的人就忙不过来了，配音变得本末倒置。于是，他们为了合上口型，便放松了感觉的投入，一心只在口型上。口型对不上，是最容易看出来的，是没完成配音任务。但内心情感及各种感觉跟不上，语言出来是白的、平的，没有贴上人物感觉，没有表现力，也是没有完成配音创作，这样的配音也不能通过，也得重来。

在配音时，因口型在下面已对好，就应把注意力多放在原片人物的戏上，再兼顾口型。实际上，此刻，你只要真正从心里跟上片中人物的感觉，替他生气、替他发怒、替他哭、替他笑、替他跑、替他跳，将他的一切内心感觉与外部形体、表情神态都化为自己应有的。注意银幕上的"自己"和交流对手以及配音对手三种对象给予自己的刺激，以片中自己所配人物的方式来做出准确的反应，那么，这种配音将会很舒服、很自然，而不是机械地模仿了。因为，此时片中人物说的话，正是你要说的，他的发怒，正是你内心的感受，这种状态就不是机械地对口型了，而是积极地配音创作。所以，在配音时，配音演员也一定要遵循表演的基本要素：真听、真看、真想、真交流。许多配音演员都有这样的体会：配音时，如真正听对方的话了，然后自己再出口，这样，口型就比较容易对上，否则，多半不是早了，就是晚了，或语言感觉不对。关于配音时的状态，著名配音演员乔榛还说："在话筒面前，要驱除杂念，保持一个符合角色情绪的松弛的自我感觉。方法有多种，我往往是回忆一下上下段戏中这个人物的精神状态，注意衔接。再认真地体验一下这个角色此时此景的情绪，他想做什么？想说什么？达到个什么目的？总之，使自己的注意力集中到戏里，气沉下来，……这样，便可得到一个良好的自我感觉。"也有的配音演员总结出这样的"配音口诀"："思想要集中，心理要放松，台词要记牢，口型要看好，话筒要对正，声音要合身。"（劳力语）

此外，配音与广播剧演播相同，也要在表达台词时加上一些相应的手势、动作，也要有相应的表情神态和造型手段相伴，这样，可以更好地帮助语言体现、贴合人物。比如，有人在配动画片中的大雁时，便自己张开双臂做扑扇翅膀的动作以表现大雁边飞边说话的感觉。还有的人在配龇着两个大门牙的小动物时，自己也龇着牙说话。这样配出的语言便惟妙惟肖，很贴合。当然，对于大多数剧烈的形体动作，还需要配音演员运用运动记忆来发挥作用，调动起相应的肌体感觉，渗透在语言中，保证配音感觉准确。

  配音的咬字发声状态也有相应的要求。一般，配音演员要用自己的自如声区说话，也可有一些造型。在一部片子中需要配两个以上角色的，可以声音化装，尽量拉开距离，以区分不同人物的声音。（这点也同演播广播剧相同。）配音演员用本人的自如声音说话，可使自己表达自如，观众听来舒服。一般，配音导演选择配音演员时，就考虑到与人物声音的接近，所以，配音演员自己就不必在这方面有什么负担，有意改变自己的音色。即使你的音色与原片人物不甚相同，也不必过虑，因为，有可能导演认为你的气质更接近片中人物或你的戏好，有意要用你配，声音稍有区别也无妨，因配译制片，中国人与外国人的声音就是有所区别，不必过于追求声音音色的完全相合。注意力应放在戏与人物的气质上。如配国产片，通常，配音的音色与原片人物的音色是相同的，二者很接近。如配音演员的声音与原片人物的音色有较大区别，那也许正是配音导演想用你的音色来改变原片人物的声音造型，或许片中人物是个年轻、潇洒的人，而他本人的声音却不那么年轻、潇洒，与自己的人物形象不匹配，所以用你来配以矫正。总之，无论何种情况，只要配音导演选定了你配这个人物，你就要用自己的自如声区来配音，至多根据不同情况，用声上做些微调。当然，需要特殊声音造型，如配老人、孩子时则另当别论，那就应在用声和咬字上做较大的改变，这属于声音化装范围的问题。但本色配音时，就遵循自如用声原则，不应调着嗓子说话,也不要压喉说话。

配音中的用声问题还应注意几点:一是,配音用声,不能只用口腔共鸣,也要根据片中人物造型、人物情状等条件在用声上做共鸣位置的相应调整,否则,用声单一,缺乏表现力。二是,配音用声前后要保持统一(特殊需要除外)。不能前几段配的一个声音,后边又是一个声音,人物声音不统一,这会让观众感到莫名其妙,影响到配音质量。当配音不是一天完成时,更应注意此问题。这种现象往往是不知不觉地与配音对手的声音相靠而造成的。我们在配音时,要时时注意把握自己的声音。三是,配一些低语气的或谈情说爱的台词时,用声不宜太虚,也需用丹田气顶住声音,这样,说出的话感觉才深。此外,一般配音,要求情浓声控,这样,既保证台词感觉到位,又不会炸话筒。这也与演播广播剧相同。四是,配音用声与演播广播剧用声相同,都不能每句话出口皆声润、气足。根据戏的需要,有时却要声嘶气竭、声颤气弱,以表现人物的特定情状。

在配音咬字方面,也需要注意几点:首先,不能咬字都字正腔圆,要根据片中人物的生理特点、说话方式以及身份、职业、语言情状等不同情况,来变化适应。比如,片中人物说话嘴唇很松,我们配音也不能绷紧嘴唇、字正腔圆地表达,而要适应所配人物的说话感觉。或是片中人物咬字口型较小、较扁,而我们配音却给人感觉字咬得较大、较圆,诸如此类都不行,这会让人感到语言不是出自此人物之口。其次,配音时,不论是否配激情戏,嘴上都要有控制、叼住字。"说快词儿和轻词儿时,要特别注意唇、齿、舌部位的弹性,吐字要清晰,注意个别字不要含混过去。"(乔榛语)以保证观众听得清。

为了取得配音创作的成功,配音时,还应注意其完整性。何为完整性?即片中人物画面时进时出切换时,人物语言和反应要始终自如贯穿。不能一有自己这一人物的画面时,就说台词、有反应，无自己人物的画面时，就不出声了，这缺乏人物反应的合理性和贯穿感。

配音语言，不都完全附着在人物的镜头画面上。有时，为了拍摄角度的丰实和某种蒙太奇需要，片中人物语言往往会形成几句话在自己的画面上，几句话却是在他人的镜头画面或其他画面上，然后，又跳回到自己所配人物的画面上来，总之，是画内画外、跳进跳出。于是，有的初学配音者便不得要领了，他们配有自己所配人物的镜头画面和口型时，较从容、贴合。一旦画面跳出时，就感觉失当，有的像似旁白，脱离了人物感觉。有的，为了接上跳回的人物口型而语速不当，或赶、或抻，缺乏有机、合理、自如衔接。要想配好这样的口型和语言有相当难度。这需要跟上人物的感觉，尤其是语言节奏，才能使跳进跳出的人物口型对得准、语言感觉对。不可提着气，呼吸节律乱，一般只要语言节奏、呼吸节律跟上人物，气口位置与口型进出标志记得准，心中有底的自如表达，便可对上时进时出的口型。不能见片中不是自己的画面，便将配音语言赶快或抻慢，这势必破坏语言表达的有机、自如。同时，注意当不是自己所配人物的画面时，语言也应保持特定人物、特定情状的语言感觉，把握画面内外的人物反应。例如，一部译制片中的一段戏，一位在美国越战时心灵受过刺激的丈夫，此时，在轮船上又发作了，他跑向船舷想跳入海中。这时，他的妻子见状大声呼叫想制止他。但片中画面，先是妻子喊叫的镜头，继而转切成她丈夫正冲向船舷欲跳入海中的镜头，这位妻子的配音演员却不出声。导演当即指出，此刻，即便画面上没有你，你也要反应，要继续喊叫，这才合理，否则，你丈夫就真的跳入大海了。虽然，现在镜头画面不是你，但你正追赶过来，就在旁边呢。所以，此时你不能停止出声喊叫，还应更拼命地喊，叫住你的丈夫才对。经过导演的一番提示，这位配妻子的演员才理解了，又按导演的提示配了一遍，这回才配得有机、完整、合理了。

以上情况说明，有的初学者不懂得表演的原则，不知演员在片中或场上，既使不是主要表演者，甚或没有台词，内心也要始终跟着片中或场上的情节、气氛走，表情、动作、语言也要始终有相应、合理的反应。不能有自己的画面和台词时才有反应，反之，就出戏了。演员一上场，就要始终有准确、合理的内心感觉及外部反应存在。配音也是这个道理。

第五节　配音应注意的问题

一、不追求翻译腔、配音调

所谓"翻译腔"即不管原片台词内容如何，不从理解、体验和人物心理出发，而是机械、表面、形式地模仿原片人物的语言腔调。有不少初学配音的人，以为配音要求贴合原片人物，与原片人物的语调越像越好。于是他们便在配音时完全照葫芦画瓢，模仿原片人物的说话语调。这种配音，表面听来与原片人物的语言音色、语气、语调相同，实际上只是表面声音上的相同，并没能很好地揭示其语言内涵。这是不可取的。汉语与外语在表达上有不同之处。如汉语有四声，表达规律决定其语势起伏较大，而不少国家的语言与我们不尽相同，因而，很多时候，我们听他们的台词语调显平，语速很快，如我们不顾其内涵、情感地原样说出，就会表达不充分，形成一种不问语言内涵、感觉，只传语言声音形的"翻译腔"了。这种配音，就谈不上创作了，他只能起到翻译内容的低层次作用。因而，配音中的"翻译腔"是不可取的。实际上，我们理解配音的"贴"和把原片人物原汁原味地再现出来,应为,以汉语的表达规律去适应片中人物的表现方式,不是不要理解、体验地被动去贴原片人物的口型和语言形式。

所谓"配音调"即用说话声调的扬起、飘、甩等方式来表现外国人的语言洋味。配音演员如果只注重声音、声调上的洋,就容易在表达上本末倒置、表达固定化。所以,目前很多人十分反感配音,其实,就是在反感这种拿腔拿调的"配音调"。

那么,配译制片需不需要一点洋味与配国产片有所区别呢?回答是肯定的,但他又绝不是单纯在声音形式上着手所能达到的效果。他应当从人的心理感觉上首先"洋"起来,继而,再自然而然地反映到语言声音中去。其实,配音演员只要真正从其民俗特征、思维意识的大氛围下出发,真正跟上片中人物的表演,以他的感觉和反应方式去表现,便可以与纯中国方式的表达拉开距离、有所区别并产生相应的味道。这也可以避免配哪个国家的片子都一个味的问题。比如,配西亚、中东的女性就与配欧美国家的女性有所区别,配日本男性也与配欧美男性不相同。原因是,西亚、中东的女性受其信仰的约束与限制一般较传统,风俗决定其不能太放。而欧美国家的女性一般都很开放,二者的语言感觉当然不能一样。而配日本人,一般女性说话较温柔,而男人说话却比较硬直,因其大男子主义较强和其民族性所致。而配西方男性,又不同于日本人,他们往往语言幽默,风度轻飘。此外,不同国家和地区的人,同样的意思,表情、动作、手势等也大有区别。因而,配音的洋味应重其内质感觉,而且各有其味,不能只在声音表层上去做文章,否则很难出彩。

二、人物语言生活化、个性化

配音语言与广播剧的语言要求是相同的,都需要生活化、个性化。所不同的是,广播剧中的人物塑造是体现性的,是演员根据剧作的一度创作依人物的各种条件自己创造出来一定的语言形象。而配音则是再现性的，是在别人已有的表演性语言基础上的再创造，并要受其口型、表情等的严格制约，要以片中人物的语言方式去表现人物的个性。

在配音中有种种不妥的语言表现。比如，有些从事话剧的人语言夸张。表现为，用声偏大，声气控制欠细腻，情感处理也较夸张，不够生活。有些从事播音的人则语言较死板、单一，缺乏表现力。表现为，用声幅度小，受其工作影响只用中声区表达，气息缺少多样性，缺乏具体人物感，人物是人物，自己是自己，语言似硬贴上去的，有时，语言带播音味。除此之外，还有些人，配音不是说，是带调地念台词或一般化地处理台词，缺少人物个性。凡此种种，都不适合配音。

配音语言应有两个层次的把握：一是，生活化；二是，个性化。生活化的语言既不能夸张，又不是纯自然状态，是经过训练有控制的吐字发声、用气基础与生活中语言的语势状态及样式的有机结合。总之，生活化的语言是说的样式，不是念、不是播，也不是带腔调地说或夸张地说，而是体验充分、细致入微、又自然地说出。只有这种语言才会使人听来自然、舒服又真实。个性化的语言是语言表达的最高境界。个性的语言让人一听即明，他能很好地揭示出人物的个性，使人物具有独特的魅力，给人留下深刻的印象。在配音中，只靠模仿原片人物语言的形式是表现不出人物的个性的。如前所述，需要按照汉语的表达规律，遵循原片人物的表达方式去配音，进行语言处理。个性化的语言，需要有准确的内心感觉与较高的表达技巧。著名配音演员李梓曾说："人物没有性格就没有色彩。"她还说："要抓住一个人物的特征，首先要给他定下一个基调，防止跳……用形象化的东西来代替抽象的概念，比如'带刺的玫瑰'。……配'叶塞尼娅'和'艾斯米拉达'时，要掌握'野味'这个总基调。……配《白夜》中的小姑娘，她的基调要走'轻步子'，像蜻蜓点水似的不太重，但重点准……"由此可见，人物的基调很重要。把握了人物的个性，就产生了人物的基调，有了人物基调，就会产生个性化的语言。人物语言的个性化，可以产生极高的艺术魅力。因此，配音不仅应做到生活化，更应向个性化的境界攀登，以追求配音创作的高层次。

三、与导演配合

在配音创作中，有时会出现演员与导演的看法不尽相同的情况（广播剧也如此），有时，甚至搞得双方很不愉快，影响了配音气氛与配音质量，这个问题也值得注意。

配音导演是配音创作的指挥者、组织者和艺术监督者，他虽不亲自去配某一角色，但他却对所有人物的声音、气质及戏都很了解。他虽不亲自动手去录音、合成，但他却对其技术、艺术都在把握之中，并有自己对全片的理解与艺术处理，他的视点立足于全篇整体效应。而演员多站在自己的角色的位置上去考虑问题，因而，有时，对声音的运用、台词的处理会与导演有所不同。除去极个别的属于导演水平有限、把握失当之外，大多数情况下导演的意见是正确的。因此，遇到二者意见不合时，演员可以陈述自己的看法与导演探讨，但如说服不了导演时，应尊重导演的意见。因为对方毕竟是创作整体的驾驭者，且有一定水平，当你说服不了他时，恐怕就有他的充分理由，这时，就应按他的意见去执行。

比如，导演认为你的声音应再沉下来些，而你却认为，你配的这个人物很帅，固而声音应当更漂亮一些、更飘一些，这恐怕就不符合导演对配音的整体构思了。因为，这样，你的声音就会与另一人物雷同，而那个人物的气质更适合这种声音。对戏的理解也是如此。因而，在配音创作中，配音演员一定要尊重导演的意见，与其合作好。尽管有时你的意见不无道理，也不应与导演怄气,不听从导演的指挥,以致影响到工作气氛与配音质量。这里也有人格与艺德的问题,一个人应多虚心求教、尊重他人,才会进步更快,也才会受到他人的尊重。

四、把握不同片类的配音

在配音领域中,我们配音的片子除了有国产片、译制片两大类之分外,还有故事片与美术片之分。对此,我们也应注意其不同之处及各自要求。

一般故事片的口型要求较严格,好的配音创作大致音节、口型都应合上,否则,就会露出破绽,影响到配音质量。一般国产片,每一个音节都要配得十分贴合,否则观众会不认可这是片中人物所说的话。因为,中国观众对自己的母语很熟悉,有一点不符,都会露出破绽。而译制片就不用将每一个音节都对准,实际上也不可能对得很准。然而,必须将人物语言的开头与结尾对准口型,气口处停、接准。中间音节大致合上即可。但无论是国产片还是译制片,配音都应注意用声不能太提,也不能太压,要自然、松弛、有弹性。而美术片的配音要求又稍有不同。由于美术片的口型(不分中外)只有嘴一开一合的机械动作,没有细微的口型形状与变化,音节数量也不甚严格,因而,一般情况下,配美术片时,一句话只要开口与闭口对上人物嘴部的开、合动作,中间的口型如何并不严格。口型情况如此,但美术片的配音表达不能因此机械、平白,也要符合其表现的人物(动物)的性格、情绪等。一般美术片配音在表达上要比故事片夸张一些,根据片子内容的不同,夸张幅度也有所不同。通常,美术片的配音都有不同程度的声音化装。如表现的角色是动物,有时还要配出动物的相应叫声,并且伴以不同环境、情绪,叫出不同的声音感觉。比如,高兴时怎么叫、生气时怎么叫、着急时又怎么叫等。此外,还应注意把握故事片中不同风格的片子的配音感觉和方法。

例如正剧与喜剧之分、战争片与言情片之分等。总之，在配音创作中，应具体把握不同片类的配音要领。

五、模拟动作，有环境感

配音创作没有外部动作，但却要求台词说出有外部动作的感觉，配音身处录音间，却要在台词中带出处在不同环境中的感觉。这就需要有动作的模拟与环境感。配音与广播剧一样，都应特别注意人物动作的模拟。所谓模拟，就不是真正照原样去做，而是以相近的或幅度较小的动作来代替真正的动作，以追求感觉的逼真。为使人物台词具有相伴的形体感。在配音时，大多需要用一种能产生相应感觉的模拟动作。这样，人物的台词会更真实、更生动，也更有生活气息。

比如，拥抱、打斗、抬重东西及游泳、爬山等。表现这些动作与环境的台词，就需用一些相应的手段达到其感觉的相似与真实。例如，表现拥抱时，我们可以用自己的一只手抓住另一条胳膊，似真的拥抱着对方，再说有关的台词，便会给人一种真实、可信感。又如，表现与对手打斗时的台词，可用手握紧拳头，朝下方，随着片中人物的动作一下一下地杵向地面，以形成拳头出击的感觉。在表现抬重东西时，可用一只手拿着剧本，整条胳膊向下用力压，而另一只手却从下托住这条胳膊用劲向上抬，形成力的对抗，这种动作必然引起憋气、心跳加快的反应，此时再说台词，便有了真抬重东西的感觉。此外，如表现在冰天雪地的寒冷环境下说台词，就应全身肌肉收紧，哆嗦着说台词，表现寒冷给人带来的肌体反应。这必然带来气息的不匀、发紧和气短等表现。同样，用这种方式也可表现出人在一种恐怖环境下的感觉。

以上种种动作模拟与环境意识，都是极为必要的，不可忽视。否则，不可能淋漓尽致地表现出片中人物的形体动作与环境感。

后　记

　　文艺作品演播，是学习表演、播音的必修课之一，同时，也为广大文艺爱好者所喜爱。

　　多年来，我凭着自己的兴趣、爱好并结合专业的需要，在文艺作品演播这一领域中不断实践与探索。在这门课的教学工作中，我又了解到学生们学习这门课的热情与问题，于是，有了写这本小书的欲望。我希望每一位看了此书的初学者都能从中受益，这便应了我的成书初衷。

　　在这本小书的成书过程中，我参阅了一些著名文艺作品演播者和专家的体会文章及录音，在此，再次向蔡淑文、张家声等诸位老师表示我最诚挚的谢意！并向百忙之中为我这本小书作序的张颂教授和本书的编辑表示我真诚的谢意！

　　此外，本书中引用的一些文艺作品片断，由于是从广播、电视播出节目中选取，故不悉作者姓名，在此，也再次向各位作者表示我深深的谢意！

　　岁月流逝，几年过去了，我从自己的教学和实践中，又获得了新的知识与启迪，于是，再次修改、增加了新的内容，望此书能使读者开卷有益。

　　仍然恳请诸位文艺界、教育界的老师和同行给予指正。

作者

2003 年 7 月 22 日

图书在版编目(CIP)数据

文艺作品演播/罗莉著.—2版.--北京:北京广播学院出版社,2003.8
(2023.12重印)
ISBN 978-7-81085-209-8

Ⅰ.文… Ⅱ.罗… Ⅲ.播音—教材 Ⅳ.G222.2

中国版本图书馆 CIP 数据核字(2003)第 078281 号

文艺作品演播
WENYI ZUOPIN YANBO

著　者	罗　莉
责任编辑	韩旺辰
封面设计	钟雪亮
责任印制	李志鹏
出版发行	中国传媒大学出版社
社　址	北京市朝阳区定福庄东街 1 号　邮　编 100024
电　话	86-10-65450528　65450532　传　真 65779405
网　址	http://cucp.cuc.edu.cn
经　销	全国新华书店
印　刷	三河市东方印刷有限公司
开　本	850mm×1168mm　1/32
印　张	10.5
字　数	262 千字
版　次	2003 年 8 月第 2 版
印　次	2023 年 12 月第 19 次印刷
书　号	ISBN 978-7-81085-209-8/G・209　定　价 23.00 元

本社法律顾问:北京嘉润律师事务所　郭建平